中国空天经济

China's Aerospace Economy

邓 晶　张晓恒　梁文萍　编著

山西省2023年图书、音像电子、网络出版物重点选题

山西出版传媒集团
SHANXI PUBLISHING MEDIA GROUP
山西经济出版社

图书在版编目（CIP）数据

中国空天经济 / 邓晶，张晓恒，梁文萍编著. -- 太
原：山西经济出版社，2024.1
ISBN 978-7-5577-1255-6

Ⅰ. ①中… Ⅱ. ①邓… ②张… ③梁… Ⅲ. ①航空运
输—运输经济—研究—中国 Ⅳ. ①F562

中国国家版本馆CIP数据核字（2023）第245787号

中国空天经济
ZHONGGUO KONGTIAN JINGJI

编　　著：	邓　晶　张晓恒　梁文萍
出 版 人：	张宝东
选题策划：	梁灵均
责任编辑：	李春梅
助理责编：	岳子璇　梁灵均　丰　艺
复　　审：	郭正卿
终　　审：	李慧平
封面设计：	我在文化工作室
装帧设计：	华胜文化
插　　画：	王　祥　李　璐
摄　　影：	梁灵均
供　　图：	图虫·创意
出 版 者：	山西出版传媒集团·山西经济出版社
地　　址：	太原市建设南路21号
邮　　编：	030012
电　　话：	0351—4922133（市场部）
	0351—4922085（总编室）
E-mail：	scb@sxjjcb.com（市场部）
	zbs@sxjjcb.com（总编室）
经 销 者：	山西出版传媒集团·山西经济出版社
承 印 者：	山西出版传媒集团·山西人民印刷有限责任公司
开　　本：	787mm×1092mm　　1/16
印　　张：	18.75
字　　数：	240千字
版　　次：	2024年1月　第1版
印　　次：	2024年1月　第1次印刷
书　　号：	ISBN 978-7-5577-1255-6
定　　价：	88.00元

序

党的十八大以来，习近平总书记高度重视航空、航天事业发展，做出一系列重要论述和重要指示批示，指出"我们要做一个强国，就一定要把装备制造业搞上去，把大飞机搞上去，起带动作用、标志性作用"，强调"探索浩瀚宇宙，发展航天事业，建设航天强国，是我们不懈追求的航天梦"。伴随着国产大飞机C919成功首飞并顺利投入商业运营、北斗三号全球卫星导航系统建成并正式开通、天宫空间站全面建成，我国的航空航天产业进入新的发展阶段，前景广阔。

《中国空天经济》一书回顾历史，详细记述了我国航空航天的发展历史以及不同时期推动航空航天事业发展的代表性人物；立足当下，深入分析了我国空天产业经济所面临的现状和挑战；展望未来，力图为我国的航空航天事业探索出一条可持续的高质量发展之路。全书用大量鲜活的史实资料、精美的图片以及简练生动的文字，介绍了我国航空航天事业所取得的伟大成就和面临的挑战，有助于引起读者的共鸣和对我国空天经济未来发展道路的思考。

航空航天产业与技术发展，是当今的国际热点，新一代空天技术已成为世界各国战略博弈的"兵家必争之地"。美国、欧洲、俄罗斯等世界主要国家或地区均在积极布局，我国也正在大力推进航空强国、航天强国、民航强国建设。本书不仅面向国内的读者，也向国际社会展现中国在空天领域的巨大成就和空天经济发展之路，以科技自信助推文化自信，向世界弘扬中国的航空航天精神。

刘思峰

2023年12月

刘思峰，国际灰色系统与不确定性分析国际联合会主席，IEEE灰色系统委员会主席，国家自然科学基金委员会第十二届、第十三届专家评审组成员，国家自然科学基金委员会重大项目咨询专家，国家社会科学基金重大招标项目评审专家，教育部高等学校管理科学与工程类专业教学指导委员会委员（2001—2014），中国优选法统筹法与经济数学研究会副理事长，复杂装备研制与运维管理专业委员会理事长，灰色系统专业委员会名誉理事长，中国科协决策咨询专家。被评为"全国优秀科技工作者""全国优秀教师""国家级教学名师""享受政府特殊津贴的专家"。主持国家重大、重点课题和国际合作项目多项；发表论文700多篇，其中SCI、SSCI收录论文138篇（一区论文38篇），EI收录论文360余篇；出版著作30种。

2008年，当选系统与控制世界组织荣誉会士（Honorary Fellow）；2017年，被评为欧盟玛丽·居里学者"最有为科学家"，是欧盟居里夫人国际人才引进行动计划实施以来首位获奖的中国学者。2020年，入选斯坦福大学发布的全球前2%顶尖科学家榜单。

前言

　　数千年来，中华民族探索蓝天的脚步从未停歇。从神话传说中的嫦娥奔月，到明代的万户飞天，再到近代冯如等先驱们不畏艰难自主研制飞机，中华民族的飞天梦经历了由想象到尝试，再到初创的漫长旅程。新中国成立后，我国的航空和航天事业相继迎来了各自发展的黄金时期，取得了惊天动地的成就。党的十八大以来，以习近平同志为核心的党中央高度重视我国航空航天事业的发展，提出了建设航天强国的重要目标。在此背景下，我们编写了这本《中国空天经济》，记录我国航空航天事业发展的辉煌成就，从经济学视角观察当前的空天产业发展模式，展望未来，探寻我国航空航天的可持续发展之路。

　　这是一部深入挖掘中国空天领域光辉历程的著作。无论是中国航空事业的发端，还是航天发展的峥嵘岁月，抑或是中国航空航天领域的重要人物，本书都力求以严谨的笔触将这段历史的壮丽画卷呈现于读者眼前。这本书，既是一份探寻中国航空航天发展道路的忠实记录，也是一幅描绘东方巨龙起步、腾飞与角逐，并最终吟啸九霄的生动画卷。

　　第一编《龙的起步》，聚焦于中国航空航天的初生阶段，描绘了我国空天事业的发端和新中国在空天领域的崭新发展。犹如探寻龙的雏形，记录了中国空天技术初露的峥嵘，以及那些为中国航空航天领域奠基的先驱人物。

第二编《龙的腾飞》，深入剖析了新中国成立初期中国空天领域的发展与成果，以及改革开放以来的腾飞历程。这一时期，中国在空天领域的巨大飞跃和所取得的重大成就，成为巨龙腾飞的最好见证。

第三编《龙的角逐》，着眼于中国空天经济的实质，概述中国空天产业现状，深入剖析航空航天产业链，对当下的空天经济模式进行深刻解读。中国空天产业的巨大潜力和活力，如同龙的角逐，各展风采，不断推动着国家的繁荣发展。

第四编《群雄逐鹿》，将目光投向国际，介绍了其他国家的空天经济概况，讲述了国外航空航天成果转化的案例，并对世界主要国家的空天发展愿景进行了归纳总结，思考了在"大航天时代"的背景下，东方巨龙应该如何同其他各国在航空航天领域进行战略博弈。

第五编《龙吟九霄》，则聚焦于中国航空航天事业当前面临的困境与挑战，以求探索出一条可行的技术成果和经济转化之路，实现可持续发展的美好愿望。这是新时代的"龙吟"，充满了对未来的期许，必将引领中国空天事业迈向更加光辉的明天。

在这段丰富多彩的历史中，我们看到了中国航空航天业所经历的曲折与辉煌，每一次飞跃、每一次创新，都是一段龙翔苍穹的新征程。深度挖掘历史痕迹，紧密联系经济现实，为读者呈现出一幅波澜壮阔的中国空天画卷，使读者感受空天经济所带来的深远影响。

我们诚挚地邀请读者，与我们一同踏上这段激动人心的旅程，探寻中国空天事业的辉煌历史，展望中国空天经济的无限未来，共同见证龙吟九霄的壮丽风采。

作者

2023年8月

目录

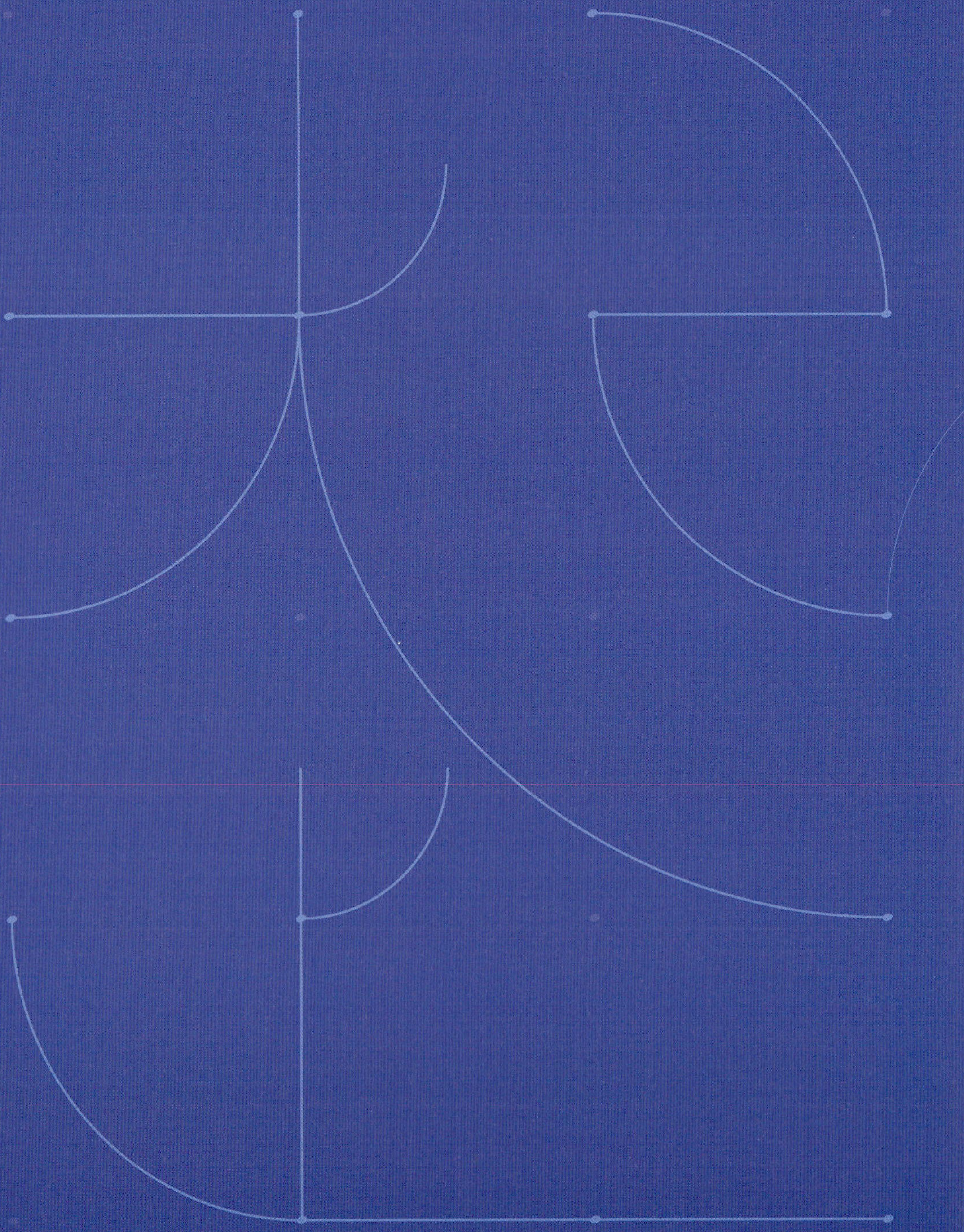

第一编　龙的起步

　　本编讲述了中国航空航天事业的发展历史，并介绍了部分在中国空天发展史上具有重大贡献的人物。不同于西方国家空天事业的发展历史，中国空天事业的起步并不具备良好的环境：航空事业始于近代民族危亡之际，而航天事业则始于一穷二白的新中国初创时期。在近代的动荡环境下，救国心切的航空人在冯如、孙中山"航空救国"思想的指导下仿制、自研飞机，开设飞机制造厂，设立航空教学院系和航空研究所，为挽救近代中国贡献了自己的力量。到了新中国成立初期，在经济贫乏与技术匮乏的双重压力下，中国航空人成功仿制雅克－18、米格系列等飞机并装备空军，加强了新中国早期的国防力量，同时积极发展民航业，开辟航线、建造机场，为今后中国航空事业的发展奠定了坚实的基础；而中国航天人在苏联撤走技术援助的情况下，仅用十多年时间便完成了"两弹一星"工程，实现了中国航天从无到有的巨大飞跃。

　　然而，中国的空天事业并不是一帆风顺的。从运－10项目的下马到 C919 大型客机的研制成功，从西昌火箭爆炸事故到载人航天工程 30 年零失误，不管是技术水平还是管理水平，中国空天都在稳步前进，并逐渐走向了世界的前沿。其中，也正是一代又一代中国空天人的努力，使中国巨龙能够腾飞在云霄之上，造就了如此辉煌的中国空天事业。

第一章
中国航空发展史

第一节　中国航空事业的发端

一、航空工业

中国近代航空事业开始于清朝末年，1840年鸦片战争之后，国门大开，西方的科技知识涌入闭关自守的中国，现代航空技术和知识从西方传入中国。

1855年，上海墨海书店刻版印刷了英国医生合信著的《博物新编》，其中有氢气球和巨伞图，介绍了西方国家的气球也和中国的孔明灯一样利用热空气上升。1903年以后，中国开始有了翻译和编著的航空幻想小说，如商务印书馆出版了由独啸子翻译的《空中飞艇》，是中国最早出版的航空航天科幻小说。

1885年，中国出现气球，并且在同年的中法战争中，出现了近代气球的实体。1905年，湖广总督张之洞从日本购进"山田"式侦察气球2个，在军事行动上起指挥、侦察以及传递军事信息的作用。1908年10月，湖北陆军第八镇气球侦察队参加了清军在安徽举行的太湖秋操，这是中国军队第一次使用航空器。1910年2月，徐元甫、田凯亭在日本乘坐气球升空，飘行250千米，成为最早乘坐自由气球飞行的中国人。

随后中国人开始设计和制造飞艇，但气球和飞艇的发展时间很短，很快就被飞机取代。1894—1899年，旅澳华侨谢缵泰在香港设计研

图1-1 中国号飞艇设计图

究出中国号铝质蒙皮电动飞艇设计图，这是中国人最早设计的飞艇样图（图1-1）。1910年初，旅美华侨余炬和在美自筹资金研制的飞艇试飞成功。

1911年1月10日，法国飞行家勒内·环龙带着2架飞机来到上海。1911年2月21日，环龙在上海江湾跑马场举行了首次飞行表演，这是在中国天空最早飞行的飞机，环龙成为中国天空飞行第一人。然而，他在5月6日进行飞行表演时飞机失速下坠，机毁人亡，是在中国因飞行而死的第一位飞行家。

1908年5月，冯如在青年华侨黄杞、张南、谭耀能的支持下筹得1000元，租下奥克兰市东九街一间面积仅7平方米的店铺做厂房，组成一个只有4个人的广东制造机器厂，这是中国第一家民办飞机制造公司，也是中国飞机制造工业的起点。1909年9月21日，中国最早的飞机设计师、飞行员冯如驾驶自己设计的飞机，在美国奥克兰市派德蒙特山附近的空地上试飞，取得了飞行高度4.6米、飞行距离约805米的成绩，这是中国人首次驾驶自制飞机飞上蓝天。

1908年后，为了维持摇摇欲坠的清王朝，载沣接受军谘府提议开始兴办航空事业，发展军事航空。虽然清末民初的航空器研究所机构成立时间

不长、工程简单，并随着辛亥革命的爆发而终止了活动，没有取得什么实际成果，但这是中国兴办航空事业、建立航空队的开始。

1910年8月，由军谘府拨款，刘佐成、李宝焌在北京南苑五里店练兵场内设厂棚，开办飞行试行工厂，并购进一架法国桑麻式飞机作为仿制之用，创建了南苑飞机修理厂。这是中国官方首次筹办航空事业，刘佐成、李宝焌同为在中国国内建立航空工厂的先行者，是我国本土最早制造飞机的人。同时，李宝焌也是中国航空学术界的先导，在1910年出版的第12期《东方杂志》上发表了中国第一篇航空论文《研究飞行报告》。1911年，李宝焌利用购自日本的材料制成飞机第一号，但没有试飞。同年3月，刘佐成制造出飞机第二号，但试飞失败，这是中国现代飞机制造的开端。其后，随着南苑航空学校（图1-2）、飞机场、修理厂渐入正轨，实现正规化，标志着中国航空事业进入发展的新时代。

1911年4月6日，从法国学习飞行并带回一架法国高德隆单座教练机的秦国镛回到中国，在北京南苑机场表演飞行，这是中国人在自己领空上首次驾机飞行。1913年秋，南苑航空学校及飞机修理厂修建竣工，订购的飞机安装完成，正式成立了航空学校，由秦国镛任首任校长。南苑航空学校是中国成立的第一所正规航空学校，主要培养驾驶和制造飞机的航空人才，并组织辅助作战。1914年，由南苑航空学校修理厂厂长潘世忠设计、制造并驾驶的武装飞机在南苑试飞成功，这是在中国本土上自制武装飞机成功的最早记

图1-2　南苑航空学校旧址

录，也算是在我国制造的第一架军用飞机。

1918年2月，北京政府海军部开办的海军飞机工程处（后改为海军制造飞机处）是中国历史上创办的第一个正规的飞机制造厂。1919年，我国工程技术人员自行设计试制成功了第一架水上飞机甲一号双座初级教练机，1920年5月制成甲二号水上飞机，1921年2月制成甲三号水上飞机。其中，甲三号水上飞机除用于教练外还用于军事行动，并参加过实战。1931年10月制成的庚式飞机是中国制造的第一种机翼可以折叠的飞机，1933年7月制成的辛式飞机是中国制造的首架舰载飞机。1922年8月10日，上海江南造船所试制成功世界上第一座水上飞机浮动停坞（又称水上机库）。该处的工程技术人员利用国产材料代替进口材料，制造了用于教练、侦察、轰炸、巡逻的飞机及水上飞机约30架，并在生产实践中培养锻炼了一批航空工程技术人员。该处的工人逐步成长为我国第一代制造飞机的技术人员。

广州飞机修理厂是中国早期制造飞机的第二个工厂。1920年，在孙中山的倡导下，广东航空局在广州大沙头成立。1922年，成立了临时飞机修理厂。1923年，正式成立广州飞机修理厂，卢维缚被任命为第一任厂长；同年6月，制成了第一架飞机，也是广东省研制的第一架飞机。1923年8月8日，该机由黄光锐试飞，孙中山与其夫人宋庆龄亲临剪彩。孙中山根据宋庆龄的英文名字Rosamonde将该机命名为乐士文号。该飞机试飞成功且性能良好，能与进口飞机媲美，孙中山与宋庆龄非常欣慰，并在飞机前合影留念。

1921年4月1日，东三省航空处成立，东三省航空维修技术的发展开始萌芽。1925年10月，东三省航空处派张少杰等5人赴法国里昂约航空机械学校学习并于1927年1月学成回国，在东三省航空工厂服务。1926年5月23日，东三省航空处飞机库失火，大火烧毁各型飞机15架，是一次严重的地面事故。1928年8月，航空处撤销，成立东北航空大队，航空工厂归大队统辖。1930年春，东北航空大队改编为东北边防军航空司令部，航空工厂归并航空司令部。东三省航空机关培养了一大批航空机械人才，仅在航空工厂工作的技术人员就有100多人。他们长期从事航空维修和制造，积累了不少经验，是一支经验丰富的航空技术维修力量。1931年，张学良准备和荷兰弗克飞机公司合办东北航空工厂。筹建之际，"九一八"事变爆发，中国第一座大型飞机制造厂的建设计划遭到彻底破坏。

1927年11月，上海地区的首家航空工厂——上海（虹桥）航空工厂成立。1929年2月，该厂航空技师饶国璋等人仿制法国高德隆式双翼教练机成功，并由厂长沈德燮亲自驾机试飞成功，命名为成功一号。国产成功一号飞机研制成功后工厂扩建，但由于找不到新型飞机只能仿制过时货，并且国民政府对自造飞机并不热心，空军和航校无意采用国产飞机。因此该厂虽能自造飞机，却因产品无出路而难以为继。1932年，日本发动侵华战争后，上海（虹桥）航空工厂于"一·二八"淞沪会战中被日机炸毁。

1931年，隋世新和朱辰使用国产材料制造出中国第一架滑翔机，但在首次试飞时，飞机刚刚起飞数米即坠地失败。1938年，韦超驾驶的大公报第一号滑翔机在香港举行飞行表演，大获成功，成为"中国滑翔第一人"。但在这段时间，国内陆续制造的几架滑翔机都是实验性的，直到抗战中期国民党统治区后方兴起了近代滑翔运动，才出现了具有生产能力的滑翔机工业。1941年4月4日，中国滑翔总会成立；同年11月1日，航委会与滑翔总会共同创立成都滑翔机制造厂，这是中国第一个制造滑翔机的专业工厂。自1942年起，又陆续建成了滑翔机修造所、中央滑翔机制造厂和桂林滑翔机制造厂。这3个制造厂和1个修造所形成了中国初期的滑翔机工业。但不久，由于国民政府对滑翔运动方针的改变，使初兴不久的中国滑翔运动随之中衰，滑翔机制造工业也逐渐消失。

1934年2月，南京政府与美国寇蒂斯、道格拉斯飞机制造公司签订合

同，在杭州创办中央杭州
飞机制造厂，开中美合作
之端（图1-3）。中央杭
州飞机制造厂是我国航空
工业发展史上第一个全面
引进先进生产技术、培训
技术和管理人才，并取得
显著成绩的飞机制造厂。

图1-3　中央杭州飞机制造厂内景

继中央杭州飞机制
造厂后，陈济棠为保住广东地盘，也决心创办现代化的制造厂生产飞机。
1934年春，陈济棠与美国寇蒂斯—莱特公司合资办厂，工厂命名为韶关飞
机修理厂（1936年改名为韶关飞机制造厂）。1936年5月，该厂自行设计并
生产的第一架"复兴"式中级教练机出厂并试飞成功。1938年，韶关飞机
制造厂决定迁至昆明并建新厂，1939年1月改名为第一飞机制造厂，1940年
建成。新厂竣工后，第一飞机制造厂试制成功复兴号双翼轻型飞机、AT-6
单翼高级教练机、伊-15型苏联飞机（后命名为忠28乙式飞机），设计XP型
轻型教练机失败。1942年，该厂将"复兴"甲式教练机改良成"复兴"丙
式，其性能、操纵性和灵敏性不亚于当时的美国教练机。同年，厂长朱家
仁以美国柯蒂斯莱特鹰-75战斗机为基础设计了研驱零号飞机。1944年，朱
家仁开始设计直升机。1948年3月，蜂鸟式甲型单座直升机的原型机研制成
功，这是中国自己研制的第一架直升机。

1933年秋，中意飞机制造厂开工，1935年建成，是当时中国最先进和
最大的飞机制造厂房。1937年4月，制造机器材料到厂后正式开始制造飞
机。生产开始时，一些重要部件要在意大利制好再运来，在中国装配，直
到3年后中国能独立制造时，则在中国制造。意大利提供中国制造的萨伏

亚S81B式双发重型轰炸机（重10吨），对当时的中国来说，是首次制造这样大的飞机。抗日战争后，因日机轰炸而停止生产。1938年，中意飞机制造厂迁址，改名为国民政府航空委员会第二飞机制造厂，简称第二飞机制造厂。1939年初，将仿苏伊–16单座驱逐机设计改为双座战斗教练机，取名"28甲式"教练机；1940年试飞成功后交部队使用。1943年初，飞机厂总工程师林同骅、工程师顾光复等20多人开始设计能载乘8人的木制中小型双发运输机中运一号飞机（C–0101运输机）（图1–4），并在1945年5月制成，同年10月首飞成功。这是中国自己设计制造的第一架运输机，与国外同期的运输机相比，中运一号在各方面都表现优异，是中国航空界值得骄傲的产品。1947年，中运二号试制成功；1948年2月19日在重庆试飞成功，随后又设计了中运三号全金属中小型运输机。

1933年8月，航空署署长徐培根先批款2000元交给朱霖负责试制航空保险伞；1934年1月，用国产材料制造出了第一款保险伞；同年10月，保险伞研究制造所正式成立，这是我国近代为数不多的航空辅助设备制造所。

1928—1937年，除了上海（虹桥）航空工厂、中央杭州飞机制造厂、第一飞机制造厂（广州韶关飞机修理厂）和第二飞机制造厂（中央南昌飞

图1–4 中运一号飞机

机制造厂）以外，国内还成立了第一至第十一修理工厂以及广西航空学校修理厂，主要负责战时飞机及其他设备的修理、维护和装配等任务。其中，第一修理厂曾试验仿造了爪哇号轻轰炸兼教练机1架，第九修理厂设计完成出厂"广西二"和"广西三"双翼战斗机各1架，广西航空学校修理厂则先后仿造英国阿维安式等大小飞机30余架，参考美国波音P-12式制成195千瓦单座驱逐机1架。

1937年8月14日，日军轰炸笕桥，中央杭州飞机制造厂几经迁移后搬至云南垒允，并于1939年建成中央垒允飞机制造厂。1939年7月至1940年10月，垒允飞机制造厂投产仅一年多就累计生产飞机100余架，包括霍克Ⅲ双翼战斗机、霍克-75战斗机、莱茵教练机，组装CW-21战斗机、P-40战斗机、DC-3运输机，改装勃兰卡教练机、海岸巡逻机，大修西科斯基水路两用飞机。

1940年10月26日，垒允飞机制造厂遭到日军空袭轰炸，大量人员伤亡，并陷入停产状态一年多。此后，为躲避日军空袭，垒允飞机制造厂在缅甸八莫建立发动机分厂，在缅甸仰光设立了临时装配车间，组装了P-40战斗机、莱茵式战斗机和一批发动机，而垒允厂区仅负责一些飞机维修任务。1942年初，日军入侵缅甸，由垒允飞机制造厂生产的P-40战斗机协助"飞虎队"完成多次高空截击日本军机，垒允飞机制造厂还为"飞虎队"的P-40战斗机进行了数十架次的检修，为稳定东南亚和东亚的航空战局发挥了重要作用。1942年4月底，东南亚战局急转直下，形势极端混乱，中央飞机制造厂迁移计划无法顺利进行，为了不使航空资源为敌所获，不得不将遗留的大型设备和建筑全部付之一炬，仅将残余的部分小型设备和职工转移至保山。1942年7月，中央航委会决定裁撤原中央垒允飞机制造厂。至此，经营数年、凝结了一代中国航空志士心血和梦想的近现代化飞机制造厂退出历史舞台。

1941年，滇缅公路被封锁，由于抗日前线对于飞机的迫切需要，航委会开始筹设空军第三飞机制造厂。1942年4月，成都飞机制造厂（第三飞机制造厂）成立。1942—1943年，成都飞机制造厂制造了仿美弗利特式教练机、"研教一"式双翼木制教练机和大公报号式高级舱式滑翔机。1944年，中国航空研究院与成都飞机制造厂以苏联SB-3式轰炸机为原型机，共同研制了一种木质结构中型轰炸机，命名为"研轰三"式轰炸机，是中国当时生产的最大的飞机。

自辛亥革命时起，中国就开始购买外国飞机，建设空军，但制造飞机的原材料、成品、设备等都依赖外国，在飞机上花费巨大，因此国内的有志之士敦促国民政府要自己设计、制造飞机，发展国内航空工业。在这样的背景下，1946年9月，航空工业局在南京正式成立。该局的航空工业发展计划包括培养飞机制造能力、制造大小型发动机、设立专业工厂、国外训练干部等，但最终由于国内局势变化，这些计划没有完全实施，培训与训练的人员也未能充分发挥作用。同年，航空工业局局长朱霖赴美波音公司洽谈生产初级教练机事宜，选定斯蒂尔曼PT-17教练机并签订合同，随后在1947年7月至1948年9月正式投产，由台中三厂制造，完成交货104架。此外，1947年，航空工业局与英国格洛斯特飞机公司签订了合作设计与研制喷气战斗机的合同，随后航空工业局独立完成了XCP-1001选装的"黑雁"离心式喷气发动机的试制，但最终由于各种原因，国民政府放弃XCP-1001的研制计划，中国的第一种喷气战斗机就这样夭折了。

二、航空与空军教育

1918年，马尾海军学校附设了福建海军飞潜学校，这是我国最早的航空人才培养学校。1926年5月，飞潜学校由于经费困难，无法维持，被合并到海军学校里，此后我国的航空工程教育处于几年的中断期。

1932年，民间团体中国航空建设协会倡议创办航空工程学校，并建议在上海交通大学培养航空工程技术人才。1933年，上海交通大学从校外请人开设了航空课程，一年后在航委会的支持下，机械工程学院内增设航空门，但由于设备较少，学生只能到南京中央大学做风洞试验。1940年，在重庆的上交大校友组织了上交大重庆分校；1942年，上海租界被日本侵略军占领，上海交通大学迁到重庆，与重庆分校合并成立交通大学本部，同年由于经费问题停办航空门，但增设航空工程系。抗战胜利后交通大学迁回上海。在这段时间里，原航空门与航空工程系共毕业约180人。1952年，全国第二次高校院系调整时，交通大学航空工程系与南京大学、浙江大学航空工程系合并，在南京建立华东航空学院。

1934年，清华大学在工学院机械工程系设立了动力工程组、机械制造工程组和航空工程组，其中，航空工程组是我国最早创办的航空工程专业。1934—1935年，由王士倬教授主持设计建成了国内第一个航空风洞。1936年，清华大学航空研究所成立，清华航空馆建成。其间，冯桂连、张捷迁设计、制造了中国第一架滑翔机，殷文友、张捷迁设计了单翼教练机。1938年秋，以清华航空工程组为基础，航空工程系在战乱中成立，首任系主任为庄前鼎教授。1939年，清华航空研究所迁至昆明后，即着手建造试验段直径约1.5米的钢制回流式风洞，于1940年夏建成；同时与清华无线电研究所等合作研制了测试仪器，承担了航空系空气动力学的教学实验和多项专题研究任务。1939—1945年，在师生的共同努力下取得了大量的研究成果；研制了初级滑翔机2架、中级滑翔机1架。抗战胜利后，清华大学航空工程系也重新建设，王德荣教授任系主任，钱学森、顾培慕、宁幌、陆士嘉、沈元、屠守锷、丁履德、王宏基等一大批知名教授组成了强大的师资阵容。1951年5月，全国第一次高校院系调整时，将厦门大学、西北工学院、北洋大学的航空系并入，成立了清华大学航空工程学院，院长为沈元；同时，学校又建成新的航空馆。1952年，全国第二次高校院系调整时，航空工程学院被调出清华，与来自其他院校的相关院系一起组建了北京航空学院。

1935年，天津北洋工学院创办了航空工程系，由于其他学校新办的航空科都称为"门""组"或"特别班"，而不称为"系"，因此北洋的航空系是最早的航空系。同年，南京中央大学也创设了航空工程系。1937年后，北平师范大学、北平大学、北洋工学院和北平研究院合并成西北联合大学。1938年暑假后，国民政府教育部将西北联合大学分为5所大学，其中的西北工学院的航空系来自北洋工学院的航空系。1946年，西北工学院部分教师前往天津筹建北洋大学，因此该校的航空系被分为西北工学院航空系和北洋大学航空系。西北工学院航空系在1939年至1951年间共有13届毕业生，加上调入清华大学的二、三年级学生共计15届，总数约200名。

1944年，云南大学创建了航空工程系，成为中国近代航空教育的发端之地，其中的3位杰出教师——张有谷、郭佩珊和王绍曾也在中国航空教育史上留下了浓重一笔。至1951年，云大航空系已培养4届毕业生，成为全国最优秀的航空工程教育机构，有"中国第一航空工程系"的美誉。1951年全国高校院系调整，云大航空系迁至北京，与清华大学航空工程系成立了一所大学，即今天的北京航空航天大学，云大航空系由此结束。

1924年，孙中山在第一次国共合作的推动下，以"航空救国"思想为宗旨，创办广东军事飞机学校，又称广东航空学校。在航空学校开办期间，培养了大批航空人才，成为广东空军和南京空军的主要骨干力量。1927年，军事飞机学校沦为军阀混战的工具，国共合办的航空事业解体了。但广东航空学校一直保持招生，最终于1936年被南京政府航空委员会接管，广东航空学校撤销。

1932年3月，新疆正式成立新疆航空军官学校。1933年4月，盛世才接管军政大权。1937年，陈云从红军的未来建设需要出发，同盛世才达成协议，用苏联教官和装备在新疆航空队为红军培养航空技术人才。在4年的艰苦学习中，这批学员系统掌握了苏制乌–2型、埃尔–5型、伊–15型和伊–16型飞机的驾驶、维修以及作战技能，成为一支空、地勤配套的航空队伍。1940年，中共中央从夺取抗日胜利的战略出发，决定组建延安航空工程学校，为空军的建设准备干部。1941年1月，中央正式批准成立军委航空工程学校，对外称第十八集团军工程学校，主要训练飞行员和机械师。但开学不到4个月，由于设备和人员的紧缺，延安航校撤销，最后被并入抗日军政大学第三分校。

1945年9月，东北人民自治军最先进入沈阳，接受了日本关东军一支300余人的飞行队的缴械投降，后在其基础上组织起沈阳航空队。1946年1月1日，成立航空总队；同年3月1日，成立东北民主联军航空学校。1948年1月，东北民主联军改称东北人民解放军，航校改称东北人民解放军航空学校，次年5月改称中国人民解放军航空学校。沈阳解放后，航校机务处进驻沈阳，建立了东北航空总厂。1949年12月13日，该校停办，所属人员调往新组建的航空第七学校等单位。3年多的办校时间里，该校先后共培养各类航空人员560名，成为创建人民航空事业，特别是创建空军的技术骨干力量。1949年8月15日，在北平南苑机场，我军组建第一支战斗飞行部队——南苑中队，就是由东北老航校一期甲乙班学员及国民党起义加入东北老航校的人员组成的。

三、航空研究所

1928年，南京政府在军政部下设航空署，开始建立空军。1934年成立航委会，脱离军政部。但正规的航空科研机构直到抗战时期才出现，分别是1936年成立的清华大学航空研究所和1939年成立的航空委员会航空研究所。

航空研究所的主要任务是研究航空器材的国产化，如木层板、蒙布、涂料等，这也是其最为成功、最具特色的方面。1941年8月1日，航空研究所扩充为航空研究院，1947年6月迁至南昌，1948年底迁至台湾，但数次迁移导致的人员离去使得研究院迁至南昌后就中止了研究工作。纵观研究院成立的近10年时间里，取得了不少科研成果，补充了当时空军急需的装备并加以改进，为其战斗力的保持和提高做出了很大贡献，也为以后中国航空航天的科技、工业事业锻炼培养了人才。

第二节　新中国航空事业的发展

一、军用航空

1949年11月11日，中国人民解放军空军司令部正式成立，军委航空局撤销，原航空局所有人员及业务工作全部交空军司令部管理。从此，空军正式成为中国人民解放军的一个军种。

新中国成立后，迫于空军训练急需，中国分批先后引进雅克-18教练机总计276架。鉴于中国对空军教练机需求量的日益增大，苏联政府最终决定将雅克-18型飞机及其发动机的制造权转让给中国。1954年7月，中国国产雅克-18型飞机在南昌飞机制造厂组装完成并首飞成功。雅克-18型飞机一举试制成功，是中国航空工业发展史上的一件大事，它是新中国成立后制造的第一架飞机，标志着我国航空工业由修理走向制造迈出了决定性、历史性的一步。1964年11月1日，国产雅克-18飞机由红专-501改名为初教-5（图1-5）。

1954年10月，沈阳国营112厂（沈阳飞机制造公司）接受了歼-5飞机的试制任务。1956年7月13日，沈阳国营112厂根据苏联提供的米格-17型飞机的技术资料和图纸，制造了歼-5所需的全部零件并完成总装；7月19日，吴克明驾驶歼-5战斗机首飞

图1-5 初教-5

成功；9月8日，国家验收委员会在112厂举行了验收签字仪式，宣布中国第一架喷气式战斗机歼-5试制成功，并批准成批生产。歼-5飞机的研制成功使中国从此成为世界上能够成批生产喷气式飞机的国家之一。1956年9月27日，首批10架歼-5型喷气式歼击机装备部队，从此开始了我国空军以国产作战飞机装备部队的历史。在歼-5飞机的基础上，还衍生出了其他型号的飞机，整个歼-5系列总共生产了1994架。

1957年，苏联同意授权中国生产图-16轰炸机。中国组装机于1959年9月首飞，命名为轰-6。1966年10月，第一架国产化轰-6原型机完成，用于静力试验。1968年12月24日，采用国产涡喷-8发动机的轰-6首飞成功，1969年开始批量投产、装备部队。在轰-6原型机的基础上，为适应不同作战需要，衍生出了轰-6甲、轰-6乙、轰-6丙、轰-6D、轰-6F、轰-6H、轰-6M、轰-6G、轰-6K、轰-6N等，是中国人民解放军空军服役时间最长的机种之一。

1958年2月，哈尔滨飞机制造厂开始仿制米-4直升机，初期代号为"旋风"25型，后改名为直-5（图1-6）。当年11月，总装完成了第一架机；12月14日，首飞成功。1963年7月，第一架优质直-5直升机总装完毕；8月20日，完成首飞；12月11日，颁发了鉴定证书，准予定型，随后转

入批量生产，并在同年首批装备空军部队。直-5直升机定型后，根据不同用户和国民经济发展需要，研制出多种改进改型，曾装备中国空军、海军和陆军，现已全部退役。直-5直升机是中国生产的第一种多用途直升机，是新中国直升机科研应用的开端，在其基础上中国开始了后续直升机的探索和研究。

19世纪50年代中期，战斗机进入了超声速时代，亚音速战斗机的性能已明显落后。1957年10月，中苏两国签订协议，由苏联向中国出售米格-19P的制造技术，并提供全套技术资料、样机和部分散装件、成品附件。仿制的米格-19P在国内被称作东风103，后改称歼-6甲。1958年8月，米格-19P仿制的前期准备工作基本完成，沈阳国营112厂和黎明发动机厂正式开始仿制工作；12月17日，东风103首飞成功；1959年4月26日，国家鉴定委员会正式鉴定验收；1964年，首批歼-6战斗机交付中国空军使用。歼-6是1960—1970年中国人民解放军空军的主力，曾击落了RF-101、

图1-6　直-5直升机

F-104C、RA-3D型侦察机等多种入侵飞机，2006年8月退出中国空军战斗序列，2010年彻底退役，在其服役的46年里立下赫赫战功。歼-6是国内首次实现超声速、首次携带导弹、首次实现出口的机型，在歼-6基础型的基础上，衍生出了歼-6乙、歼-6Ⅰ、歼-6Ⅱ、歼-6Ⅲ、歼-6Ⅳ型，还有侦察型歼侦-6、教练型歼教-6等，该机型也是中国航空工业生产装备数量最多的机型，到1983年停产时共生产了5205架。

强-5是在歼-6战斗机的基础上，参照西方攻击机的设计风格，重新对机身结构融合设计研制的。从外形看，强-5类似于将全新设计的前机身与歼-6的发动机及后机身结合而成。1965年6月5日，强-5首次试飞成功。随后，强-5飞机通过国家鉴定，被批准初步设计定型。1968年，强-5飞机投入成批生产，开始大量装备中国空军和海军航空兵，成为中国对地攻击的主力作战型号之一，从此揭开了中国自行设计制造超声速喷气式强击机并大量装备部队的历史，填补了中国航空工业的一项重要空白。除装备中国空军和海军外，还出口到孟加拉国、缅甸、朝鲜、苏丹和巴基斯坦，是中国第一种出口的作战飞机。在强-5的基础上，衍生出了强-5甲、强-5乙、强-5Ⅰ、强-5ⅠA、强-5Ⅱ、强-5Ⅲ等共16种机型。2012年10月25日，强-5停产。

1961年，国内开始对米格-21进行"技术摸透"工作，随后由沈阳飞机设计研究所进行了相关的计算和试验。1964年初，歼-7原型机开始生产，1967年获得生产许可证。歼-7的研制成功，标志着我国从此具有了制造第二代歼击机的能力。歼-7原型机的生产时间很短，从1967年开始小批生产到1970年停产一共只生产了23架。在原型机的基础上，20世纪70年代开始进行了大量改进改型，衍生出了歼-7Ⅰ、歼-7Ⅱ、歼-7ⅡA、歼-7ⅡH、歼-7M等多种机型，除装备中国空军和海军外，还向孟加拉国、伊朗、缅甸、朝鲜、伊拉克等多个国家出口，是中国最知名的军机出口品牌。

1963年7月，来自沈阳飞机设计研究所的顾诵芬在当时国防部第六研究院技术报告会上提出了一款新型歼击机的设计报告。1965年5月17日，该机的研制任务获批，并给这款歼击机命名为"歼-8"。1968年7月，首批2架歼-8飞机完成总装；1969年7月5日，王焕进行了首次试飞。在随后10年的试飞中，研制团队发现并攻克了飞机跨音速抖振故障、发动机空中停车等多个技术难题。自1980年服役以来，在歼-8原型机的基础上又改进改型研制出了歼-8A、歼-8E、歼-8R、歼-8Ⅱ、歼-8H、歼侦-8等机型，其中歼-8Ⅱ战斗机是中国空军和海军航空兵20世纪80年代至21世纪初的主力战斗机种之一。

1973年初，西安飞机设计研究所开展超声速战术轰炸机的预研工作；4月，航空发展规划筹备会决定研制一个轰-5或轰-5和强-5共同的后继机，以加强空中攻击力量。在第三机械工业部（以下简称"三机部"）、第六研究院等单位的研讨下，确定了新机的相关功能、配置、性能等方面，西安飞机设计研究所的设计人员根据需要选定了初步的设计方案，拉开了歼轰-7飞机设计的序幕。1983年初，西安飞机设计研究所先后完成了歼轰-7结构、强度和系统原理性实验，同时转入全面详细设计阶段。1988年8月，歼轰-7首架原型机出厂，12月14日成功首飞，1989年11月17日首次超声速飞行。1998年，歼轰-7飞机设计定型。随后在21世纪初，改进型号的歼轰-7A成为中国空军和中国海军航空兵共同拥有的战斗轰炸机，极大地提高了部队的对地和对海打击能力。2017年，歼轰-7系列战机停产，全系列总计生产了200多架。

1976年，国务院、中央军委常规装备发展领导小组向三机部和国防工业办公室明确下达测绘设计新直升机的任务，以法国SA321超黄蜂直升机为基础仿制一款大型多用途直升机，并命名为直-8。1980年，直-8完成设计图，工装、零件和静力试验机也基本完成。1985年10月，直-8的02架机完成总装，12月11日首飞成功；1989年8月起交付中国海军航空兵使用。21世纪后，根据军事形势与需要，陆续研发出了直-8J、直-8F、直-8S、直-8K等多种改型。与直-5相比，采用三台涡轴发动机的直-8有着更大的功率、更快的速度和更强的运载能力，在军、民两方面都获得了广泛的应用，可以用于人员运输、地质勘探、航空测绘等。

1983年，直-9机正式进入中国人民解放军服役。1990年底，法国授权引进的50架直升机已全部组装生产完毕，其中28架为基本型直-9，22架为直-9A。同时，哈尔滨飞机制造厂还和其他90余家制造厂协力研制，生产了2架直-9A-100直升机。1992年1月16日，国产化率达到72.2%的国产型直-9A-100首飞成功。此后，哈尔滨飞机制造厂全面转向国产型直-9的生产，中国也迈入了自制直-9直升机的时代。1994年，交付首批8架直-9国产化型给陆航使用；1997年，为迎接香港回归，生产了12架直-9国产化型给空军驻港部队使用，该型号定名直-9B，是首批进驻香港的中国空中力量。目前直-9系列作为我国海陆军以及警民用直升机被大量应用，衍生出大量型号，如警用AC312系列，陆军的直-9W、直-9WA和侦察型直-9WZ，海军的直-9C/D反潜反舰型号，救援型直-9S等。

与歼-8同期研制的还有歼-9战斗机，但由于指标要求过高，1980年歼-9的研制工作全部终止。歼-9从开始提出设想到最后下马，历时16年，是当时研发时间最长、投资最大而后下马的型号，所做的工作也是最多最充分的。在歼-9的研制过程中，我国掌握了鸭式气动布局、拦射火控系统、耐高温铝合金等技术，为后来的歼-10工程留下了可用的资料。

1982年2月，歼-10总设计师宋文骢参加中国新一代战机研制方案评审论证会，提出新型先进三代飞机方案。1986年1月，歼-10研制项目获批，宋文骢担任歼-10总设计师。1992年，歼-10全尺寸样机成型。1994年01号原型机开始制造。1998年3月23日，雷强驾驶歼-10首飞成功。2003年，歼-10生产型正式交付。2004年1月,成都军区驻守云南的中国空军换装歼-10战机,成为中国空军第一个装备该型战机的部队;4月13日,歼-10通过国家设计定型审核,正式定型。在过去的20年中,歼-10也在不断地改进,诞生了歼-10A、歼-10S、歼-10B、歼-10C等机型。2018年11月,在第十二届中国国际航空航天博览会(珠海航展)上,装配国产发动机的歼-10B战机首次公开亮相,是当时世界上唯一的能够完成眼镜蛇机动的鸭式布局单发战机。歼-10战斗机是第一种中国自行研制的、具有自主知识产权的高性能、多用途第三代战斗机,结束了中国航空事业长期缺乏先进制空战斗机的局面。歼-10攻克了鸭式气动布局、电传飞控系统等现代战机的关键技术,建立起一套研制先进战机完整的配套产业体系,并且为后续开展的重要项目培养了一大批关键人才。歼-10的诞生,使中国航空工业真正站在了世界的前端。

1995年12月至1996年12月,中方与俄罗斯签署了第二批24架苏-27采购合同,正式签订引进生产线协议。1997年,国产苏-27项目开始,并将飞机命名为歼-11,这是中国航空工业系统首次进行批量生产的第三代战斗机。1998年12月16日,歼-11由试飞员付国祥首飞成功。1998年底至2002年9月,沈阳飞机制造公司获得歼-11的主导权,用近4年的时间建立了一整套第三代重型歼击机的研制生产线,并顺利通过国家验收。2000年,歼-11交付空军部队使用。歼-11的国产化道路,是由最初的进口散件组装后不断提高国产率,逐步加入国产组件进行改进升级,最终彻底提高歼-11的技术水平。沈阳飞机制造公司陆续开发了衍生机型歼-11B、歼-11BS等,其中改进型歼-11B使用的是国产第三代大型军用航空涡轮风扇发动机——太行发动机,这标志着歼-11实现了机体平台、材料、动力装置等的全面国产化,是完完全全的国产战斗机。截至2015年,歼-11系列基本停产。

早在20世纪60年代末,出于国土防空的需要,中国就已经用图-4轰炸机的机身改装过一架预警机，并命名为空警-1。2002年底，中国以俄罗斯的A-50I为原始搭载平台开始研制空警-2000预警机，由西安航空工业公司安装国产设备，中国电子科技集团有限公司安装国产雷达。在各方面的整合下，第一架空警-2000预警机制造完成。2003年，空警-2000首飞成功。2007年，4架空警-2000交付部队。空警-2000的成功研制和部署使用，填补了中国空军没有大型预警机的空白。

1998年，专用武装直升机正式立项，型号命名为直-10（图1-7）。2001—2002年，完成了直-10的整体设计、技术图纸和资料编制。在直-10的试制过程中，采用并行工程全数字化的制造方法，提高了产品的设计质量，减少了反复，缩短了研制周期。2003年，直-10试验样机装配完成，在吕蒙机场首飞。2006年，在例行检验中发现固定涡轮叶片的榫齿产生了裂纹。经过第二轮的重新设计后，直-10整体进行了减重和优化，新直-10的武器装载量没有下降，载油量还有所增加。同时，株洲军工人经过一系列技术攻关，让涡轮叶片的强度得以提升，从根本上解决了榫齿裂纹的问题。2010年秋，直-10完成定型并投入批量生产，12月开始服役。以直-10成功研制为标志，国产直升机实现由国际第二代向第三代的跨代发展，中国直升机的研制实现了由引进仿制到自主设计的历史跨越，是中国直升机工业跻身世界先进行列的重要标志。

2009年8月31日，中国第一代舰载机歼-15首飞成功。2011年4月25日，第二架歼-15原型机进行了飞行测试。2012年11月23日，飞行员驾驶歼-15舰载机首次完成在辽宁舰上的起降试验。2014年，歼-15设计定型。歼-15是中国第一种重型舰载机，属于四代半战机，它的研制成功标志着中国成为继美、俄之后的第3个可以自主研制重型舰载机的国家。歼-15在辽宁舰上的成功起降，标志着中国战斗机实现了从陆地向海洋的历史性跨越，对加强国防建设、维护国家海洋权益具有重大战略意义，中国海军正式踏入

022

图1-7　直-10直升机

"航母时代"。

2007年6月20日，大型运输机项目（即运-20）正式立项。2009年2月，中航飞机有限责任公司正式成立，意味着大飞机计划中最核心的内容——大型运输机项目及大型客机零部件项目责任主体已正式明确。2013年1月26日14时许，中国首款自主战略运输机运-20在跑道上加速后顺利起飞，随后于15时安全着陆，首飞取得成功。2016年7月6日，运-20正式列装空军航空兵部队。作为中国自主研发的新一代重型军用运输机，运-20与中国空军现役伊尔-76相比，发动机和电子设备有了很大的改进，载重也有所提高。运-20的成功首飞，标志着中国航空工业的一次重大突破，中国拥有了属于自己的大型运输机，是中国建设战略空军的一座里程碑。目前，运-20的航迹已经遍布亚、非、欧、大洋洲，展现了中国的大国使命与担当。2022年1月，汤加火山喷发后，运-20机队克服南太平洋上空强对流天气的影响，将大量紧急救援物资运送至汤加王国，显示了中国积极参与国际救援行动的决心。在2022年的中国航展上，首次公开了基于运-20衍生出的运油-20，作为大型特种机的载机平台，运-20未来或将衍生出更多机型，其航迹也必定会更多、更远。

2011年1月11日，中国第五代战斗机歼-20进行首次升空飞行测试。2019年10月13日，歼-20列装中国人民解放军空军王牌部队。2021年6月18日，歼-20列装中国空军多支英雄部队。歼-20是全世界第三款重型第五代隐身战机，将担负起中国空军未来对空、对海的主权维护。

2011年10月17日，歼-16在沈阳首飞。歼-16是在歼-11BS战机的基础上进行深度改进的一款双座、重型多用途战斗机，既可以完成制空作战任务，也能实施对地、对海打击，是空军攻防兼备转型的重要装备之一。

2013年12月23日，国产新型通用直升机直-20首飞。在研究直升机旋翼防除冰技术的过程中，邓景辉团队攻克难关，解决了核心技术受制于人的被动局面。为了确保直-20能够在全疆域使用，邓景辉带领的团队还曾四上高原、四进严寒。作为中国第一架能上高原的国产直升机，直-20能够在高原地区运输、抢险救灾等领域发挥极为重要的作用。直-20服役后，我军的空中突袭能力得到极大提高，并且能够真正解决高寒地区的运输问题。

2019年10月1日上午，在庆祝中华人民共和国成立70周年的阅兵式上，中国航空工业集团自主研制的34型166架军机飞过上空，3型4架高端军用无人机在地面装备方队亮相。其中，空中护旗梯队包含由3架直-8运输直升机与26架武直-10武装直升机组成的4个编队；空中领队机梯队由1架空警-2000和8架歼-10A组成（图1-8）；空中预警指挥机梯队包含由空警-500、空警-200、运-8指挥通信机以及12架歼-11B组成的3个编队；海上预警巡逻机梯队包含由1架空警-500H、2架运-8反潜巡逻机以及1架空警-200H、2架运-8GH技术侦察机组成的2个编队；运输机梯队包含由6架运-20大型运输机和3架运-9运输机组成的3个编队；支援保障机梯队包含由

3架运–9飞机和3架运–8飞机组成的2个编队；轰炸机梯队包含由3架轰–6N新型轰炸机和6架轰–6K轰炸机组成的3个编队；加油受油机梯队包含由2架轰油–6和4架歼–10B受油机组成的2个编队；舰载机梯队由5架歼–15舰载机组成；歼击机梯队包含由5架歼–20歼击机、5架歼–16歼击机、5架歼–10C歼击机组成的3个编队；陆航突击梯队包含由5架直–9直升机、9架直–10运输机、11架直–19直升机、6架直–20直升机和9架直–8B直升机共计40架受阅机组成的5个编队；教练机梯队包含由5架教–10攻击教练机、5架歼教–9高级教练机、7架教–8中级教练机组成的3个编队。在此次阅兵式上，参阅机型数量、先进性和体系完整性创历史之最，全面展现了新中国航空工业70年来取得的巨大成就。

图1-8　空中领队机梯队

二、民用航空

（一）新中国成立初期

1949年11月2日，中共中央决定在中央人民政府人民革命军事委员会下设民用航空局；12月，中央军委民航局成立，统管全国的民航事务，在天津、上海、武汉、重庆、广州设办事处。同年11月9日，原属国民党政府的中国航空公司和中央航空公司的2000多名爱国员工在香港起义，史称"两航"起义，12架"两航"飞机冒险从香港启德机场飞回大陆（图1-9）。北飞的12架飞机和后来由"两航"机务人员修复的国民党遗留在大陆的16架飞机，构成了新中国民航初期的机群主体。内运的器材设备，成为新中国民航初期维修飞机所需的主要航空器材来源，并组建了太原飞机修理厂、天津电讯修理厂，成为发展我国航空工业和电讯研制工业的技术物质基础。

1950年，为了发展国际航空运输，中国和苏联签订了《关于创办中苏民用航空股份公司的协定》。7月1日，中苏民用航空股份公司成立，并开通北京到赤塔、伊尔库茨克和阿拉木图的3条国际航线，新中国民航国际航线就此开通。

中国在开辟中苏航线的同时，也在积极筹划国内航线的开辟。1950年7月31日，以潘国定为机长的机组驾驶北京号载客飞行天津—汉口—广州航线，8月1日执飞回程航班。同年8月1日，以秦永棠为机长的139号机组使用C46型飞机开辟了天津—汉口—重庆航线。这两条航线是新中国民航最早的国内航线，史称"八一"开航，拉开了新中国民航事业的序幕。

1951年4月17日，中央人民政府人民革命军事委员会和中央人民政府政务院颁布了《关于航空工业建设的决定》。这个决定，就是要组建中央人民政府重工业部航空工业管理局，规定了航空工业局的近期任务和长远发展目标，决定成立航空工业管理委员会，以及航空工业局接收相关企业等

图1-9　"两航"北飞驾机起义人员合影

事宜。同年5月，南昌飞机制造厂成立。

1952年7月17日，新中国第一个国营民用航空运输企业——中国人民航空公司在天津成立，并组建了新中国第一个飞行队。公司成立后，开展了开辟航线、拓展业务、改进经营管理、健全机构和制定规章制度等工作。1953年6月9日，中国人民航空公司并入军委民航局，在民航局设立了商务处、机务处、航行处。自1954年起，撤销中国人民航空公司名称，飞机改为民航局标志，对外统一使用民航局名称。中国人民航空公司尽管存在时间较短，却是新中国民航政企分开、改革管理体制的一次尝试。

1955年，拉萨当雄机场开始修建。1956年5月26日，北京—拉萨航空线试航成功，开创了西藏高原飞行的先例，为开辟北京—拉萨航线打开了大门。5月29日，CV-240成功降落在当雄机场；1960年6月1日，伊尔-18（图1-10）在机场降落，技术性试飞成功。1965年3月2日，北京—成都—拉萨航线正式开通。1966年10月，拉萨贡嘎机场通航使用，当雄机场完成了它的历史使命。当雄机场不仅突破了高原飞行的"空中禁区"，还创造了

图1-10　伊尔-18飞机飞过布达拉宫上空

当时中国乃至世界上的多个第一的纪录：第一个海拔4000米以上的高原机场，第一个跑道长4500米以上的草地机场，第一架在海拔4000米以上高原机场试飞成功的飞机，第一个在高原机场保障飞机成功起降的空军场站，第一个开通北京—拉萨民航班期的西藏高原机场。

"一五"计划时期，因国民经济的发展和国家建设的需要，运输机的需求量激增，研制国产运输机被提上了议事日程。苏制安-2运输机的可靠性、维护性以及多用途性能极其符合当时中国的国情，因此，1956年4月，安-2运输机被正式确定为国产运输机的仿制母型，由南昌飞机制造公司进行仿制任务。1957年1月底，安东诺夫设计局把安-2运输机的全套技术资料运到中国，仿制过程十分顺利，10月初便总装出第一架做静力试验用的032002号运-5机。顺利通过静力试验后，南昌飞机制造公司很快组装完成了用于试飞的01号样机，之后该样机被命名为丰收二号，随后投入批量生产。1964年11月1日，丰收二号被正式命名为运输-5型，简称运-5（图1-11）。运-5是中国第一种自行制造的运输机，根据不同需求，后来又研制了运-5甲、运-5乙、运-5丙、运-5丁、运-5B多种改进改型机。1985年后，运-5基本型停止生产。到目前为止，运-5系列飞机已经累计生产达到1000多架，其中出口朝鲜、越南等国家70余架，并且仍在服役。在其服役的60多年里，被广泛应用于各领域中，是我国生产批量最大、生产时间最长、飞行作业时间最多的通用航空机种。

1963年，根据国家外交和发展民航事业的需要，民航总局为实现中国和巴基斯坦通航筹划机场建设。1964年4月26日，巴基斯坦国际航空公司使用波音720B型飞机分别试飞上海虹桥国际机场和广州白云国际机场。4月29日，中巴正式通航，开辟达卡—上海航线。中巴通航打开了西部的大门，中国民航的飞机经巴基斯坦可以直接飞往欧洲和非洲，推进了中国空运事业的发展。

1965年3月下旬，周恩来总理率我国党政代表团赴罗马尼亚，参加罗马尼亚共产党总书记的葬礼，租用了巴基斯坦航空公司的飞机。在回国的路上，周恩来总理充满期待地询问身边一位中国民航局的负责人："什么时

图1-11　运-5运输机

候才能坐上我们中国民航自己的飞机出访？"到了1965年6月，周恩来总理出访坦桑尼亚等非洲六国。这一次，中国民航派出当时国内拥有的最先进的伊尔–18涡轮螺旋桨飞机执行这次重要的专机任务。首次远航的伊尔–18专机，历时14天，途经12个国家和地区，行程约4.5万千米，是新中国民航一次里程碑式的远航。

1950年新中国民航初创时，仅有30多架小型飞机，年旅客运输量仅1万人。19世纪50年代，囿于国内政治、经济、外交、技术等条件，中国民航只与苏联、朝鲜、缅甸等邻近国家签订了通航协定，通航总里程仅有4000千米左右。而到了1965年，随着国家经济建设的发展，我国的民航事业也取得了一些进展。国内航线增加至46条，建立了以北京为辐射中心的单线式航空网络，通用航空的发展也在这个时期稳步上升。1965年末，中国民航拥有各类飞机355架。

（二）"文化大革命"时期

1966年到1976年的10年是"文化大革命"时期，我国的民航业受到严重的干扰和损害，处于停滞状态。但在此期间，中国民航1971年购进了5架伊尔–62客机，1972年购进了10架"三叉戟"2E客机，同年美国总统尼克松访华后，中国民航从波音公司订购了10架波音707客机。以上3种机型是中国民航最早拥有的喷气式客机，为中国民航实现"飞出去"目标创造了重要的硬件。除此以外，这10年里还陆续开展了运–6、运–7、运–8、运–9、运–10、运–11运输机的研制项目。

1966年4月，西安飞机工业公司正式启动逆向仿制苏联的安–24运输机项目，新机命名为运–7，是双发涡轮螺旋桨中的短程运输机。1970年12月25日，样机首飞，随后因受"文化大革命"干扰，运–7的研制受阻停顿。1980年，运–7完成试飞。在进行了单发起降试验后，1982年7月30日，国家正式批准运–7飞机设计定型。1986年5月1日，运–7正式向中国民航局交付，编入航班投入运营。运-7飞机是中国第一架正式投入运营的国产运输机，填补了中短程运输机方面的空白，结束了中国民航全部使用外国飞机的历史。2000年6月，中国民航适航部门批准运-7改进改型客机新舟60飞机（图1-12）型号合格证，随后"新舟"系列进入国内和国际民航市场，中国拥有自主知识产权按国际适航标准制造的民航飞机首次出口国外，是在国内外航线上唯一批量投入商业运行的国产涡桨支线客机，是我国民用飞机产业的探路者。

1969年初，西安飞机厂开始参照安-12设计新型运输机运-8，历时两年多完成设计，又用两年完成零部件制造和装配。1974年底，运-8试飞成功。随后由于面临多种困难和问题，迟迟无法完成运-8后续的研制和定型，后来由西安飞机厂继续运-7项目，运-8项目则转由陕西飞机制造厂重新启动研制。经过一系列测试，运-8于1981年正式开启量产化进程。

图1-12　新舟60飞机

19世纪60年代末，中国航空科研单位提出了大型喷气式军用运输机的研制方案，这是中国第一次独立研制大型运输机的尝试。1970年，运-9的研制任务正式立项，但在1971年9月，运-9研制项目中断。

1970年，上海飞机制造接受了运-10的研制任务。1972年6月，确定了运-10的主要设计原则；8月，审查通过了修改后的运-10总体设计方案。1973年初至1975年完成了运-10的全部设计图纸。1980年9月，运-10首次试飞成功。1982年起，由于经费原因，运-10研制基本停顿。

为了适应国家经济发展的需要，1974年4月，三机部要求哈尔滨飞机制造厂研制一种适合国内农业、林业、渔业等使用要求的多用途小型运输机，尤其要优先满足农林作业方面的要求。1975年1月，三机部批准了哈尔滨飞机制造厂上报的多用途小型运输机研制总方案，并命名为运-11。1975年6月，哈尔滨飞机制造厂完成了运-11的详细设计；同年12月30日，首飞成功。到1989年停产，运-11一共生产了44架，其中交付使用38架。

1974年，中国相继开通了莫斯科、东京、巴黎等国际航线；9月29日，中日两国正式通航，开辟了新中国成立后上海第一条由中国民航飞机投入营运的国际航线。

（三）改革开放至今

中国民航系统从1974年开始恢复实行经济核算制，1975年开始扭亏为盈，1976年共获利3500万元，从而扭转了长期亏损和依靠国家补贴的被动局面。1978年起为中国民航的高速发展时期，党的十一届三中全会召开之后，中国民航勇当先行，以北京、上海、广州为中心，开辟了一批干线、支线。为适应航线发展的需要，中国民航加速机型更新，进一步缩小了我国运输飞机与国际民航先进水平的差距。1980年，中国民航局在此前引进波音707等飞机后，又购买了波音747SP客机，这是中国民航首次使用宽体客机，标志着中国民航的机队构成开始与国际民航先进水平接轨。1983年，我国又购买了一批波音和麦道多种型号的先进水平客机，包括波音747、波音757、波音767、波音777等。

1980年初，哈尔滨飞机制造公司开始设计研制的轻型双发多用途运输机运-12，是我国自行设计的优良机种之一。1986年，运-12飞机开始外销，开创了我国民机出口的先例。1990年6月20日，英国民航局（CAA）向运-12颁发了CAA型号合格证，这是我国民用飞机第一次得到国际权威适航机构颁发的型号合格证。2001年，运-12E成功下线，并获得了美国联邦航空局（FAA）的适航证，成为目前中国唯一获得FAA适航认可的飞机。

1980年3月5日，民航局再次改为国务院领导的直属局，中国民航逐渐褪去军事色彩，走上企业化管理的道路。1987年1月30日，国务院批准民航局《关于民航系统管理体制改革方案和实施步骤的报告》；10月15日，原民航成都管理局分立为民航西南管理局、中国西南航空公司和成都双流机场，拉开了民航以政企分开、简政放权、机场与航空公司分设为主要内容的第二轮管理体制改革的序幕。1988年，按中国民航"政企分离"的管理体制改革方案，中国国际航空公司和中国东方航空公司成立。1992年12月20日，中国民用航空局实施体制改革，民航广州管理局召开体制改革实施大会，中国南方航空公司与民航广州管理局正式分开，成为自主经营、自负盈亏的经济实体，直属中国民用航空局，第二轮重大管理体制改革全面完成。1987—1992年，中国民航分别成立了6个地区管理局、6家骨干航空公司、6个机场。各类企事业单位从民航局独立出来，民航系统基本打破了原政企不分、用行政和军事办法实行高度集中统一管理的单一部门体制，形成了政企初步分开，地区管理局与航空公司、机场分立的管理体制新格局。

1985年10月，民航总局、国家工商行政管理局根据国务院的《关于开办民用航空运输企业审批权限的暂行规定》，发布了《关于开办民用航空运输企业审批程序的通知》，之后部分省、市地方政府和国内企业纷纷独立投资或与民航总局、中央企业合资组建航空公司。到1994年，上海航空、海南航空、四川航空等十余家非民航直属航空公司在全国各地纷纷成立。

1990年5月31日，中国民航局与美国波音公司在西雅图举行签字仪式，双方达成一笔总金额为40亿美元的飞机订购交易，这是中国民航有史以来第一次大批量订购飞机。中国民航向波音公司购买了72架飞机，其中36架为固定订购，另外36架为预订货。这批飞机于1992年开始陆续交付，由中国国际航空公司、中国南方航空公司、中国西南航空公司等使用。

1991年至1995年"八五"时期，我国民航继续保持持续、快速发展的势头，是飞机数量增加最快的时期。5年间利用外资72亿美元融资租赁飞机198架，使用车船飞机购置贷款86.4亿元购置飞机和特种车辆，飞机维修方面也具备了对我国部分在用飞机、发动机的D级检修和大修的能力。在此期间，中国民航还投资320亿元，新建、迁建机场19个，改扩建机场15个，同时新开工了一些大型机场建设项目。

1995年10月30日，第八届全国人大常委会第十六次会议通过了《中华人民共和国民用航空法》（以下简称《民航法》），自1996年3月1日起施行。这是新中国成立以来第一部规范民用航空活动的法律，《民航法》的出台标志着我国民航事业迈向依法治理发展的新阶段。在随后的几年里又制定了一系列的民航法规和条例，初步建立了我国民航的基本法律体系，在体制上进一步改造不适应市场的机构和企业，精简行政机构，以适应市场经济，使中国民航迈上了一个新的台阶。

2002年3月3日，国务院印发《关于民航体制改革方案的通知》，民航开始实施以政企分开、政资分离、机场属地化管理、改革民航行政和公安管理体制为主要内容的新一轮改革。民航第三轮重大体制改革彻底打破了长期以来高度集中的民航管理体制，民航成为交通行业首家完成政企、政资分离的部门，形成了现代化民航管理体制。2002年10月11日，民航三大航空集团公司和三大民航服务保障集团公司同时挂牌成立，标志着中国民航业第一次重组基本完成。原国防航空、西南航空、中浙航空重组成国航，原南方航空、新疆航空、北方航空重组成南方航空，原东方航空、西北航空、云南航空公司重组为东方航空。三大航空集团重组，九大航空公司变成了三大航空公司，而地方航空仅保留上海航空、海南航空、深圳航空和四川航空独立运营，结束了无休止的盲目竞争，让领军企业带头规范市场。2003年3月至2004年7月，除首都机场和西藏机场外，由民航总局直接管理的87个机场全部移交地方政府，实行属地化管理。

2002年4月，ARJ21客机项目经中国国务院批准立项，标志着ARJ21项目正式进入立项研制阶段。2008年11月28日，ARJ21-700型飞机（图1-13）在上海大场机场成功首飞，2014年12月30日获得中国民用航空局颁发的型号合格证。2015年11月29日，首架ARJ21支线客机飞抵成都，交付成都航空有限公司，正式进入市场运营。2016年6月28日，国产喷气式支线客机ARJ21-700，首航搭载70名乘客执飞成都至上海航线EU6679航班，正式进入航线运营。研制一架具有自主知识产权的新型涡扇支线飞机，并从真正意义上实现商业的成功，是我国航空工业、民航业几代人的梦想。ARJ21新支线飞机就是我国首次按照国际民航规章自行研制、具有自主知识产权的中短程新型涡扇支线飞机。2022年12月29日，中国商用飞机有限责任公司（以下简称"中国商飞公司"）向市场交付第100架ARJ21飞机，标志着中国国产喷气支线客机进入批量化生产、规模化运营、系列化发展的新阶段。2023年1月1日，ARJ21飞机客改货设计更改项目正式获得适航批准。2023年4月18日，一架编号为8B5112的印尼翎亚航空ARJ21飞机从印度尼西

图1-13　ARJ21-700型飞机

亚雅加达起飞，2个小时后平稳降落在印度尼西亚巴厘岛伍拉赖国际机场，完成在印尼的首航。

　　2002年，中国民航总局确定了用20年时间把我国从一个航空大国建设为航空强国，以适应我国全面建成小康社会的目标，其中包括：在国内进一步开放市场，允许民营资本经办航空业、航空培训机构，加大机场建设力度，加强支线航空、通用航空的建设。对外要参与国际航空开放天空的自由化、全球化竞争，使机场密度大幅度提高，建设数个世界排名靠前的大机场，建成现代化空中交通管理系统，大幅提高航空运输企业的国际竞争力。2005年，投资准入制度进一步放宽，民营资本进入民航业。同年2月，民航总局为奥凯航空颁发经营许可证，标志着民营航空公司第一次出现在新中国民航市场。同年7月，《国内投资民用航空业规定（试行）》（民航总局令第148号）颁布，就国有投资主体和非国有投资主体可以单独和联合投资民用航空业，包括公共航空运输企业进行了规范。以规章的形式鼓励民营资本进入航空业，被视为中国民航业打破垄断的标志之举。新法规实施之后，鹰联航空、春秋航空也获发许可证，这是首次民营资本作为主体进入具有典型的国有资本垄断性的行业。至2007年，民航局批准新设立的航空公司中，一半以上属于纯民营或民营控股、参股的公司。

C919客机是继运-10之后，我国首款按照国际民航规章自行研制、具有自主知识产权的大型喷气式民用飞机。它的研制成功使我国民航运输市场首次拥有了中国自主研发的喷气式干线飞机。

2006年，大型飞机重大专项被确定为16个重大科技专项之一。2007年，大型飞机研制重大科技专项正式立项。2008年5月11日，中国商飞公司成立。2009年1月6日，中国商飞公司正式发布首个单通道常规布局150座级大型客机机型代号"COMAC919"，简称"C919"（图1-14）。12月21日，中国商飞公司与国际发动机公司（CFM）正式签署C919大型客机动力装置战略合作意向书，选定CFM公司研发的LEAP-X1C发动机作为C919大型客机的唯一国外启动动力装置。2011年12月9日，C919大型客机项目通过国家级初步设计评审，转入详细设计阶段。

2014年9月19日，C919大型客机首架机开始结构总装，并于2015年11月2日正式总装下线。这标志着C919大型客机项目工程发展阶段研制取得了阶段性成果，为下一步首飞奠定了坚实基础。2017年5月5日，C919大型客机在上海圆满首飞。

2020年11月27日，C919飞机进入局方审定试飞阶段。2021年3月1日，中国东方航空与中国商飞公司正式签署首批5架C919购机合同。2022年9月29日，国产C919大型客机获中国民用航空局颁发的型号合格证；11月29日，中国民航局向中国商飞公司颁发C919大型客机生产许可证；12月9日，全球首架C919飞机交付中国东方航空公司。2023年5月28日，C919大型客机圆满完成首次商业飞行，正式进入民航市场，开启常态化商业运行；7月16日，中国东方航空公司在上海正式接收第二架国产C919大型客

图1-14 C919

机；9月28日，中国东航再次与中国商飞签署购机协议，在此前签订的首批5架的基础上再增订100架C919大型客机，这是C919大型客机迄今为止最大的单笔订单。

让中国大飞机翱翔蓝天，承载着国家意志、民族梦想、人民期盼。习近平总书记高度关注我国大飞机事业的发展，多次做出重要指示批示。2014年5月23日，习近平总书记在中国商飞公司考察，登上C919大型客机展示样机，详细了解有关设计情况。2015年11月2日，习近平总书记向广大参研单位和人员表示热烈的祝贺，希望大家继续弘扬航空报国精神，坚持安全第一、质量第一、脚踏实地、精益求精，扎实做好首飞前的准备工作，为进一步提升我国装备制造能力、使自己的大飞机早日翱翔蓝天再做新贡献。2016年元旦前夕，他在新年贺词中提到"我国自主研制的C919大型客机总装下线"，表示"只要坚持，梦想总是可以实现的"。2021年，他在两院院士大会、中国科协第十次全国代表大会上专门提到"C919大飞机准备运营"。2022年9月30日，习近平总书记在北京人民大会堂会见C919大型客机项目团队代表并参观项目成果展览，充分肯定C919大型客机研制任务取得的阶段性成就。

2014年12月26日，北京新机场项目开工建设。2018年9月14日，北京新机场项目定名为"北京大兴国际机场"（图1-15）。2019年9月25日，北京大兴国际机场正式通航。该机场拥有世界首个实现高铁下穿的航站楼，双层出发车道边为世界首创，有效地保证了旅客进出机场的效率。首次在全球枢纽机场中实现了场内通用车辆100%新能源，是中国国内可再生能源利用率最高的机场。

2020年初发生的新冠肺炎疫情，给全球经济发展带来了深远影响。民航业作为促进全球经济发展和文化交流的服务支撑型产业，遭遇了前所未有的重创。不过，在各方面努力下，中国民航率先触底反弹，为世界航空业做了榜样，一切都在向好的方向发展。民航全行业在以习近平同志为核心的党中央的坚强领导下，坚持以习近平新时代中国特色社会主义思想为

图1-15 北京大兴国际机场

指导，全面贯彻落实党的二十大精神和中央经济工作会议精神，坚决贯彻落实党中央、国务院决策部署，坚持稳中求进的工作总基调，积极应对安全压力、疫情防控、经营亏损等不利因素交织叠加的局面，在前所未有的困难面前经受住了考验，稳住了行业发展基本盘，持续推动民航高质量发展取得新成效。

第二章
中国航天发展史

第一节　火箭与卫星发射事业

一、"两弹一星"与"通天盖地"

1956年2月，钱学森向中央提出的《建立中国国防航空工业的意见》，对中国航天事业的发展起到了极为重要的推动作用，是一份指导创建中国航天事业的关键文件。4月，中华人民共和国航空工业委员会成立，标志着中国航天事业创业的开始。10月8日，中国国防部第五研究院正式成立，钱学森任院长，这是中国第一个导弹火箭研究机构，中国航天科技集团的前身，同时也是中国航天事业的起点。12月22日，中共中央同意将几经修改的《1956—1967年科学技术发展远景规划纲要（修正草案）》作为试行方案付诸实施。1957年10月15日，苏联与中国签订《国防新技术协定》，同意在原子弹、导弹和航空等方面提供技术援助。

1957年10月4日，苏联成功发射第一颗人造地球卫星，标志着人类进入太空时代。中国科学界受到鼓舞，1958年初，钱学森、竺可桢、赵九章三人联名向中央上书，建议中国也应该开始着手研制人造卫星。5月17日，在中共八大二次会议上，毛主席明确提出："我们也要搞人造卫星。"5个月后，在周恩来和聂荣臻的直接领导下，中国科学院成立了以钱学森为组长，赵九章、卫一清为副组长的"581小组"，专门负责中国人造卫星和火箭的研究和试制工作。10月16日，中国科学院派出以赵九章为团长的高空大气物理代表团，在苏联进行了70天的考察。代表团回国后，认为发射人造地球卫星是综合性强的大工程，技术十分复杂，中国当时并不具备发射卫星的条件，赵九章等在总结报告中建议推迟研制人造卫星的工作，把科研力量转移到探空火箭上。

1960年2月19日16时47分，由上海机电设计院副院长杨南生、总工程师王希季等百名科研人员自行设计制造的新中国第一枚试验型液体探空火箭T-7M成功发射。尽管当时这枚探空火箭飞行高度只有8千米，但这是中国航天事业跨出的第一步，是中国探空火箭技术取得的第一个具有工程实践意义的成果。

1957年底，作为中苏技术合作的一部分，苏联将两枚P-2导弹和完整的技术文件交付给中国。随着导弹事业的起步，1957年底，中央军委决定筹建导弹试验靶场。1958年2月25日，批准建设中国第一个陆上综合导弹试验靶场。1960年11月5日，靶场正式启用。

1960年7月16日，苏联向中国递交了关于撤走在华专家、停止原定设备材料供应的照会，单方面撕毁了600个合同。苏联专家撤走后，周恩来在中南海召开了一次高级军事会议，这次军事会议重新研究部署了中国导弹、原子弹发展规划，并且参会人员一致同意用国产推进剂把P-2导弹送上天去。11月5日，中国仿制的苏联P-2导弹，即中国首枚近程导弹东风一号成功发射，标志着中国在掌握导弹技术方面迈出了突破性的一步。

19世纪60年代初，国际形势变得愈发复杂。面对来自西方国家和苏联的双重压力，我国开始谋划制造一款可以远程投送核武器的导弹。1960年

3月7日，我国正式开始中近程导弹的研制，并命名为东风二号。1964年6月29日，东风二号导弹发射成功。东风二号是中国人民解放军火箭军装备的一型陆基机动式中近程弹道导弹，是中国自行研制的第一种弹道导弹，也是中国第一型单级液体发动机弹道导弹。它的研制成功有着重大的意义，标志着中国能够独立研制高技术水平的战略级武器，也意味着我国拥有了具有实战能力的弹道导弹，具备了由本土攻击敌方的中近程打击能力。

1961年1月，党中央决定对面临困难的国民经济进行调整。由于苏联专家已经全部撤走，伴随着这次国民经济调整，国内在发展原子弹的问题上出现了"下马派"和"上马派"。前者主张先发展经济再研制原子弹，后者则坚持要继续发展核弹及尖端技术，认为稳定的发展需要依靠强大的国防力量。1962年6月，毛主席指明了方向："在科学研究中，对尖端武器的研究试制工作，仍应抓紧进行，不能放松或下马。"

1962年11月3日，中共中央主席毛泽东批准成立中央十五人专门委员会（以下简称"中央专委"），由周恩来担任主任。中央专委的主要任务是加强对原子能工业建设和加速核武器研制、试验工作以及核科学技术工作的领导。中央专委的组织性质决定了它必须以任务成败为一切工作的检验标准，以组织和协调各方面力量为核心职责，在全国范围内动员一切力量完成国家需要的重大任务。

1964年12月第三届全国人民代表大会期间，赵九章致信周恩来总理，提交开展卫星研制工作的建议。1965年1月，钱学森向国防科委提出"制定我国人造卫星研究计划"，受到了中央专委的高度重视。1965年初至8月期间，从提出卫星计划的具体方案开始，到中央专委批准中科院呈报的卫星规划方案，中国第一颗人造卫星全面规划阶段完成，进入工程研制阶段。1965年10月20日至11月30日，中国科学院在北京主持召开了中国第一颗人造地球卫星的总体方案论证会，确定了第一颗卫星为科学探测性质的试验卫星。何正华提议，将第一颗卫星命名为东方红一号，并在卫星上播放《东方红》乐曲，该提议得到与会专家赞同。会议经过深入细致论证，编写了第一颗卫星总体方案、本体方案、运载工具方面和地面观测方案4个文件初稿以及27个专题论证材料，共15万字左右。

1966年1月，中国科学院宣布成立卫星设计院，赵九章任院长，负责东方红一号卫星总体方案设计等工作。1967年12月，国防科委召开第一颗人造卫星研制工作会议，正式命名中国第一颗人造卫星为东方红一号。1968年1月，国家正式批准了东方红一号人造地球卫星的研制任务书。2月20日，中国空间技术研究院成立。北京卫星制造厂是由科学仪器厂转产的，在人员、技术、设备和管理方面都面临着很多困难。就是在这样的条件下，卫星厂解决了多项工艺问题。为了检验设计的正确性与合理性，东方红一号卫星从元件、材料到单机分系统以至整星，都要在地面进行多种环境模拟试验，很多困难都是靠科技人员群策群力解决的。1970年3月21日，东方红一号卫星由北京卫星制造厂组装出厂。东方红一号卫星直径约为1米，重量达173千克，比苏联（83.6千克）、美国（8.2千克）、法国（38千克）、日本（9.4千克）的第一颗人造地球卫星的重量总和还要重（这个重量直到1979年才被欧洲的运载火箭打破）。该卫星的跟踪手段、信号传递形式、卫星调控系统也都超过了上述国家第一颗卫星的水平。它用无线电波发送《东方红》乐曲，是一颗听得到和看得见的人造地球卫星。

没有火箭是无法送卫星上天的，因此在东方红一号研制时期，其运载火箭长征一号也在同步研制。长征一号一、二级火箭的研制分两个阶段，第一阶段是定向论证、方案设计的阶段，第二阶段是正式研制阶段。经历了各种困难，技术人员多次攻关之后，1970年1月30日，长征一号一、二级火箭试验成功。1970年4月24日21时35分，东方红一号卫星由长征一号运载火箭发射升空，10分钟后，卫星顺利进入轨道。

　　长征一号运载火箭拉开了中国进军太空的序幕，使中国步入世界独立研制运载火箭发射卫星的航天大国之列，从技术上讲，长征一号突破了多级火箭的技术，带动了我国后续火箭型号的研发。东方红一号卫星的成功发射在中国航天史上具有划时代的意义，使中国成为继苏、美、法、日之后世界上第5个独立研制并发射人造地球卫星的国家，大大提升了中国的国际影响力，开启了中国航天的新纪元，实现了中国人造卫星"从无到有"的跨越。2020年4月23日，习近平总书记在给参与东方红一号任务的老科学家的回信中写道："新时代的航天工作者要以老一代航天人为榜样，大力弘扬'两弹一星'精神，敢于战胜一切艰难险阻，勇于攀登航天科技高峰，让中国人探索太空的脚步迈得更稳更远，早日实现建设航天强国的伟大梦想。"

　　20世纪70年代，中国的通信手段极其落后，极低效率的沟通严重阻碍着国家的建设发展。随着世界空间技术水平的快速提高和国民经济建设的需要，研制我国自己的通信卫星，以改变国内通信技术落后的状况刻不容缓。1972年尼克松访华，随着尼克松一起进入中国的，还有卫星地面站和卫星通信终端，以及对访问活动的卫星直播，震惊了周总理，也极大地震撼了有志于发展中国卫星通信的年轻人，使中国坚定了发展卫星通信事业的信心，加快了中国建设卫星地面站和研制通信卫星的进程。

　　1975年3月31日，《关于发展我国通信卫星问题的报告》获得毛泽东主席、周恩来总理的批准，我国卫星通信工程由此启动。随后，试验通信卫星东方红二号开始研制。1978年，以长征二号丙火箭为原型增加了氢氧第三级的长征三号运载火箭启动研制。1983年9月9日，两颗东方红二号试验通信卫星（0A星、0B星）、地面测试设备从北京出发运往发射场；9月13日，长征三号火箭运抵西昌卫星发射中心。

　　1984年1月29日，东方红二号试验通信卫星（0A星）在西昌卫星发射中心，由长征三号运载火箭发射升空。由于第三级火箭二次点火失败，卫星没有进入预定轨道。1月30日，当卫星第二圈飞临北京上空时，总参卫星通信地面站成功发现卫星信标信号，在地面站人员的操作下，主机房广播电视接收监视器上出现了短暂的逐步稳定的电视信号，通信实验成功。这次不寻常的非常规试验，为我国第一颗通信卫星的再次发射和试验成功，取得了宝贵的经验和试验数据。

1984年4月8日，东方红二号试验通信卫星（0B星）被送到西昌卫星发射中心，由长征三号火箭负责第二次发射。19时20分，发射成功。4月16日18时27分57秒，东方红二号准确定点于离地面36000千米、东经125°的赤道上空，这一消息刊登在4月19日的《人民日报》上（图2-1）。4月18日上午，时任国防部部长张爱萍与新疆维吾尔自治区第一书记王恩茂通过东方红二号通信卫星进行了北京与新疆之间的首次卫星通话。4月20日，张爱萍亲临总参卫星通信地面站视察，并题词："通天盖地"（图2-2）。4月25日，我国第一颗通信卫星由国防科委西安测控中心正式移交总参卫星通信地面站监测管理和运行，并担负

图2-1　1984年4月19日的《人民日报》

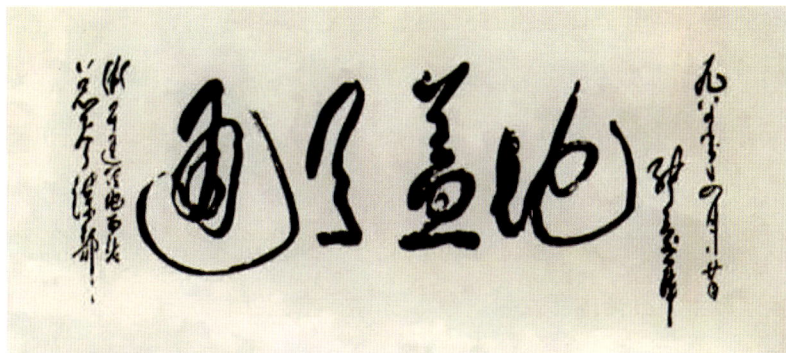

图2-2　张爱萍为总参卫星通信地面站题词

国防通信值班任务。

　　试验通信卫星的发射成功，标志着中国航天空间科技进入应用阶段，成为世界上第3个掌握氢氧发动机技术的国家和第5个能够研制和发射同步静止轨道卫星的国家，结束了我国长期租用外国通信与广播电视卫星的历史，开启了我国自主卫星应用的新纪元，为我国今后卫星通信技术的发展打下了坚实基础，还为高轨卫星的发射创造了基础条件和保障措施。到1990年，我国又先后发射了4颗实用通信卫星，组成了东方红二号卫星群，每颗星上有4个C波段转发器，电话传输线路达3000路，通信容量提高了4—5倍，覆盖90%以上的国土面积，大大缓解了中国通信难的状况，使我国的通信、电视、广播事业进入了卫星传播的新阶段。

二、"长二捆"——中国航天站稳世界市场的根基

　　随着长征三号火箭成功地将东方二号通信卫星送入太空，中国航天人把目光投向了世界，提出了向国际市场推销长征号火箭，利用中国火箭去承揽国外卫星发射任务的大胆设想。1985年5月30日，以屠守锷为顾问的4人代表团飞赴日内瓦，参加国际空间商业会议，这是中国航天人首次现

身此类会议。会上，代表团团长、航天工业部科研局总工程师陈寿椿作了《中国空间活动及其提供国际服务的可能性》的报告，随后中国代表团又播放了介绍长征火箭发射卫星情况的录像，虽然内容不多，画质也不怎么清晰，但震惊了会场。10月26日，航天工业部宣布：中国的长征系列运载火箭投放国际市场，承揽对外发射服务。这一消息震撼全球。自此，中国航天正式踏上了开拓国际发射服务市场的艰难之路。

1986年1月28日，美国挑战者号航天飞机爆炸。8月，美国政府宣布航天飞机退出商业飞行。随后，美国大力神、德尔塔火箭以及欧洲阿里安火箭相继发射失败，搅乱了国际航天发射市场，已经造好等候上天的卫星由于火箭的短缺而在地面滞留。此时，尽管中国航天技术初显实力，但处于计划经济体制内的航天人并不懂如何进行商业经营，加之国外对中国航天技术的怀疑与偏见，中国航天在国际市场上的发展困难重重。

从1990年开始，大容量、长寿命、高功能的新一代重型通信卫星逐渐取代80年代的通信卫星，长征三号火箭的运载能力已不能满足需求，必须研制新一代更大运载能力的火箭，保持我国运载火箭在20世纪90年代国际市场上的持续竞争力。早在1985年3月，火箭专家黄作义便提出了以长征二号丙 为芯级，在一级箭体上捆绑4个液体助推器的方案，得到了李伯勇等航天专家的支持。在随后的论证会议上，专家画出了以长征二号丙为主体的大推力捆绑式火箭——"长二捆"（LM-2E）的原理草图（图2-3）。

"长二捆"火箭的诞生有着不

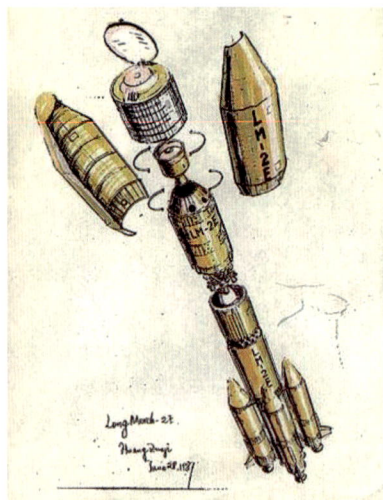

图2-3 "长二捆"手绘草图

平凡的意义：它成为中国第一个为市场量身定做的火箭，填补了当时美国航天飞机发射失利留下的商业空白。围绕它奋斗的航天人创造了"拿着草图签合同、拿着合同找贷款、拿着贷款造火箭"的商业传奇与20个月完成从制造到首飞的工业奇迹。"长二捆"的首飞成功，不仅验证了火箭设计方案的正确性，如期履行了国际商业发射合同，为中国赢得了巨大的商业信誉，也标志着在重型运载火箭技术方面，中国一跃成为世界上仅次于美国、苏联，与法国并列第3的国家，向世界证明了中国火箭的技术能力的同时也真正让中国航天在世界市场上站稳了脚跟（图2-4）。

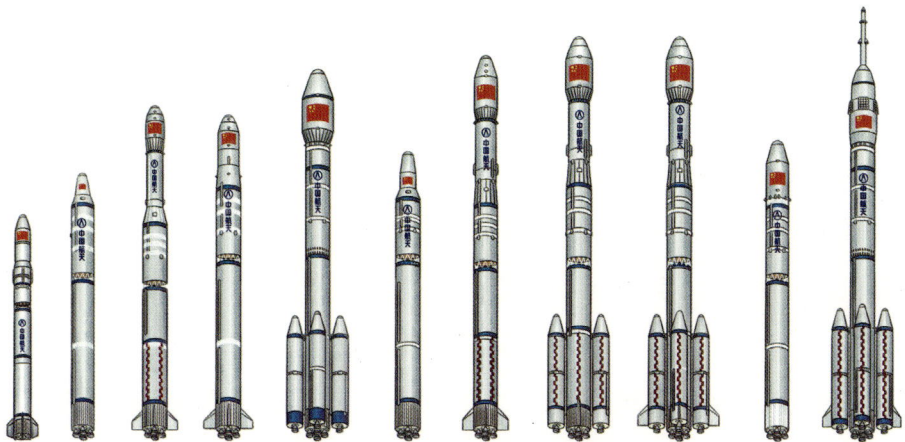

图2-4　中国部分长征系列运载火箭

三、国际卫星发射事业

1993年6月6日，中国航天工业总公司（国家航天局）正式成立，标志着中国航天事业逐步向市场经济靠拢。新成立的航天工业总公司提出了"发展航天、加强民品、提高效益、走向世界"的发展方针，希望加快推动中国航天走向世界。然而，刚刚通过几次成功发射艰难树立起来的口碑，随即被接二连三的发射失利打破。1995年和1996年这两年，成为中国长征火箭的"厄运之年"。

面对困境，中国航天人开始自省自查，全面开展质量整顿与专项技术改造工作，制订并推行了"双五归零""72条""28条"等一系列质量管理制度。这些著名的规范措施，如今被越来越广泛地应用于国防科技工业的各个技术领域，成为规范科研生产质量活动的重要行为准则。其中，"双五归零"更是重中之重，在我国航天事业再腾飞的阶段发挥了无法估量的作用，这套标准也成为国际航天质量归零的标准，为世界航天事业提供了很好的工程实践经验。

1997年，处于低谷的中国航天迎来了转机。这一年，我国发射的卫星数量多、质量好，成功发射了东方红三号、风云二号等8颗国内外卫星，创下"六战六捷"的佳绩，重新挽回了国际声誉。其中，东方红三号卫星是我国自行研制的新一代中容量通信卫星，可同时转发6路彩色电视和近8000路双程电话，相当于6颗东方红二号甲卫星，能满足2000年甚至更长一段时间卫星通信的要求。在自1984年以来发射的5颗东方红二号和东方红二号甲通信卫星先后退役的背景下，东方红三号卫星的研制、发射和定点成功，对于促进我国卫星通信事业的发展，提高我国在国际航天领域的威望，巩固我国在国际航天发射市场的地位都有十分重要的意义。而风云二号作为我国第一颗地球同步气象卫星，与风云一号极轨气象卫星正好相得益彰，构成了我国较完整的气象卫星观测系统。它的发射成功使中国成为世界第3个同时拥有两种气象卫星的国家，大大加快了中国气象卫星现代化的速度，使其在天气预报、减灾等领域发挥了重要作用。

1998年7月18日17时20分，我国制造的长征三号乙运载火箭发射升空，成功地将鑫诺1号通信卫星送入预定轨道。这是长征系列运载火箭发射的第一颗由欧洲国家制造的通信卫星，中国航天人士气大振，对中国航天来说，创新经营模式、丰富国际化内涵，已箭在弦上，中国航天人必须探索国际合作的新路。

2005年4月，"长三乙"将法国的亚太六号通信卫星成功送入预定轨道。时隔6年，中国火箭再次重返国际商业发射市场，通过与欧洲国家尝试创新模式，摆脱了美国的技术限制，打破了西方国家的封锁。与此同时，东方红四号平台的成功开发和应用，标志着我国迈入世界通信卫星一流平台行列，不仅推动了国内广播电视和移动通信事业的发展，而且成为中国卫星进军国际市场的拳头产品。基于东方红四号平台，我国先后向委内瑞拉、巴基斯坦、玻利维亚、老挝等国出口了9颗通信卫星。截至2019年底，共有25颗采用东方红四号卫星平台的通信卫星在轨稳定运行，覆盖亚洲、非洲中西部及南部、南美洲。

2007年5月14日0时1分，长征三号乙运载火箭成功发射了尼星一号通信卫星，这是第一颗实现"整星出口"的中国卫星，也是我国首次以"火箭发射+卫星在轨交付"的全套餐方式为国际用户提供商业卫星服务，一种全新的商业发射模式被激活。2012年9月29日，我国为委内瑞拉研制的遥感卫星一号（VRSS-1）发射升空，这是中国航天首次向国际用户提供遥感卫星整星在轨交付，并同时提供数据接收、处理、分发、应用的完整产业链服务。2013年12月21日0时42分，长征三号乙运载火箭成功将玻利维亚第一颗通信卫星"图帕克·卡塔里"星（以下简称"玻星"）发射升空，卫星顺利进入预定轨道。玻利维亚总统莫拉莱斯专程来到发射中心，现场观看了卫星发射。这是外国国家元首首次到中国航天发射场观看卫星发射。"玻星"项目中，我国首次把轨位咨询、地面应用纳入合同内容，并通过商业贷款的方式推进合作。

在进行国际商业发射的同时，由于卫星应用本身就具有全球化属性，中国航天在广泛开展国际合作的过程中不仅将本国的技术、人才、资源、标准深入与国际接轨，还将航天科技成果送往地球各个角落，利用资源卫星数据，提供全球化服务，为全球繁荣经济、发展科技和改善民生做出了积极贡献。

早在1988年，中国和巴西两国政府就正式签订合作协议。1999年10月14日，中巴地球资源卫星01星成功发射，结束了中巴两国长期单纯依赖国外对地观测卫星数据的历史。它的研制成功，标志着中国传输型遥感卫星研制已获得突破性进展，填补了中国没有自主的陆地资源遥感卫星的空白。此后，中巴又共同研制了中巴地球资源卫星02星、02B星、03星、04星、04A星，卫星数据广泛应用于两国农业、林业、水利、国土资源等行业，为拉丁美洲、非洲、东盟等地区的诸多发展中国家提供了海量遥感卫星数据。

此外，我国遥感卫星领域的风云系列气象卫星、海洋系列海洋监测卫星和环境系列环境与灾害监测卫星也纷纷实现了"走出去"。2015年，中国国家航天局发起金砖国家遥感卫星星座合作倡议。2021年8月，五国航天机构共同签署了关于金砖国家遥感卫星星座合作的协定，明确了"六星五站"的合作方案。位于中国三亚、巴西库亚巴、俄罗斯莫斯科地区、印度沙德纳加尔—海得拉巴和南非哈特比斯霍克的地面站均可获取星座卫星数据。

2023年5月17日10时49分，长征三号乙运载火箭成功发射第56颗北斗导航卫星。截至2018年底，北斗三号基本系统建成并提供全球服务，包括"一带一路"国家和地区在内的世界各地均可享受到北斗系统服务。今后，中国将持续推进北斗应用与产业化发展，服务国家现代化建设和百姓日常生活，一如既往地积极推动国际交流与合作，实现与世界其他卫星导航系统的兼容，为全球科技、经济和社会发展做出贡献。

第二节 飞天与探月

一、载人航天工程

（一）前期准备

20世纪六七十年代，中国开始规划载人航天工程，并命名为曙光一号计划，为此进行了载人飞船的设计方案论证，并成立了航天医学工程研究所（507所），以选拔航天员。但是，由于我国航天事业发展初期技术力量贮备不足，加之航天任务调整到以应用卫星为主的规划上来，载人航天计划便于1974年停止。

1986年4月，航天领域专家组在京成立；1986年11月，国家出台"863计划"，航天技术是七大领域中的第二个领域，其中包括两个主题：大型运载火箭及天地往返运输系统、载人空间站系统及其应用。航天领域专家组在中国载人航天如何起步的问题上，存在着明显不同的意见，使用飞船方案还是航天飞机方案的论证和争论持续了3年。最后达成共识，以载人飞船研制起步，为最后决策提供了重要依据。1992年9月21日，经中央政治局常委会扩大会议讨论，参会人员一致同意批准中国载人航天工程开始实施，命名为"921工程"。随后，确定了中国载人航天"三步走"的发展战略。1993年12月，载人飞船系统的方案论证工作完成，飞船13个分系统也完成了方案论证。1994年，载人飞船被命名为神舟号。

神舟飞船的发射工具长征二号F的研制始于1992年。它在长征二号E火箭的基础上增加了两个新系统，即逃逸系统和故障检测处理系统。1995年，神舟号飞船完成了总体技术方案的设计工作，1998年完成了火箭—飞船—发射场的合练、零高度状态下的逃逸救生飞行试验等重大试验工作。

随后，飞船系统转入正样研制阶段。

1999年11月20日，长征二号F火箭将神舟一号试验飞船发射升空。21小时后，返回舱于11月21日3时41分成功软着陆。这是中国载人航天工程的首次飞行，测试了运载火箭的性能和可靠性，验证了飞船关键技术和系统设计的正确性，以及包括发射、测控通信、着陆回收等地面设施在内的整个系统工作的协调性，标志着我国载人航天技术实现新的重大突破。

2001年1月10日、2002年3月25日和2002年12月30日，我国先后发射神舟二号、神舟三号和神舟四号飞船进行3次无人飞行试验，均获得成功。这些无人飞行试验全面考核了载人航天工程的七大系统设计的合理性、可靠性与安全性，同时还开展了不同类型的搭载科学实验任务和仪器设备的考核任务。在载人航天工程七大系统都得到充分检验并证明达到预期目标的情况下，中国载人航天飞行活动正式开始。

（二）"三步走"战略的第一步：载人飞船阶段

2003年10月15日9时，神舟五号飞船搭载着航天员杨利伟顺利发射升空。大约10分钟后，神舟五号进入预定轨道。10月16日5时35分，北京航天指挥控制中心向神舟五号载人飞船发送返回指令。6时36分，地面搜索人员找到了神舟五号返回舱。中国首次载人航天飞行获得成功，成为世界上第3个独立掌握载人航天技术的国家，是中国航天史上新的重要里程碑，中华民族的千年飞天梦终于实现了。

2005年10月12日9时，长征二号F运载火箭成功将搭乘神舟六号载人飞船的航天员费俊龙、聂海胜送入太空。在5天的太空飞行中，两位宇航员进行了悬挂睡眠、量血压、太空拍摄、在轨干扰力试验等活动，10月17日4时33分，神舟六号返回舱成功返回。神舟六号飞行圆满成功，这是我国第一次真正意义上的有人参与的空间科学试验。神五、神六两次飞行，意味着中国成功突破和掌握了载人天地往返技术，实现了载人航天工程的第一步任务目标。至此，我国载人航天工程"三步走"战略开始进入第二步，迈入了发展的新阶段。

（三）"三步走"战略的第二步：空间实验室阶段

2008年9月25日21时10分，神舟七号飞船发射升空，参加此次飞行的航天员是翟志刚、刘伯明和景海鹏，他们最重要的任务是实施中国航天员首次出舱活动，突破和掌握出舱活动相关技术，同时在轨释放伴飞卫星，开展卫星数据中继等空间科学和技术试验。9月27日，翟志刚出舱作业后返回气闸舱，舱外活动时间约19分35秒。神舟七号航天员的首次太空漫步，使中国成为第3个实现航天员出舱活动的国家。9月28日17点37分，飞船返回舱成功着陆。神舟七号飞船实现了突破和掌握出舱活动技术的任务目标，是中国载人航天事业发展史上的一座里程碑，是中国空间技术发展的又一次跨越。

2011年9月29日，天宫一号发射升空，进入预定轨道；9月30日，天宫一号完成首次变轨任务，升至更高的运行轨道。它是中国载人航天工程发射的第一个目标飞行器、中国第一个空间实验室，也是中国迈入航天"三步走"战略第二步的第二阶段。在2016年3月16日正式终止数据服务之前，天宫一号完成了与神八、神九、神十的对接任务，同时开展了地球环境监测、空间环境探测等科学实验，并获得大量珍贵实验数据和一系列空间实验成果。

2016年11月1日5时58分，神舟八号无人飞船发射升空。11月3日凌晨，作为目标追踪器的神舟八号飞船与天宫一号目标飞行器成功实现刚性连接，形成组合体，我国首次空间交会对接试验获得成功，中国成为继美国、俄罗斯之后世界上第3个自主掌握空间交会对接技术的国家，突破了除天地往返、出舱活动技术之外的第3项载人航天基础性技术。此外，神舟八号还携带德国生物医学实验装置SIMBOX，在太空进行了17项生物和医学方面的实验。这是我国载人航天工程在空间科学实验领域首次开展的国际合作项目，为未来开展更为广泛的国际合作积累了经验。

2012年6月16日18时37分，航天员景海鹏、刘旺以及我国首位女航天员刘洋搭乘神舟九号飞船进入太空。6月18日约11时转入自主控制飞行，14时左右与天宫一号实施自动交会对接，航天员进入天宫一号工作和生活，这是中国首次载人交会对接试验。6月24日，刘旺手动控制飞船与天宫一号成功对接，首次验证了手控交会对接技术，并进一步验证了自动交会对接技术。6月29日10点，航天员安全返回。

2013年6月11日17时38分，航天员聂海胜、张晓光、王亚平搭乘神舟十号飞船进入太空。6月13日13时18分，与天宫一号实现自动交会对接。6月23日10时7分，指令长聂海胜手动控制神舟十号与天宫一号再次成功对接。6月24日，习近平总书记来到北京航天飞行控制中心，同正在天宫一号执行任务的神舟十号航天员聂海胜、张晓光、王亚平亲切通话，对他们的身体状况与工作进展表示关心。6月26日8时7分，神舟十号返回舱安全着陆，飞行任务取得成功，圆满完成我国载人天地往返运输系统首次应用性飞行。神舟十号在轨期间，完成了中国首次航天器绕飞交会试验以及航天医学实验、技术试验等一系列太空活动，为后续中国载人空间站建设积累了宝贵经验、奠定了良好基础。

2016年4月，习近平总书记在首个"中国航天日"到来之际做出重要指示："探索浩瀚宇宙，发展航天事业，建设航天强国，是我们不懈追求的航天梦。"6月25日，长征七号运载火箭首次成功发射。9月15日，天宫二号在酒泉卫星发射中心发射升空，它是中国载人航天工程发射的第二个目标飞行器，是中国首个具备补加功能的载人航天科学实验空间实验室，先后与神舟十一号、天舟一号进行对接，承担着验证空间站相关技术的重要使命，是中国第一个真正意义上的太空实验室。

2016年10月17日7时30分，航天员景海鹏、陈冬搭乘神舟十一号载人飞船进入太空，飞船入轨后完成与天宫二号的自动交会对接，形成组合体，航天员在30天驻留时间内进行工作和生活，按计划开展有关科学实验。神舟十一号载人飞船发射成功后，习近平总书记发来贺电："太空探索永无止境，航天攻关任重道远。希望同志们大力弘扬载人航天精神，精心做好后续各项工作，确保实现既定任务目标，不断开创载人航天事业发展新局面，使中国人探索太空的脚步迈得更大更远，为建设航天强国做出新的贡献。"11月9日16时25分，习近平总书记与工作在天宫二号空间站的航天员景海鹏、陈冬连线通话，对2位航天员的身体、生活状况以及工作进展表示关心。看到航天员们各方面状态都很好后，习近平总书记表示："大家都盼望着你们胜利归来，我在北京等候你们！"11月18日13时33分，神舟十一号返回舱在内蒙古安全着陆。12月20日，习近平总书记在北京人民大会堂会见了天宫二号和神舟十一号载人飞行任务航天员及参研参试人员代表。习近平总书记强调，星空浩瀚无比，探索永无止境，只有不断创新，中华民族才能更好走向未来。

2017年4月20日19时41分，天舟一号由长征七号遥二火箭发射升空，按程序准确进入预定轨道。4月22日12时23分，天舟一号在距地面393千米的近圆轨道与天宫二号完成首次对接。6月19日，完成与天宫二号绕飞和第二次交会对接试验，突破和验证了空间站货物运输、推进剂在轨补加等关键技术，巩固了航天器多方位空间交会技术。9月22日完成任务，进入大气层烧毁。它是中国自主研制的第一艘货运飞船，是向天宫二号进行货物运输的地面后勤保障系统，也是中国载人航天工程"三步走"战略计划中第二步的收官之作，宣告了中国航天迈进"空间站时代"，对于实现不懈追求的航天梦具有十分深远的意义。

（四）"三步走"战略的第三步：建立自己的空间站

2020年5月5日，长征五号B运载火箭搭载新一代载人飞船试验船和柔性充气式货物返回舱试验舱，成功进入预定轨道，实现空间站阶段飞行任务首战告捷，拉开了我国载人航天工程第三步的序幕。

2021年4月29日，长征五号B运载火箭成功将空间站天和核心舱送入太空，标志着中国空间站在轨组装建造全面展开，为后续关键技术验证和空间站组装建造的顺利实施奠定了坚实基础。5月29日，天舟二号在文昌航天发射场发射成功，它是空间站关键技术验证阶段发射的首艘货运飞船，也是天舟货运飞船的首次应用性飞行，为空间站在轨建造和运营管理积累了宝贵经验。

2021年6月17日9时22分，搭载神舟十二号载人飞船的长征二号F遥十二运载火箭，点火发射。航天员聂海胜、刘伯明、汤洪波搭乘飞船顺利进入太空，开展了一系列空间科学试验和技术实验。6月17日，神舟十二号载人飞船入轨后完成入轨状态设置，采用自主快速交会对接模式成功对接于天和核心舱前向端口，与此前已对接的天舟二号货运飞船一起构成三舱（船）组合体。9月17日13时34分，神舟十二号返回舱在东风着陆场顺利着陆。

2021年9月20日，天舟三号发射成功，在轨运行期间先后与天和核心舱组合体进行了2次交会对接，进行了绕飞试验。

2021年10月16日0时23分，搭载神舟十三号载人飞船的长征二号F遥十三运载火箭顺利将翟志刚、王亚平、叶光富3名航天员送入太空。2022年4月16日9时56分，神舟十三号载人飞船返回舱在东风着陆场成功着陆，神舟十三号载人飞行任务取得成功，创造了中国航天员最长连续在轨飞行183天的记录。

2022年4月，经全面系统评估，工程转入空间站建造阶段。5月10日，天舟四号在文昌航天发射场发射成功，这是空间站建设从关键技术验证阶段转入在轨建造阶段的首次发射任务。

2022年6月5日10时44分，搭载神舟十四号载人飞船的长征二号F遥十四运载火箭顺利将航天员陈冬、刘洋、蔡旭哲送入太空，在空间站进行为期6个月的驻留任务。航天员驻留期间，先后进行了3次出舱活动，完成空间站舱内外设备及空间应用任务相关设施设备的安装和调试，在轨迎接2个空间站舱段（问天实验舱、梦天实验舱），1艘载人飞船（神舟十五号），1艘货运飞船（天舟五号）的来访，与地面配合完成了中国空间站"T"字基本构型组装建造，与神舟十五号航天员首次完成在轨交接班，见证了货运飞船与空间站交会对接等众多历史性时刻。12月4日20时9分，神舟十四号载人飞船返回舱在东风着陆场成功着陆，神舟十四号载人飞行任务取得成功。

2022年7月24日14时22分，长征五号B运载火箭成功将我国空间站建造阶段首个实验舱，也是我国迄今为止发射的最重载荷——问天实验舱发射至预定轨道。这是中国空间站首次在有人的状态下迎接航天器的来访。10月31日15时37分，长征五号B运载火箭成功将梦天实验舱发射至预定轨道。11月12日10时3分，天舟五号货运飞船由长征七号运载火箭发射升空，并进入预定轨道，这是中国空间站首次在有人的状态下迎接货运飞船的来访。

2022年11月29日23时8分，搭载神舟十五号载人飞船的长征二号F遥十五运载火箭成功进入预定轨道。11月30日7时33分，神舟十五号的3名航天员顺利进驻中国空间站，与神舟十四号的航天员乘组首次实现"太空会师"。2022年12月31日，国家主席习近平发表了新年贺词，神舟十五号航天员乘组在轨聆听了国家主席习近平总书记的新年贺词。其中，习近平总书记专门提到了"神舟十三号、十四号、十五号接力腾飞，中国空间站全面建成，我们的'太空之家'遨游苍穹"。2023年6月4日6时33分，神舟十五号载人飞船返回舱在东风着陆场成功着陆，任务取得圆满成功。

2023年5月30日9时31分，搭载神舟十六号载人飞船的长征二号F遥十六运载火箭发射取得圆满成功。7月20日21时40分，经过约8小时的出舱活动，神舟十六号航天员景海鹏、朱杨柱、桂海潮密切协同，在空间站机械臂的支持下，圆满完成出舱活动的全部既定任务。

二、探月工程

从1991年开始，我国航天专家便提出要开展月球探测工程。1999年，国防科技工业委员会组织有关部门系统地论证了月球探测的科学目标。2000年，中国科学院通过了对科学目标的评审，并据此科学目标开始研制有效载荷。2004年1月，国务院批准绕月探测工程立项，命名为嫦娥工程，分为"无人月球探测""载人登月""建立月球基地"3个阶段。2006年2月，国务院颁布《国家中长期科学和技术发展规划纲要（2006—2020）》，明确将"载人航天与探月工程"列入国家16个重大科技专项。

探月工程一期的任务是实现环绕月球探测。2007年10月24日18点3分，我国在西昌卫星发射中心发射了第一颗绕月人造卫星嫦娥一号，正式迈出了探月的第一步。2008年11月12日，国防科工委发布嫦娥一号拍摄的全月球影像图。2009年3月1日，嫦娥一号卫星按预定计划受控撞月，为探月工程一期"绕月探测"任务画上了圆满的句号。嫦娥一号卫星首次绕月探测的圆满成功，树立了中国航天的第3个里程碑，突破并掌握了一大批具有自主知识产权的核心技术和关键技术，这标志着我国已经进入世界具有深空探测能力的国家行列。在一年的在轨运行中，嫦娥一号为我国科学家了解月球提供了许多珍贵资料，共传回1.37TB的有效科学探测数据。从这些影像资料中，我们获得了全月球影像图，构建了月球的三维立体模型图。同时，嫦娥一号开展的在轨试验获得了大量有价值的试验数据，为嫦娥二号、嫦娥三号卫星的研制提供了基础数据，对中国月球探测二期工程的开展和其他深空探测计划的实施，具有重要的工程意义、科学意义和实践意义。

2010年10月1日18时59分57秒，嫦娥二号卫星由长征三号丙运载火箭成功发射升空，顺利进入地月转移轨道。嫦娥二号验证了探月工程二期的部分关键技术，深化了月球科学探测，详细勘察了嫦娥三号预选着陆区虹湾，并在完成任务后继续探测宇宙，由探月卫星变为中国首颗太阳系人造小行星。2012年12月15日，嫦娥二号飞抵距地球约700万千米远的深空，与图塔蒂斯小行星擦身而过，标志着嫦娥二号再拓展试验成功，嫦娥二号工程宣布收官。2014年，嫦娥二号和地球的距离突破1亿千米，创造了中国航天器飞行最远的纪录。

2008年3月，探月工程二期立项，同时开始了嫦娥三号的研制项目。2013年12月2日1时30分，嫦娥三号由长征三号乙运载火箭成功发射升空。12月6日，嫦娥三号抵达月球轨道，开展嫦娥三期工程中的第二阶段——"落"。12月14日，嫦娥三号探测器带着中国的第一艘月球车——玉兔号成功软着陆于月球雨海西北部（虹湾着陆区），成为我国首个实现地外天体软着陆的探测器。此次月球软着陆成功也成为我国航天发展史上的里程碑事件。嫦娥三号任务的圆满成功，标志着我国探月工程第二步战略目标"落"的全面实现。2016年7月28日，嫦娥三号着陆器按时进入第33月夜休眠期，刷新了国际上探测器月面工作时间最长的纪录。7月31日，玉兔号月球车停止了工作，原本设计寿命为3个月的玉兔号超额完成了任务，超长服役两年多。

2018年5月21日5点28分，探月工程嫦娥四号任务鹊桥号中继卫星由长征四号丙运载火箭成功发射升空。6月14日，鹊桥号进入环绕距月球约6.5万千米的地月拉格朗日L2点的Halo使命轨道，成为世界上首颗运行在地月L2点Halo轨道上的卫星。12月8日2时23分，搭载玉兔二号月球车的嫦娥四号探测器由长征三号乙运载火箭成功发射升空。2019年1月3日10时25分，嫦娥四号探测器自主着陆在月球背面南极—艾特肯盆地内的冯·卡门撞击坑内，成为世界上第一个在月球背面着陆的探测器，随后玉兔二号与着陆器分离，开始了此次的月背探索任务。嫦娥四号的圆满成功，标志着我国的探月工程进入了三步走的最后一步——"回"。根据嫦娥四号返回的科学数据，科学家团队揭示了月球背面，特别是南极—艾特肯盆地复杂的撞击历史，为月壤的形成与演化模型提供了关键证据；首次揭开了月球背面地下结构的神秘面纱，极大地提高了人类对月球撞击和火山活动历史的理解；为开展太阳风与月表微观相互作用研究提供了重要支撑，促进了对月表辐射风险的认知；推进了太阳低频射电特征和月表低频射电环境研究。

2011年，探月三期工程正式立项，随后在2014年开展再入返回飞行试验。2016年11月3日成功发射长征五号运载火箭，为发射我国第一颗执行月球取样返回任务的嫦娥五号奠定了基础。2020年11月24日4时30分，长征五号遥五运载火箭运送嫦娥五号探测器至地月转移轨道。嫦娥五号探月任务是中国探月工程的第6次任务，也是中国航天最复杂、难度最大的任务之一。与前几次探月任务相比，嫦娥五号任务最重要的目标就是"采样返回"，这也是中国"探月工程"规划的"绕、落、回"中的第3步。12月17日，嫦娥五号返回器携带月球样品，采用半弹道跳跃方式再入返回，在内蒙古预定区域安全着陆，整个工程任务转入了科学研究的新阶段。12月19日，重1731克的嫦娥五号任务月球样品正式交接，标志着中国首次地外天体样品储存、分析和研究工作拉开序幕。此次任务的成功实施，是我国航天事业发展中里程碑式的新跨越，实现了"绕、落、回"三步走规划完美收官，标志着我国具备了地月往返能力，并成为继美国、苏联之后第3个从月球运送样本返回地球的国家，助力月球成因和演化历史等科学研究，为我国进行月球与行星探测奠定了坚实基础。

第三章
中国航空航天重要人物

第一节　中国空天事业的开路人

一、冯如

1884年1月12日，冯如出生于广东省恩平县，自幼便喜欢制作风筝和车等玩具。1895年，年仅12岁的冯如随亲戚远渡美国谋生。冯如在纽约学习期间，相继发生了莱特兄弟载人飞机飞行试验成功与日俄战争。面对新的科技萌芽与处于水深火热中的同胞，冯如明确了自己的奋斗方向，第一个提出航空救国主张并为之奋斗终身，成为我国近代最早的军事航空思想家。

1906年，冯如在学习机器制造之后，开始招徒制造机器，同时也开始收集有关设计、制造和驾驶飞机的资料。1908年5月，冯如集资创办了以制造飞机为目标的广东制造机器厂。1909年9月，在距世界第一架飞机问世不到6年的时间内，冯如完成了中国人自己设计、自己制造的第一架飞机——冯如一号（图3-1）。9月21日傍晚，冯如一号正式试飞。冯如驾机迎着强风起飞，升至4.6米的高度，环绕一个小山丘飞行了约805米，显示出飞机具有的良好性能，从而为我国载人飞行史谱写了光辉的第一页。当时中西报

图3-1　冯如和他的飞机

刊竞相报道，美国《旧金山考察家报》在头版显著位置刊登了冯如的大照片，赞誉冯如为"东方的莱特"。冯如证明了中国人亦可自制飞机。

　　1911年1月，冯如制成一架液冷式发动机的双翼飞机——冯如二号，于1月18日在奥克兰进行公开试飞表演，并获得成功，美国《旧金山星期日呼声报》用整版通栏大标题刊出——《他为中国龙插上了翅膀》。同年2月，冯如偕同助手携带该架飞机回国并准备在国内生产制造飞机，但由于清政府对此采取消极态度，冯如在国内制造飞机的愿望未能实现。1911年11月9日，广东军政府成立，随后成立了飞机队准备随同广东北伐军北上作战，冯如被任命为广东革命政府飞机长，成为中国第一位飞机长。随即，他在广州燕塘建立广东飞行器公司，这是中国国内的第一个飞机制造公司。

　　1912年8月25日，冯如在广州燕塘驾驶自己制造的飞机进行公开飞行表演，由于操作系统失灵，飞机飞至百余米时失速下坠，冯如经抢救无效牺牲，时年仅29岁，是中国第一位驾机失事牺牲的飞行员。在弥留之际，冯如犹勉励助手："勿因吾毙而阻其进取心，须知此为必有之阶段。"

二、厉汝燕

厉汝燕，浙江定海人，1909年毕业于英国伦敦纳生布敦工业学校，1910年进入英国布里斯托尔飞机制造厂和该厂的飞行学校，学习飞机制造和驾驶技术，是我国第一个公费正式派遣出国学习的军事航空留学生。1911年毕业后经英国皇家航空俱乐部考试合格，厉汝燕获得第148号飞机师证书，取得飞行员执照，他也是我国最早取得飞行执照的飞行员。

1911年，受上海革命军政府委托，厉汝燕在奥地利选购2架"鸽式"单翼机回国，年底被委任为上海军政府航空队队长。1912年4月，厉汝燕在上海江湾跑马场做飞行表演并散发传单，取得很好的飞行成绩，6月被编入新组建的南京陆军交通团飞行营，这是中国第一支有正规建制和番号的飞行队。1913年3月，袁世凯将飞行营调到北京南苑归陆军，厉汝燕任随营飞行训练班飞行主任兼修理厂厂长；9月任南苑航空学校校长。1929年，他担任国民党中央军校航空班副主任。他在从事飞行活动的同时，还曾设计制成水上飞机1架，为中国早期的飞机设计师，并撰有《航空学大意》和《世界航空之进化》等著作。在编著《航空学大意》时，厉汝燕在书后附上英文的译名表，为研究整理当时纷乱的航空名词做出了贡献，具有开创之功。

三、孙中山

孙中山目睹了飞机的诞生及发展历程，预见到飞机将在军事、经济上发挥重要作用。辛亥革命后，他主张将飞机用于军事，以推翻北洋军阀统治，结束军阀混战局面，恢复民主共和，并建立有空军的现代国防，以航空促进国家经济建设和科学进步，为此积极倡导"航空救国"。

"航空救国"的核心是兴办学校、培养航空人员，为建国兴邦服务。

早在革命初期，孙中山在檀香山拟定《兴中会章程》时就指出要立学校以育人才，随后在国内外先后创办航空学校，培养造就了大批飞行和航空工程技术人员，这些飞行人员在辛亥革命、北伐、东征及抗日战争中发挥了积极作用。1915年，孙中山致函谭根开办飞行学校，同年在日本成立中华革命党飞行学校，在美国组建美洲飞行学校。图强飞机有限公司也是早年旅美华侨在孙中山"航空救国"思想影响下为发展航空事业而集资创办的教育与企业合一的航空机构。1924年，孙中山在广州大沙头创办了广东军事飞机学校，此后又在美国开办了美洲华侨航空学校和旅美中华航空学校。另外，孙中山还选派有志青年出国留学，学习航空技术。

组建航空队、建立革命空军，是孙中山创立和发展军事航空的目的。1911年11月成立的武昌都督府航空队，同年12月上海建立的沪军都督府航空队，以及辛亥革命期间广东军政府成立的飞机队，都主要是由华侨和留学生为支持孙中山领导的国民革命而组建的。1916年，孙中山指示在山东潍县组建中华革命军东北军航空队以讨伐袁世凯，1918年组建援闽粤军飞机队，1920年组建中山航空队。这些航空队经过合并归建，发展壮大成为一支重要的抗日救国航空力量，为捍卫祖国领空、战胜日本侵略者做出了重大贡献。

孙中山积极支持革命军购买飞机增强战斗力，但为了革命战争的需要，孙中山更强调要自己制造飞机，发展中国的航空工业。遵照孙中山的指示，海外华侨和大元帅府航空局先后在国内外兴办飞机制造厂并培养航空工程技术人员。1913年初，旅美华侨在美国成立中华飞机制造公司，顺利制造出飞机并由谭根试飞成功。孙中山对中国人能自己制造飞机十分赞赏，并为此题写了"航空救国"。在"航空救国"思想的影响下，中华飞机制造公司小批量生产了几架飞机，成为近代中国少数几家有成就的飞机制造厂之一。

孙中山对空军的战略方针、指导思想、组织领导、作战训练、人才培养、飞机研制和勤务保障等方面都做了详尽的考虑和规划。他倡导的"航空救国"思想深得人心，受到人民大众的拥护，增强了中国人民的航空意识，激发了国内人民群众和海外华侨的爱国热情，促进了中国航空事业的发展，在中国民主革命进程中产生了巨大影响。孙中山对近代中国的航空建设与发展，特别是军事航空建设与发展，做出了重要贡献。孙中山在航空领域的先见之明及采取的重大决策，为近代中国军事航空的发展奠定了基础。

四、钱学森

淞沪会战中，钱学森意识到了制空权的重要性，于是放弃了正在攻读的铁路专业，转向学习航空专业。为了学习更多的航天知识，钱学森报考了当时清华大学的留美公费生并被成功选中，1935年前去美国进修。1936年，钱学森从美国麻省理工大学毕业，获取了研究生学位。随后，又前往加州理工学院的航空系学习，并遇见了影响他一生的导师——西奥多·冯·卡门。在世界著名力学大师冯·卡门教授的指导下，钱学森从事航空工程理论和应用力学的学习研究，先后获航空工程硕士学位，航空、数学博士学位，并且35岁就成为麻省理工学院最年轻的终身教授，是当时唯一被美国奉为座上宾的年轻教授。

1956年2月，钱学森向中央提出《建立我国国防航空工业的意见书》，10月8日，钱学森任国防部第五研究院院长。1960年2月，钱学森指导设计的中国第一枚液体探空火箭发射成功；11月，他协助聂荣臻成功组织了中国第一枚近程地地导弹发射试验。1962年3月21日，东风二号导弹首发失败，在进行了3个月的故障排除后，钱学森提出了"把故障消灭在地面"的要求，这句话成为我国航天事业今后的重要原则和准绳，后来，它又被演绎成一句更为通俗易懂的话，就是"零故障上天"。1964年6月，钱学森作为发射场最高技术负责人，同现场总指挥张爱萍一起组织指挥了中国第一枚改进后的中近程地地导弹飞行试验。1965年1月，钱学森主持制订了《火箭技术八年（1965—1972）发展规划》，并于1965—1970年任第七机械工业部副部长。在此期间，钱学森协助聂荣臻组织实施了中国首次导弹与原子弹"两弹结合"试验，兼任新成立的中国空间技术研究院院长，牵头组织实施了中国第一颗人造地球卫星发射任务。1970—1982年，钱学森任国防科学技术工业委员会副主任、中国科学技术协会副主席。1982年后，钱学森先后任国防科工委科技委副主任、中国科学技术协会主席、中国科学院院士；1994年，钱学森成为中国工程院院士。在此期间，钱学森全身心投入国防科学技术领导工作，先后组织完成实践一号卫星发射试验、参与组织领导了运载火箭和洲际导弹研制工作、指挥成功发射了中国第一颗返回式卫星、参与组织领导了中国洲际导弹第一次全程飞行、潜艇水下发射导弹和地球静止轨道试验通信卫星发射任务，为实现中国国防尖端技术的新突破建立了卓越功勋。

1957年，钱学森获中国科学院自然科学一等奖。1979年，获美国加州理工学院杰出校友奖。1985年，获国家科技进步特等奖。1989年，获小罗克韦尔奖章、世界级科技与工程名人奖和国际理工研究所名誉成员称号。1991年10月，获国务院、中央军委授予的国家杰出贡献科学家荣誉称号和一级英雄模范奖章。1995年1月，获1994年度何梁何利基金优秀奖。1999年，中共中央、国务院、中央军委决定授予他两弹一星功勋奖章。2006年10月，获中国航天事业50年最高荣誉奖。 2009年9月10日，在中央宣传部、中央组织部、中央统战部、中央文献研究室、中央党史研究室、民政部、人力资源和社会保障部、全国总工会、共青团中央、全国妇联、解放军总政治部11个部门联合组织的100位为新中国成立做出突出贡献的英雄模范人物和100位新中国成立以来感动中国人物评选活动中，钱学森被评为100位新中国成立以来感动中国人物。

五、赵九章

20世纪50年代末，美苏两国为军事竞赛相继启动卫星发射计划，这引起了时任中科院地球物理研究所所长赵九章的注意。随着苏联月亮一号卫星的发射成功，赵九章坐不住了，与其他科学家商量，上书科学院和国务院，要求尽快开展中国人造地球卫星的研究试制工作。他提出的"由小到大，由低级到高级"的自力更生的发展方针，为中国的卫星研制工作奠定了基础。

1958年，中国科学院成立了以人造卫星和火箭为专门研究对象的机构——"581"小组，钱学森任组长，赵九章任副组长。作为副组长，赵九章一方面在全国各科技单位选调学术带头人组建新的研究机构，另一方面在中国科技大学等高等院校创办遥测、遥感、大气物理和空间物理等全新的专业，并亲自讲授空间物理学。

赵九章带领预研组为我国人造卫星做了大量基础工作，如对卫星的温度控制、卫星结构、材料、能源、测控体制、卫星轨道计算等都做了大量的试验。1965年9月，中国科学院按照中央指示组建了卫星设计院，代号"651"，赵九章被任命为院长，全面组织实施中国卫星研制工作、制订我国第一颗人造卫星的总体方案。中科院全院参加该任务的有20个单位，科学和工程技术方面的工作均由赵九章主持。

1965年10月20日到11月30日，中科院召开了我国第一颗卫星方案论证会，会议的科学技术汇总由赵九章负责。会议上，赵九章报告了我国卫星的总体方案（草案），对卫星这一系统工程涉及的主要科技问题做了详细阐述，并提出了一些关键技术问题，以及可能解决的技术途径。

1999年9月，赵九章被追授两弹一星功勋奖章。2006年，国际空间研究委员会设立了COSPAR赵九章奖。2007年，赵九章百年诞辰之际，紫金山天文台将一颗编号为7811的小行星命名为"赵九章星"。

第二节　中国空天事业的后继者

一、宋文骢

1930年3月26日，宋文骢出生于云南省昆明市。在见识到战争的残酷后，他立志要用自己的力量帮助祖国强大。在这样的理想下，高中毕业的宋文骢毅然参军。1950年，他被派往空军某部队担任飞机机械师，这也是他航天梦的开始。为了学习航空知识，1954年8月，宋文骢进入哈尔滨军事工程学院空军工程系学习。1960年7月毕业后，先后在沈阳飞机制造厂、国防部六院一所（即沈阳飞机设计研究所）工作。在此期间，宋文骢力主的双发方案获批，成为歼-8飞机研制成功的关键。1970年，宋文骢离开沈阳，赴成都组建新的歼击机研究所——沈阳飞机设计研究所成都分所（成都611所）。1980年，经历了10年的磨炼和研究，他成为成都611所的总设计师。1981年10月，宋文骢任中国"六五"第一个重点项目歼-7C飞机的总设计师。

1982年，国家开始筹备建设自主研发的新一代战斗飞机。得知此事后，宋文骢立即参加了相关会议，提出了自己对于未来战斗机的看法，认为未来的战机应当以灵活性为主，兼具导弹拦截等功能，并提出了鸭式气动布局等新概念。1984年，经过2年的探索与验证，国家最终同意了宋文骢设计的方案。1986年，歼-10飞机项目被列为国家科技重大专项，宋文骢被任命为歼-10飞机总设计师。

针对新一代战机的研制特点，宋文骢大胆地进行管理创新，建立起了一整套符合我国国情的飞机系统工程管理体系和措施。他充分发挥设计师系统、质量师系统的统领作用，制订了一系列跨行业、跨部门的设计师系统管理文件和程序，实行产品技术状态活页式档案管理，大大提高了产品质量和设计水平。宋文骢建立起严密的重量控制体系，在国内飞机研制上首创重量承包先例，使歼-10飞机的实际重量比原设计目标重量减轻了26千克，创造了重量控制的最优纪录。

直到2004年，歼-10才完成设计定型。在这18年的时间里，歼-10的研制任务遭遇了大大小小的困难。1991年，样机完成，但预定的涡喷-15发动机却遥遥无期，为了避免发生发动机拖死飞机的事故出现，宋文骢赶赴俄罗斯谈判，引进苏-27的配套发动机AL-31F，并针对歼-10的特点修改机匣附件位置，成为AL-31FN。为了适配新的发动机，歼-10的后机身设计几乎得推倒重来，进气道进行了修改以匹配新发动机的特性，同时达到了更高的设计指标。1994年，歼-10设计完成。1997年完成新机建造。1998年3月23日首飞成功。

随后，宋文骢将后续试飞工作交给杨伟，自己开始探索下一代战机的气动设计。2001年，宋文骢等人在《中国工程科学》第8期发表了著名的《一种小展弦比高升力飞机的气动布局研究》论文，为全新一代战斗机的预研工作起到了开创性的作用，文中所提出的气动布局方案是奠定歼-20隐身战斗机的基础。

除参与歼-7、歼-8、歼-7C、歼-10的研制项目外，1985年，宋文骢还主持组建起了中国第一个航空电子系统研究室，完成了国内从未设计过的腹部进气道、国内独一无二的水泡式座舱，中国第一个具有国际先进水平的数字式电传飞控系统铁鸟试验台，国内第一个高度综合化航电武器系统动态模拟综合试验台设计等。后逐渐形成了航空电子系统组、航空电子系统动态模拟仿真组、机载OFP软件开发组等多个核心专业组。中国第一个完整的航空电子专业体系在一航成都所诞生。随后，飞行与品质控制设计试验研究室也在一航成都所成立。

由于在歼-10飞机的研制方面和为我国战斗机实现跨代升级上做出了卓越贡献，宋文骢被誉为"歼-10之父"。2003年，宋文骢当选为中国工程院院士。2004年7月，宋文骢任中航工业成都飞机设计研究所首席专家。2006年10月30日，在珠海举办的第二届航空航天月桂奖颁奖典礼上荣获终身奉献奖。2010年2月，宋文骢当选2009年度感动中国人物。除此之外，宋文骢还荣获国家科学技术进步二等奖（排名第一）、航空航天工业部科技进步一等奖、重点型号设计定型一等功、重点型号首飞特等功、全国先进工作者、全国优秀科技工作者和五一劳动奖章、何梁何利基金科学与技术进步奖、航空报国金奖、国家人事部一等功、航空工业有突出贡献专家、国防科学技术特等奖、四川省学术和技术带头人称号、一航集团总公司航空报国杰出贡献奖等。

二、顾诵芬

1951年，顾诵芬从交通大学航空工程系毕业后，被分配到沈阳航空工业局。在中央"向科学进军"的号召下，1956年8月，我国第一家飞机设计室在沈阳成立，顾诵芬得到了梦寐以求的设计飞机的机会。但当时，设计室的条件异常简陋，相关资料和设备也极其缺乏。面对这些困难，顾诵芬和设计室里的100多人，在设计室主任徐舜寿和副主任黄志千的带领下，开始研制歼教-1教练机。这对于没有接触过喷气式飞机设计的顾诵芬来说是个难题，为此，顾诵芬常常到北航图书馆查阅参考书，并且买来硫酸纸，把重要的图描下来带回去研究。他把能搜集到的国外技术资料、书刊、研究报告等信息加以梳理、汇总，形成了可以进行气动力设计计算的一套方法。他和同事还利用当时从未在工程实际中应用过的风洞，边摸索、边试验、边改进。在这样艰苦的条件下，设计室硬是干出了成绩，1958年，歼教-1试飞成功。

20世纪60年代，研制歼-8飞机的工作如火如荼地开展起来，顾诵芬被任命为副总设计师。1969年，歼-8首飞成功。1981年，在西方大国相继开始研制新一代空军武器装备的背景下，歼-8已经不能满足国防需要，歼-8Ⅱ的研制被提上日程，顾诵芬被任命为总设计师。1984年，歼-8Ⅱ首飞成功。由于在歼-8系列飞机研究设计方面的突出贡献，顾诵芬被誉为"歼8-之父"。1988年起，他开展了对飞机主动控制技术及高性能远景飞机概念的研究，为我国研发具有世界水平的新一代战机奠定了重要的技术基础。

2005年，顾诵芬被聘任为ARJ支线客机设计工程技术专家组组长。当时，在ARJ21飞机最初的设计方案出炉后，研究团队发现了几个棘手的问题，比如飞机超重、飞行阻力大等。这让整个团队压力很大，甚至争论是否要从头再来，大家一度非常迷茫，没有了方向。此时，顾诵芬院士牵头组织了一批富有实践经验的专家，赶赴上海考察和指导，对ARJ21飞机的设计方案进行了评审，最终肯定了原设计方案，坚定了ARJ研究团队的信心。

顾诵芬作为新中国航空科技事业的奠基人之一，是我国航空科技事业的引领者、我国航空界唯一的两院院士、航空工业第一位航空报国终身成就奖获得者。他荣获国家及省部级以上科技成果20余项，其中国家科学技术进步奖特等奖、一等奖、二等奖各1项，曾获全国劳动模范、全国优秀科技工作者、全国五一劳动奖章等荣誉称号。

三、吴光辉

1982年，吴光辉从南京航空学院（现南京航空航天大学）飞机设计专业毕业，被分配到航空工业部603所担任技术员，从此走上了航空报国之路。尽管研究所物资匮乏、科研条件十分艰苦，但吴光辉每天都沉浸在工作里，活得非常充实。20世纪80年代，中国航空工业发展很不景气，研究所的同事相继调走，人手紧缺，加之吴光辉的勤恳和努力，使他渐渐成为设计小组的主力，并挑起了飞机设计的大梁。在"飞豹"飞机的研制过程中，他测算出了飞机的15种典型状态，描绘出了飞机重心的变化曲线，还画出各种图……这些任务的圆满完成，让他在专业技术领域获得了前所未有的磨砺和提升。

2001年，中国决定重启研发空警-2000预警指挥机，吴光辉任总设计师。2005年，吴光辉从战斗机设计中抽身，担任ARJ21民用客机的总设计师。这些经历，让吴光辉充分体会到身为总设计师，不但要专业知识过硬，更要定方向，懂得统筹协调，一步一个脚印，精益求精。2008年，中国商用飞机有限责任公司成立，吴光辉任副总经理、党委委员，并再次被任命为C919大型客机的总设计师。为实现预期目标，吴光辉带领团队实行"711"和"724"工作模式——"711"是一个星期工作7天，每天工作11个小时；"724"是在关键工作上，7天24个小时运转，工作人员倒班。就是在这样的工作强度下，53岁的吴光辉还特意挤出时间，到湖北航空学院学习飞行，考过了飞行执照，他希望能够真正从飞行员的角度来体验飞机细节，这样在设计时才能更明白飞行员的需求。

C919大型客机总体技术方案的设计分9条主线、近20条支线，确定了超临界机翼设计、机头与驾驶舱设计、舱门设计、电传操纵与主动控制技术应用研究、模拟座舱及操作程序开发验证等百余项关键技术攻关项目，研发团队集中资源和力量开展攻关，先后攻克了40项关键技术，解决了100多项技术难题；还申请专利170余件，授权专利40余件。同时，研发团队还确定了C919的发动机、机体结构、动力装置、系统设备、材料和标准件的主要供应商。由北京、上海、天津、湖南、江苏等地的相关企业构建的中国民机产业链也初步形成。

2017年5月5日，C919飞机首飞成功。2023年5月28日，中国商飞全球首架交付的C919大型客机圆满完成首次商业飞行，身为C919总设计师的吴光辉也是本次航班的乘客之一。C919飞机的安全性、舒适性、经济性、环保性等都和吴光辉的设计目标完美契合。

截至2023年，吴光辉已获得5项发明专利及3项外观设计专利，荣获国家科技进步特等奖、冯如航空科技精英奖、全国优秀科技工作者、航空航天月桂奖风云人物奖等奖项。2013年入选中央"万人计划"第一批科技创新领军人才；2015年当选国务院政府特殊津贴专家；2017年当选中国工程院院士，担任党的十七大代表，第十一届、第十二届全国政协委员，第十三届全国人大代表。

第一编，我们沉浸在中国航空航天的初期历史中，了解了一群杰出的科学家和工程师如何在困难的时刻挑战极限，打下了中国航空航天事业的基础。

第二编将带我们进入一个不同的时代，它揭示了新中国成立后和改革开放时期，中国在航空航天领域所取得的成就，这是一个充满活力和机遇的时代。中国航空航天事业逐渐脱颖而出，在国际舞台上崭露头角。

第四章重点关注新中国成立后中国空天领域的发展和取得的成果。这一时期是中国开始迅速追赶先进国家的时期，尤其是在航天领域，中国成功地发射了第一颗人造地球卫星，这标志着中国成为少数几个掌握太空技术的国家之一。

第五章探究改革开放以来中国空天领域的发展与成果。这是一个充满活力的时期，中国不仅推动了太空探索项目，还大力发展了民用航空产业，推出了一系列成功的民用飞机项目，如C919和ARJ21。这些努力使中国在全球航空航天市场中占据了一席之地。

在第六章和第七章中，我们将分析中国空天技术对国家战略和经济的影响，进一步深入了解中国如何利用航空航天技术来提高国家的国防安全性，以及如何通过航空航天产业的发展推动经济的增长。这些方面的影响不仅是中国航空航天事业的成就，也是国家整体发展战略的重要组成部分。

第二编　龙的腾飞

第四章
新中国成立初期中国空天领域的发展与成果

新中国成立后，我国的航空航天事业从无到有、从弱到强，起步极为艰难。在中国共产党的领导下，我国航空航天工作者不畏艰难，踔厉奋发，经过持续探索，终于打开航空航天之门，取得了一系列技术突破。我国首次自主设计试制的东风导弹，打破了国外技术对国防工业技术的长期封锁。自主研制的一系列喷气式客机和军用飞机，标志着我国航空工业步入发展的快车道。航天城的建立，汇聚了一大批航天科技人才，为我国的航天事业奠定了坚实的基础。

本章将从新中国成立初期的中国航天工业、民用航空和军用航空3个方面，系统回顾这一历史时期我国航空航天事业的发展历程、主要进展与成就，以及所做出的贡献，旨在全面、客观地反映我国在航空航天领域迈出的每一步，同时为我们今天的发展提供历史借鉴。

第一节　新中国成立初期中国航天工业的发展与成果

一、新中国成立初期航天工业发展的国际环境

（一）冷战对立与全面科技封锁

第二次世界大战结束后，世界被划分为以美苏为首的两大对立阵营，他们彼此之间激烈斗争，冷战自此开始。1949年新中国成立后，美国为遏制社会主义势力扩张，主导西方国家联合对中国实施全面科技封锁，航空、导弹、电子等技术设备禁止出口给中国。1950年朝鲜战争爆发后，西方国家将中国视为主要对手，高科技设备禁运更趋严格。1960年，中国向加拿大订购飞机失败。高科技产品禁运严重阻碍了中国的发展。

（二）美苏空间竞赛与领先地位

第二次世界大战后，美苏两国均积极发展火箭技术。1957年，苏联成功发射第一颗人造卫星，引领世界进入太空时代。1961年，苏联将第一位宇航员送入太空，开创了人类进入宇宙探索的新时代。美国紧随其后，成立美国国家航空航天局，开展登月计划。两国在运载火箭、卫星、宇航员等领域展开激烈竞争，他们的空间站计划更成为冷战科技实力的集中体现。两国严格管控敏感技术，其他国家难以分享成果。我国的航天技术要想发展，就得摆脱对外国技术的依赖，自力更生，自主研发。

二、中国航天事业的创业之路

（一）系统布局，确立发展思路

1956年初，中国科技界就国防航空事业发展问题展开了讨论。主张中

国急需形成真正属于自己的航空工业体系，摆脱对外援助的依赖。经过反复研究，最终形成了一个颇具建树的规划草案，即在12年内实现喷气发动机和火箭技术的自主可控，这个草案很快获得了中央的批准和支持。不久，为了加强党对新中国航空和火箭事业的统一领导，中国航空工业管理委员会应运而生。委员会成立后做出的首个重要决策，就是自主研制导弹，此举意味着我国航天航空业开始走上独立自主的发展道路。在随后几年间，党中央积极开展液体火箭发动机、固体推进剂火箭、各类导弹的制导系统、飞行控制系统、高浓度推进剂及氧化剂、金属材料、半导体器件等相关基础研究和技术攻关，初步确立了中国航空航天工业的发展思路。

（二）技术仿制，积累宝贵经验

20世纪50年代中期，中国航天工业还处于起步阶段，科研基础薄弱。因为要从零开始，只能先从仿制国外先进的航天技术装备着手。1958年4月，中国开始兴建第一个运载火箭发射场。1960年2月19日，中国自行设计制造的试验型液体燃料探空火箭首次发射成功。

1960年，中国仿制成功苏联R-2液体火箭导弹，采用自行研制的四氧化二氮作为液体燃料推进剂，这标志着中国已经掌握了液体火箭导弹的基本研制方法和技术。中国还通过高空探测火箭的试飞来模拟卫星的运行轨迹和条件，为日后研制实用卫星奠定了技术基础，同时积累了宝贵的高空飞行数据。短短几年时间，中国航天工业通过技术仿制和自主创新，积累了宝贵的工程研制经验。

（三）组织力量，凝聚科技智慧

1956年，中国航空工业委员会成立，负责统筹规划和组织领导全国范围内的航空航天科研力量，开展相关技术的攻关研究。在钱学森等航天先驱科学家的积极倡导和带动下，大批优秀科技工作者纷纷踊跃投身航天事业，仅上海一地就成立了30多个航空航天研究机构。清华大学等高校也相继设置了航空航天相关专业，培养了大批优秀人才。强大的航天科技力量的集结凝聚，为中国航天工业奠定了坚实的人才与思想基础。众多科学家全心全意投入事业，顽强拼搏，最终实现了中国航天工业的快速起飞。

1964年7月，成功发射了第一枚生物火箭。1965年，第七机械工业部制订1965—1972年运载火箭发展规划；同年10月，中国科学院召开第一颗人造卫星方案论证会。

三、航天工业的快速成长期

（一）自主突破，取得关键进展

在前期技术积累的基础上，中国航天工程技术人员开始自主设计和研制航天系统。1967年，和平二号固体燃料气象火箭试射成功。1968年2月20日，空间技术研究院成立。1970年1月30日，中远程导弹飞行试验首次成功。1970年4月24日，长征运载火箭成功将东方红一号实验卫星送入预定轨道，成为世界上第5个完全依靠自身力量掌握火箭、卫星技术并进行发射的国家，标志着中国航天技术实现历史性突破。长征系列运载火箭承担了中国所有卫星和深空探测器的发射任务，至今已进行了100多次发射，成功率高达97%。一系列自主突破成就，大幅提升了中国的航天能力和国防科技实力。

（二）多点开花，实现系统发展

1971年3月3日，中国发射了科学实验卫星——实践一号（图4-1）。该卫星在太空正常运行了8年多，远远超过原定1年的设计寿命，这在20世纪60年代国外研制的卫星中也是不多见的，为我国研制长寿命卫星提供了宝贵的经验。

图4-1　实践一号卫星

　　在航天飞行器研制成功的基础上，中国航天工业在多个领域取得系列进展，实现整体快速发展。运载火箭实现了从长征一号到长征二号的升级换代，提升了载荷能力；地对地弹道导弹实现了从几十千米的近程到上万千米的远程的跨越；人造卫星得到重大发展，测控站、发射场等地面保障能力不断完善，中国航天工业呈现出多领域协调发展的良好态势。

　　在外部环境极为复杂和艰苦的情况下，中国仅仅依靠自己的力量，完成了从无到有的航天工业体系建设，并实现了关键技术的自主突破，充分展现出民族自强的担当精神。面对简陋的工作条件和生活环境以及种种技术难题，一代代中国航天人仍然顽强拼搏、攻坚克难，最终开辟了中国航天事业的广阔天地。可歌可泣的航天精神将激励中华民族走向伟大复兴的新征程。

四、航天工业对国家发展的重大贡献

（一）增强国防，提升综合实力

航天技术直接服务国防现代化。运载火箭使我国获得战略打击能力；导弹技术研究带动电子、材料等领域进步；卫星则实现对地面目标的侦察与监视，使中国的国防实力和综合影响力显著提升。

（二）促进经济，提高科技水平

用于气象观测的卫星，可以推动气象预测现代化，为经济发展提供支持；用于通信的卫星，可以加速电信网络建设。火箭制造带动精密机械、电子、金属材料等相关产业快速发展。航天研究与应用使中国科技的水平整体提高。

（三）激励人心，展现民族精神

中国通过自主研究，成功实现卫星发射，极大地激励了人心，增强了民族自豪感。中国航天人顽强拼搏的精神更成为全民学习的楷模，整个民族在追求富强与国防现代化的道路上，汲取了巨大的精神力量。

五、展望中国的航天梦

展望未来，天问一号已实现火星着陆，嫦娥五号完成月球采样返回。中国必将继续推进空间站建设，开展小行星探测，进行深空探测，开拓人类活动的新领域。我们有理由相信，中国航天事业必将继续以中国速度阔步前行，为中国经济发展提供强大动力，在拓展人类文明的伟大征程中，做出新的更大的贡献。

第二节 新中国成立初期中国民用航空工业的发展与成果

1949—1978年，我国民航以服务政府及军事需求为主，客货运能力发展缓慢。"文化大革命"期间，民航事业几乎陷入停滞。这一阶段的民用航空难以自主发展，仍处于军事航空的从属地位。本节分析此时期的民航发展特征及问题，有助于我们更好地把握民航业的发展规律，为未来民航事业的发展提供借鉴。

一、打基础，储人才，兴基建

新中国成立后，我国民用航空业虽然发展环境严峻，但在艰难条件下仍取得一定成果。

（1）1952年，中国人民航空公司成立，实行企业化管理，拥有飞机28架。在航线开辟、机队管理、营运模式创新等方面进行了有益探索，积累了珍贵经验。该公司顺利运营并获得了利润，证明了企事业单位运作的可行性。

（2）1953—1957年，中国购入苏联伊尔系列客机83架，以苏联引进的伊尔-12（图4-2）、伊尔-14等几个型号的螺旋桨客机为主，大幅更新了机队。到1957年底，中国民航运力提升到1501万吨/千米，初步建立起以北京为中心、辐射中

图4-2 伊尔-12

国主要城市的国内航线网，货运量也得到恢复。

（3）1958年，成功开通北京—伊尔库茨克的国际航线，实现了中国民航走出国门，逐步与国际民航体系接轨的历史性突破，标志着新中国民航开始迈向国际化发展。北京、上海等重要城市的机场得到整改扩建。到1965年，民航共有机场216个，其中泥土跑道机场36个，机场设施容量得到加强。

（4）第一个五年计划期间，民航局提出并开始落实发展民航人才、基本设施、飞行运输等任务，进行战略性部署，为未来发展打下基础。着力培养一大批政治素质好、专业技术扎实的民航人才，他们成为民航各个领域建设的主力军，为新中国民航事业的发展建立了人才支撑。

在资源匮乏的条件下，民航仍积极确保重要的政治和经济活动的空中交通运输，显示出强大的保障能力和执行力，为中国的建设做出贡献。

二、"文化大革命"时期民用航空事业遭受严重破坏

"文化大革命"时期，我国的民用航空系统遭到严重冲击和破坏，民航事业发展陷入停滞。到1968年底，民航系统的机务、通信、气象、空管等保障系统均有故障发生，安全生产事故明显增加。1969年，全国民航客运量比1968年减少了将近100万人次。民航政策失序，经济混乱，导致航线调整频繁，机队飞行效率低下。如1967—1969年，上海民航局对航线进行了多达18次的调整，机队日利用率由1966年的6.2小时降低到1969年的4.2小时，进一步加剧了运力短缺情况。

"文化大革命"后期，民航系统各项工作陷入极度混乱。1972—1976年，民用航空的客运量仅略高于1965年水平，而货邮运量甚至低于1965年。与1949—1965年民航获得发展的局面形成强烈对比，10年间我国民航事业严重倒退，发展几近停滞。

从以上内容可以看出，1949—1978年，尽管初期民航有所恢复和发展，但整体上，我国民航业存在发展严重滞后的问题，主要表现在以下几个方面。

（1）航空运力短缺且发展缓慢，无法满足国民经济及人民生活的需要。这一时期，客货运力增长缓慢，运能与经济发展不匹配。

（2）民航专业人才培养严重缺乏，业务人员整体素质较低，制约了民航运输产能的提升。专业技术人才流失严重，教学科研等发展受限。

（3）管理体制军事化色彩浓厚，发展决策和运营难以根据民用需求自主调整。

（4）国际环境影响民航国际交流与合作，发展局限于国内单一的航空网络。

（5）科研力量薄弱，自主创新能力不足。这一时期我国没有自己的大型民航机研制计划，科研主要局限在对进口飞机的使用维护和改进方面。科研体系不健全严重制约了民航机队的自主可持续发展。

综上所述，1949—1978年我国民用航空发展处于初始阶段，起步较晚，发展缓慢，运力不足，难以适应国民经济发展需求，亟待深化改革与开放，加快发展。正确认识这一历史时期民航发展的特点和问题，对于我们把握民航发展规律，借鉴历史经验，具有重要意义。

第三节　新中国成立初期中国军用航空工业的发展与成果

一、军用航空面临的严峻困境

1949年10月1日，中华人民共和国成立，开启了社会主义新时代的历史。在这一历史时刻，中国的国防力量与国家安全面临巨大挑战。作为空军打击核心力量的军用航空工业，由于长期的战争和帝国主义势力的压制，起点极低，无法满足保卫领空安全的需要。具体来看，此时的中国军用航空存在以下严峻困境。

（一）空军作战力量极为薄弱

1949年，中国人民解放军空军共有6个混成空军旅和1个独立团，军官士兵约1.7万人。总飞机不足600架，主要为美制P-51"野马"活塞战斗机、P-47"雷霆"式战斗机等，80%为进口老旧机型。这些飞机最大时速不超过600千米/时，作战半径仅200—300千米/时，根本无法满足保卫领空安全的需要。同时，空军雷达、航空火箭弹等重要装备也严重不足，作战指挥体系简陋，难以组织现代化空战。可以说，解放军空军仅具有参加有限地面战役的基本能力。

（二）航空工业创立基础薄弱

新中国成立之初，国内的航空工业经历战乱已几近瘫痪，仅有17家小型航空修理厂，约2万工人。这些厂家只能进行简单的航空产品维修和组装，没有任何飞机及重要航空装备的自主设计和制造能力。航空材料、航空发动机等重要领域的研发生产力几乎为零，严重依赖进口的局面制约了军用航空的发展。

（三）相关科研力量匮乏

相比美苏等国，中国当时独立的军用航空科研力量极为匮乏，缺乏系统的科研机构与人才队伍，无法开展大型航空装备研制项目，仅有几所不足百人的航空研究所在进行简单仿制改进等工作。同时，高等院校的航空专业师资与人才严重短缺，无法实现军用航空科技自主创新的根本转变。

二、突破喷气战斗机的关键技术

20世纪50年代是中国航空工业起步创业的关键时期。为了快速提升空军的战斗力，中国通过利用遗留物资和仿制苏联米格系列战机，成功突破国产喷气战斗机的零部件技术，打开自主生产的大门。这标志着中国初步掌握喷气机的设计制造核心技术，为之后60年代的自主设计打下基础。

（一）取得国产喷气式飞机研制上的突破

1952年，中国从苏联获得米格-15战斗机的2架样机和图纸资料。经过反复研究摸索，华东航空工厂在1954年试制成功2架歼教-2教练机，这是中国第一种国产的喷气式飞机，标志着我国航空工业进入喷气时代。随后又试制成功歼-2战斗机并投入小批量生产。1955年起，沈阳、西安等地的航空工厂开始批量生产歼教-2和歼-2，到1958年，共生产了约600架，为中国航空工业积累了制造喷气战斗机的经验，培养出一批技术骨干力量。

此外，中国还从苏联进口了米格-17F战斗机，并于1956年开始仿制生产，定型为歼-5。歼-5相比米格-15有明显的改进，是50年代空军的一种重要力量。可以说，对米格机的仿制为中国奠定了喷气战斗机生产的基础。

（二）自主生产涡喷发动机

同一时期，配套的航空发动机技术也取得重大进展。50年代中期，中国通过仿制成功制造了苏制涡桨-5涡轮螺旋桨发动机，这是我国第一种喷气发动机，中国的第一种喷气式飞机就装备了该型号的发动机。到1959年已能批量生产，基本实现国产化。成功仿制涡桨-5，使中国初步掌握了喷气发动机的制造方法和生产经验，为后期航空发动机的自主设计奠定了基础。

（三）歼-4、歼-6的设计尝试

在仿制苏联米格机的同时，中国也进行着自己的喷气战斗机设计尝试。1953年，在殷宏涛等设计师的领导下，航空工业部歼击机设计处在仿制米格-15的基础上，设计试制出歼-4战斗机，并于1956年试飞成功，这是中国第一种自主设计的喷气战斗机。1958年又设计出歼-6的原型机并试飞成功，这表明中国初步具备了喷气式战斗机设计的能力。

综上所述，50年代通过仿制、改进和自主设计，中国航空工业突破国产喷气战斗机的关键技术，打开战机生产的大门，为后续完全自主设计奠定了技术基础。在这一过程中，党和国家给予了军用航空事业强大的支持，调动全国力量，集中人财物力，广大科研人员和生产者顽强拼搏，刻苦攻关，终于实现国产化，充分体现了中国特色社会主义制度的政治优势和组织动员能力。

三、自主设计多型号新一代战斗机

20世纪60年代是中国航空工业快速成长的黄金时期。中国航空设计师突破重重技术难关，自主设计并批量生产出歼-6、歼-7、歼-8等多型新一代战斗机，其技术水平达到当时世界先进水平，标志着中国正式跻身世界军用航空大国行列。

（一）歼-6技术达世界先进水平

20世纪50年代末，中国航空工业部组织开展歼-6战斗机的设计工作。1960年10月，歼-6在西安飞机制造厂试制成功，并进行首次试飞。1960—1966年，歼-6在西安、沈阳等地航空工厂实现批量生产，累计生产了近3000架。随着大量装备空军部队，歼-6成为保卫我国领空的主力战斗机，极大地增强了空军部队作战力量。

歼-6采用三角翼布局，大幅提高了飞行性能。同时使用国产涡喷-6发动机，使最大速度达到1.45马赫，这一参数已达到当时世界先进水平。歼-6的服役对新中国国防力量发展具有划时代意义（图4-3）。

图4-3 歼-6

（二）歼-7实现发动机的技术突破

1963年，中国航空工业部组织开展代号为"工程-7"的新型战斗机设计工作。1965年10月，歼-7原型机首飞成功；1971年正式批量生产。歼-7的最大创新在于采用国产设计的涡喷-7甲涡扇发动机，推力达到4.9吨，是涡桨-5的两倍多。发动机推重比大幅提高，极大地增强了其飞行性能。歼-7的服役使中国航空发动机技术进入世界先进行列（图4-4）。

图4-4 歼-7

（三）歼-8实现双发动机与舰载机的双重突破

20世纪60年代后期，中国航空工业部组织开展代号为"工程-8"的重型双发动机歼击机研制工作。1969年，歼-8原型机成功首飞；1972年开始服役。歼-8采用国产设计的涡扇-6发动机，是中国第一种双发动机战斗机，也曾经设计过舰载型号，这些突破对提高作战能力具有重大意义。歼-8的研制使中国跻身世界双发重型战斗机的行列（图4-5）。

综上所述，60年代中国自主设计的三大战斗机系列，代表了战斗机发展的多个重要方向。它们的成功研制与批量生产，标志着中国航空工业整体跃升到世界先进行列，为增强国防力量做出了重大贡献。在这一时期，中国形成了完整的航空科研体系，拥有雄厚的设计与制造实力。中国共产党和人民政府高度重视军用航空事业，全力支持重大装备的研制。广大科技工作者不懈努力，终于实现设计和生产能力的历史性飞跃。

图4-5 歼-8

四、运输机和轰炸机的自主研制

与独立自主研制高性能战斗机相辅相成，20世纪六七十年代，中国也成功研制了多种大型运输机和远程轰炸机。这使军用航空的作战体系实现全面现代化，具备战略空中力量。

（一）运输机实现自主生产

1956年，哈尔滨飞机制造厂承担运-5大型运输机的仿制任务。1959年制造出首批仿制机，获得大飞机的总装和试飞经验。运-5不仅能够提升空军运力，而且为后续大飞机的研发奠定了技术基础（图4-6）。

（二）轰炸机实现远程打击

20世纪60年代中期，中国成功研制出轰-5和轰-6轰炸机。这2种轰炸机最大的特征是采用涡轮喷气发动机，飞行速度和载荷能力都大为提高。

图4-6 运-5

1963年轰-5服役；1971年轰-6也开始装备部队部署，这使中国空军获得远程空中打击力量，填补了长期的空白。70年代中期，轰-6甲加大航程，并实现搭载核武器，标志着中国获得全天候的战略打击能力（图4-7）。

图4-7　轰-6

综上所述，自主研制的运输机和轰炸机的服役，使中国军用航空实现由点到面的全面发展，促进了多兵种协同作战能力的提高，对加强国防战略威慑力量发挥了关键作用。

五、开创性的历史意义

经过一代代人的不懈努力，中国军用航空工业从无到有，实现重大飞跃，对国防现代化建设做出开创性贡献。这一发展历程体现出强大的民族自信和独立自主精神，开辟了中国自主创新发展的道路，具有重要的历史意义。

（一）体现社会主义制度的政治优势

这一时期军用航空的发展秉持独立自主、自力更生的方针，体现了社会主义制度的政治优势。中国共产党和人民政府始终将国防建设置于优先地位，高度重视军用航空发展。毛泽东、周恩来、聂荣臻等领导人亲自谋划部署，充分调动全国力量支撑军用航空事业，坚持独立自主道路，在最艰苦的条件下创造了举世瞩目的成就。

中国共产党坚强有力的领导，是这一时期军用航空事业快速发展的根本政治保证。党中央根据国家安全和发展需求，果断提出军用航空现代化的历史任务，调动全党全国之力支持这一战略决策。在党的正确领导下，军用航空事业实现重大突破，反映了中国特色社会主义的制度优势。

（二）自主创新打开发展新天地

中国军用航空的发展道路是独立自主、自力更生的道路，充分证明只有自主创新才能获得发展。在境外技术封锁的形势下，中国军用航空从无到有，构建了完整的研制体系，大力培养专业人才队伍，在最短时间内实现重大突破。这不仅增强了我国的国防实力，也使中国进入世界级航空强国行列。

面对技术封锁与外部环境的种种不利因素，中国坚持独立自主、自力更生的方针，依靠自主创新突破关键核心技术。中国共产党领导全国人民自力更生，跨过一个个技术难关，打开军用航空发展的新天地，充分体现了中华民族自强不息、百折不挠的民族精神。

（三）航空工业与国防建设共发展

这一时期中国军用航空事业的发展与国防建设相互促进、相互影响，军用航空为国防力量提供先进装备，得到全国经济力量的大力支撑，两者相互促进；同时，强大的国防力量也为经济发展提供了坚强后盾，开创自立自强的发展新局面。两者融合发展，共同推动国防现代化和自主创新的历史进程。

在中国特色社会主义的正确领导下，国防力量建设与经济建设实现两手抓、两手硬。军民融合发展成为中国军用航空快速成长的重要保障。中国共产党和人民政府既重视经济建设，也高度重视国防建设，使两者得到共同发展，实现军民融合。

（四）奠定后续发展的雄厚基础

在这一历史时期，形成完整的研究—设计—试飞—生产体系，打实了雄厚的技术基础。同时，也培养和锻炼了大批航空科研、设计、生产人才，为后续发展奠定了人力资源基础。中国逐步走上独立自主、自力更生的航空强国之路，这一历史性成就和宝贵经验，对于未来发展具有重大的启示意义。

新中国成立初期，中国军用航空业以"两弹一星"精神，从无到有，创造了新中国成立后第一个世界级的重大工业体系。短短几十年，中国实现从跟跑到并跑的历史性突破，对国防现代化建设做出不可替代的贡献。这一发展历程体现了中国共产党领导和社会主义制度的政治优越性，也验证了中国特色社会主义道路的正确性和生命力。

展望未来，中国军用航空事业将继续秉持自力更生、自主创新的精神，立足自强不息，在党的坚强领导下，为实现中华民族伟大复兴的中国梦、建设世界一流军队和强大的国防力量做出新的更大贡献。

第五章
改革开放以来中国空天领域的发展与成果

　　改革开放以来，我国空天事业取得了历史性的发展与进步。在中国共产党和国家领导人的正确领导下，中国空天工业持续快速发展，科技创新能力显著提高，在多领域达到或接近世界先进水平，对国防建设和国民经济发展做出重大贡献。

　　在航天工业方面，我国研制发射了东方红系列运载火箭，打破国外技术壁垒，实现了人造卫星和载人航天的自主发射。嫦娥系列月球探测工程的成功，标志着我国成为世界航天大国。在民用航空领域，自主研制的大型客机填补了国内空白，航空产业实现产业化发展。在军用航空领域，先进战斗机、预警机、运输机等使空军装备跃上新台阶。

　　本章首先回顾改革开放以来我国航天工业的发展历程，重点描述嫦娥工程等重大成就。其次分析民用航空产业的发展情况，如大型客机的研制。最后概述军用航空发展概况，如新型作战机的部署。在总结发展成就的基础上，反思航空航天对国家发展的重大作用。

　　以全面系统的视角回顾改革开放以来我国航空航天的发展历程，旨在深刻认识这一时期的历史性成就，总结宝贵经验，借鉴发展模式，透视未来发展方向，为打开新时代中国航空航天事业新的伟大篇章提供借鉴和启发。

第一节　改革开放以来中国航天工业的发展与成果

改革开放之后，中国运载火箭技术取得突飞猛进的发展，在运载能力、内装制导等方面达到或接近世界先进水平，对国家安全和经济发展产生了重大影响。

一、人造卫星

（一）人造卫星的发展历史

1.中国人造卫星计划启动

1956年，中国政府批准成立了由空军负责的第五研究院，正式启动中国人造卫星计划。经过多年努力，中国于1970年4月成功将第一颗人造卫星——东方红一号送入太空（图5-1）。这标志着中国成为世界上第5个独立掌握人造卫星发射技术的国家。

图5-1　东方红一号

2.首批科研卫星研制成功

在成功发射东方红一号卫星后，中国着手研制新一代科学实验卫星。1975年1月26日，长征二号运载火箭成功将首颗科学实验卫星"返回式卫星"送入预定轨道。这颗卫星搭载了精密的空间科学实验设备，使中国成为世界上第3个独立掌握卫星返航技术的国家。

3.实用卫星进入服务阶段

改革开放后，中国航天事业进入快速发展时期。20世纪80年代，中国航天在运载能力上实现两大突破。一是成功进行了"一箭三星"的发射试验；二是将第一颗通信广播卫星用我国自主研制的长征火箭送入预定轨道，开启了中国用本国卫星进行卫星通信的历史，标志着中国的通信卫星正式进入应用服务阶段。1984年，我国成立了中国通信广播卫星有限公司，是国内首家运营卫星通信广播业务的国有企业，也是当时唯一的一家。1986年9月5日，中国又发射了第一颗资源探测卫星，实现了地球资源遥感卫星的独立研制。1988年9月7日，长征四号运载火箭成功发射了风云一号A气象卫星。

4.商业卫星发射市场的开拓

1988年，亚洲卫星公司在香港成立，这是亚洲地区第一家区域性的商业卫星运营组织。1990年4月，其首颗商用通信卫星——亚洲一号在中国长征三号运载火箭的送飞下成功入轨，这是中国首次用自主运载火箭发射商用卫星，当时引起全国轰动。

后来，亚洲卫星公司又相继发射了多颗卫星，并基于这些卫星，给全球50多个国家和地区、世界2/3的人口，提供卫星通信和广播电视服务。

（二）通信卫星成就

1.东方红系列通信卫星发射与应用

1984年，中国将东方红二号送入太空，进入了国内应用卫星技术的新时代。此后中国陆续发射了东方红三号至东方红六号等一系列通信卫星，基本实现国内电视无线直播和电话通信的全面覆盖，大幅改善了中国的通信设施，对促进经济发展和提高人民生活水平发挥了重要作用。

2.突破卫星平台关键技术

在通信卫星领域，中国突破了一系列关键技术。1990年，中国首次研制成功DCS-2数字通信卫星平台，采用域间连接技术大幅提升卫星路由交换能力。此后，中国又先后研制出DS-2000、DFH-4、DFH-5等新一代数字通信卫星平台，使中国成为世界上少数几个掌握高性能通信卫星平台技术的国家。

3.亚太区域通信服务能力提升

21世纪以来，中国进一步提升通信卫星的服务能力和覆盖范围。2007年，中国成功发射亚太六号A卫星，实现对亚太地区的稳定通信服务。至今，中国已构筑起包括东方红系列、亚太系列等在内的通信卫星综合应用系统，基本实现对全球的通信覆盖能力。

（三）遥感卫星进展

1.资源卫星多批成功发射

20世纪80年代，中国先后研制了风云一号等资源地球观测卫星，实现对中国国土及周边资源环境的监测预报。进入21世纪，高分辨率对地观测系统、环境小卫星、高分三号等新一代遥感卫星连续发射，大幅提高了中国独立获取遥感信息的能力，为国土资源调查、防灾减灾等提供了重要支撑。

2.高分辨率立体测绘卫星研制

1999年，中国成功发射了首颗自主研制的高分辨率立体测绘卫星资源一号，实现对地表三维立体观测。此后又研制出新增强三号等高分辨率立体测绘卫星，地面分辨率达到亚米级，具有全天候、全时段观测能力，这大幅提高了中国独立获取高精度地图信息的水平。

3.气象、海洋遥感卫星成网

改革开放后，中国掌握了新一代极轨气象卫星、静止气象卫星等核心技术，建立起包括风云、海洋、资源卫星等在内的空间基础设施网络，实现对大气、海洋等环境要素的全天候动态监测，保障国家气象安全和海洋权益。

（四）导航卫星发展

1.北斗导航系统正式启动服务

21世纪初，中国全力推进北斗卫星导航系统工程。2011年，北斗区域导航服务正式启动。2020年完全由中国研制的北斗导航卫星系统正式启动全球服务，提供高精度的定位、导航和授时服务，与GPS（全球定位系统）、GNSS（全球导航卫星系统）并驾齐驱，大幅提升中国国家安全和经济发展。

2.快速发射卫星星座

北斗导航建设过程中，中国自主掌握了导航卫星快速发射技术。通过多次发射，中国在轨导航卫星数量迅速增长至30余颗，基本建成服务全球的北斗导航卫星星座。同时，中国建立北斗导航卫星快速补充发射能力，保障导航系统的持续服务。

为国民经济提供高精度定位服务。北斗导航系统为交通运输、精准农业、城市管理等国民经济各领域提供米级甚至厘米级高精度的定位服务，支撑经济高质量发展。北斗系统与物联网深度融合，在"智慧城市"建设中发挥了重要作用，提升了公共服务效率。

二、运载火箭

（一）运载能力取得长足发展

改革开放以来，中国运载火箭的运载能力得到了快速发展，由起步的几吨级逐步发展到25吨级以上，极大地增强了中国发射各类载荷入轨的能力。

20世纪70年代，中国自主研制的长征系列运载火箭开始服役，标志着中国运载火箭技术的起步。1970年4月24日，中国自行设计研制的第一种液体火箭——长征一号运载火箭（图5-2）发射成功，使中国成为世界上少数几个同时掌握固体火箭和液体火箭技术的国家，运载能力达到数吨级。

1975年11月26日，我国自行设计研制的具有再入飞行能力的远程运载火箭——长征二号运载火箭首次发射成功，运载能力提高到3.5吨。这两种运载火箭的成功研制，标志着中国运载火箭技术的起步，为中国的航天事业奠定了基础。

20世纪80年代，中国运载火箭的研制进入新的发展阶段。1984年9月9日，中国自主研制的新一代运载火箭——长征三号运载火箭（图5-3）首次发射成功，使中国火箭的运载能力跃升到8.5吨左右。1986年5月6日，我国自行设计研制的长征四号运载火箭首次发射成功，运载能力达到12吨，可以将直接插入地球同步转移轨道的卫星送入预定轨道，实现了对地球同步轨道的独立访问能力。这2种型号运载火箭的成功研制，使中国的运载能力达到10吨级，可以独立将通信广播卫星送入静止轨道，极大地增强了中国的空间活动能力。

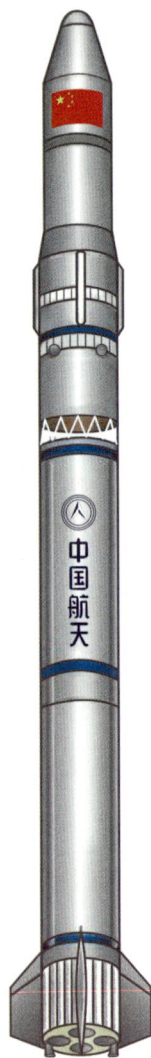

图5-2　长征一号运载火箭

21世纪，中国运载火箭继续保持进步势头。首飞成功的长征三号甲运载火箭，运载能力达到12.5吨。2016年11月3日，中国新一代运载火箭长征五号火箭实现首飞成功，使中国的运载能力跃升到25吨以上，达到世界先进水平，标志着中国拥有了将空间站组件和大型空间探测器送入轨道的能力。至此，中国运载火箭的运载能力已经从起步时的几吨，跃升至25吨以上，成为世界上少数运载能力达到20吨级以上的国家。强大的运载能力为中国的载人航天工程、空间站建设、深空探测等重大航天工程奠定了坚实基础。

（二）运载火箭技术取得重大进步

在运载火箭技术上，改革开放以来，中国掌握了一系列关键核心技术，各项系统性能和可靠性显著提高，为运载能力的增长提供了技术保障。

在火箭发动机方面，中国掌握了大推力氢氧发动机及煤油氧发动机的设计制造技术。如为长征五号运载火箭研制的120吨推力的低温发动机，是世界上推力最大的液氧煤油发动机之一。为长征七号运载火箭研制的50吨推力氢氧发动机，填补了中国大推力液氢发动机的空白。大推力发动机的成功研制，提供了运载火箭高运载能力所需的强大动力。

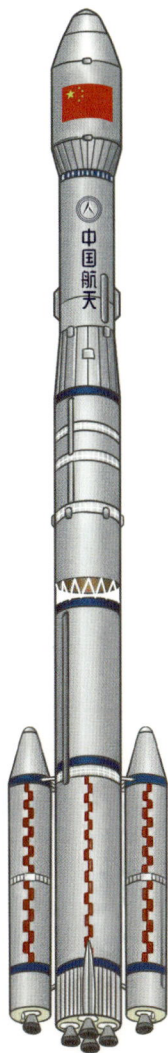

图5-3 长征三号运载火箭

在控制系统方面，中国运载火箭实现了从模拟控制向全数字化控制的转变。例如长征五号运载火箭采用四级控制系统，实现了发射过程的全数字化、全程自动控制，大幅提高了火箭的控制精度和可靠性。长征三号甲运载火箭则采用全球卫星导航系统与惯性导航系统相结合的控制方式，可以进行诸如轨道姿态自主控制、目标飞行精确控制等技术。数字化控制系统显著提升了火箭的自主控制能力。

在设计制造方面，中国掌握了大型薄壁环片钢锻件、大型火箭贮箱等关键技术，可以自主设计制造大型运载火箭主体。还掌握了复杂的航天器分离技术、航天器精确入轨技术等，可以进行各类型卫星和空间探测器的发射入轨。这些技术的进步，为提高运载火箭可靠性、配套多类型航天器提供了保障。

综上所述，在发动机、控制、制造等多个方面，中国运载火箭的关键技术和系统性能达到或接近世界先进水平，为中国运载能力的增强提供了坚实的技术基础。

（三）商业发射服务竞争力显著增强

在商业发射服务方面，改革开放以来，中国运载火箭进一步拓展了发射市场，商业发射总次数和国际市场份额不断扩大，已成为国际卫星发射市场的主要力量之一。主要用户遍及亚洲、非洲、南美洲、欧洲等地区与国际组织，客户范围广泛。中国运载火箭商业发射的市场竞争力主要体现在以下方面。

（1）性价比高。中国自主研制运载火箭，研制和发射成本较低，能够以较低的价格为国际用户提供发射服务。

（2）可靠性高。中国运载火箭商业发射的成功率高，达到国际先进水平。智能化的测试手段和严格的质量控制为火箭的可靠性提供保障。

（3）服务全面。中国提供从卫星运输、地面测试等一站式发射服务，可以满足用户的不同需求。

（4）定制灵活。中国研制了许多型号的运载火箭，可以根据用户卫星的不同重量及发射轨道要求，选择合适的型号进行定制化发射。

（5）高效快捷。中国拥有多座发射场和测试基地，发射频次高，可以缩短用户从合同签订到卫星入轨的周期。

综上所述，改革开放以来，中国运载火箭在商业发射服务方面展现出强大的实力，市场竞争力显著提升，已经成为亚太地区甚至全球重要的卫星发射服务提供国之一。

（四）对国家发展的重大贡献

总体来看，改革开放以来，中国运载火箭在运载能力、关键技术和商业化应用等方面取得长足发展，对国家安全和经济发展产生了重要影响。

（1）满足对空间活动的需求。强大的自主发射能力使中国可以根据实际需要，自主入轨各类通信、导航、探测、勘察等卫星，大大拓展了中国的空间活动范围。

（2）提升对空间站的访问能力。大运载能力使中国获得自主访问空间站的能力，为未来空间站的建造提供了运输保障。

（3）支撑深空探测工程。大型运载火箭为中国的月球探测、火星探测、太阳系探测等深空工程提供了强有力的发射支撑。

（4）带动高新技术发展。运载火箭技术的发展与应用，带动了材料、制造、测试、电子、控制等多领域高新技术的进步。

（5）增强国际商业竞争力。中国运载火箭在国际商业发射市场的竞争力显著增强，有利于中国航天产业走向世界，提高综合国力。

（6）激发国民自信心。中国运载火箭技术的进步，增强了中国人民的国家自豪感和凝聚力，对激发民族自信心产生了重要影响。

综上所述，改革开放以来中国运载火箭技术的发展，在服务国家战略需求、支撑高技术产业、拓展国际影响力等方面发挥了重要作用，对国家的经济建设、国防安全、科技进步、社会发展产生了深远影响。

三、载人航天

（一）载人航天工程概况

中国的载人航天工程起步较晚，经历了艰难的探索过程。改革开放后，我国载人航天飞行从零开始，先后完成了飞船发射、返航、航天员乘组飞行、出舱活动、空间实验室对接等重大突破，彰显了中国强大的航天实力。

1992年，中国载人航天工程正式启动；1999年11月20日，神舟一号成功发射；2003年10月15日，神舟五号载人飞行任务成功，杨利伟成为中国首位飞入太空的宇航员，中国载人航天进入实际应用阶段。

2008年9月25日，中国在太空成功进行首次出舱活动，标志着我国载人航天工程的成熟。2011年9月29日，天宫一号目标飞行器成功发射升空，并与神舟八号飞船完成自动交会对接，这是我国独立自主研制的首个永久性载人空间实验平台。2016年10月17日，神舟十一号载人飞船成功发射，实现中国首次载人航天两人同时在轨工作。通过在轨交会对接，天宫一号核心舱和天宫二号实验舱组合成为我国首个永久性空间实验室——中国空间站的雏形。

改革开放以来，在党和国家的重视支持下，中国载人航天工程持续取得重大进展，完成了一系列具有里程碑意义的重大任务，为中国航天事业的发展做出了巨大贡献。

（二）神舟号飞船的研制与发射

1.各型号飞船的研制情况

1999年2月，神舟系列飞船正式立项启动研制。神舟号飞船包括运载飞船和货运飞船两大类型。按照不同任务需求，又分为神舟一号到神舟十一号等多个型号。经过科研人员的不懈努力，先后研制成功的有：用于开展载人飞行技术试验的神舟一号至神舟六号飞船，用于供给任务的神舟七号至神舟九号飞船，用于货载联合型号的神舟十号飞船，用于空间实验室核心舱载人交会对接任务的神舟十一号飞船。

经过近20年的发展，神舟号飞船从单人飞行到双人同时在轨飞行，从只有几天的飞行到近一月的飞行，载人飞行能力得到大幅提高。各型号飞船的成功研制，为中国建立空间实验室夯实了技术基础。

2.首次载人飞行创建里程碑

2003年10月15日，神舟五号载人飞行任务取得圆满成功。中国航天员杨利伟乘坐神舟五号飞船升空，在地球轨道上绕地球飞行14圈后安全返回，飞行时间长达21小时23分钟。神舟五号载人飞行任务的成功，标志着中国载人航天工程由原来的单项技术试验转入系统工程建设和应用型的发展阶段。

3.多人多天空间飞行

2012年6月16日，神舟九号飞船搭载航天员景海鹏、刘旺和刘洋升空，开启了中国空间站项目的第一个载人飞行任务，实现我国载人飞行从单人到多人的跨越，载人飞行时间达到13天，创造了我国有人空间飞行任务的新历史。

2016年10月17日，神舟十一号载人飞船发射升空，航天员乘组在天宫二号对接后，在轨工作近一个月。这是中国首次实现载人航天两人同时在轨工作，任务时间大大延长，为建立中国空间站夯实了基础。

多人多天载人飞行任务的成功完成，标志着我国载人飞行能力实现重大提升，为建立具有长期在轨运行能力的中国空间站奠定了坚实的基础。

（三）空间出舱活动

1.出舱活动的科学目的

2008年9月27日，神舟七号载人飞船搭载航天员翟志刚成功进行我国首次航天员出舱活动，标志着我国载人航天工程进入"出舱作业"的新时代，实现我国载人飞行"从一人到两人，从坐舱到出舱"的重大突破。

空间出舱活动是载人航天的高级形态，主要目的是：在轨维修维护航天器；替换安装航天器关键设备；开展航天科学试验；进行航天员飞行技能训练。这对测试航天员的适应能力、装备性能和操作水平，积累航天员出舱活动数据具有重要意义。

2.中国首次出舱

在这次出舱活动中，翟志刚身着中国第一代航天服，乘坐神舟七号飞船到达近地轨道后，打开舱门进入躯干舱，开始中国首次航天出舱活动。在成功退出舱门后，他在外部停留了近20分钟，主要任务包括：安装舱外工作平台，打开安装在轨飞行器外部的工程试验舱盖，使用多功能控制手柄进行操作等。整个出舱活动过程顺利完成，获得了大量宝贵的数据。

3.测试获得关键数据

这次出舱活动对验证我国自主研制的航天服务、生命保障系统等关键技术提供了平台。翟志刚身穿航天服在太空进行各种动作和操作，测试了航天服的可靠性以及各种生命保障参数，为未来空间站航天员出舱活动奠定了基础。

（四）空间实验室——天宫号

1.任务目标及重要性

2011年9月，我国成功发射天宫一号空间实验室目标飞行器和神舟八号载人飞船，并成功实现空间交会对接，这标志着中国成为继美国、俄罗斯之后，第3个独立研制建立空间实验室的国家。

天宫一号任务的主要目的是：验证目标飞行器与载人飞船自动交会对接技术，进行空间应用系统与载人系统的联合运行试验，为建立中国空间站进行关键技术验证。天宫一号的成功发射，开创了我国空间实验室建设的先河，具有重要的里程碑意义。

2.空间交会对接技术的突破

空间交会对接是建立空间实验室的关键技术之一。在天宫一号任务中，神舟八号飞船在轨飞行两天后，与天宫一号目标飞行器成功实现了自动交会对接，这是我国首次载人飞船与目标飞行器进行空间交会对接。交会对接过程自动完成对接测量、直接稳定、稳定旋转等步骤，并成功将节点对接环与接口机构进行牢固连接。这标志着我国完全掌握了载人航天器与目标飞行器空间交会对接的关键技术。

3.长期在轨运营条件

天宫一号目标飞行器在轨飞行近两年后，与2013年发射的天宫二号实验舱组合，形成组合体空间实验室在轨运行近5年。空间实验室的长寿命在轨运行，验证了我国航天器的设计制造及运营控制能力，为建立长期在轨运行的中国空间站奠定了重要的基础，也进一步提高了对各种飞行器的在轨维护保障能力，是实现空间站长期稳定运行的关键。

四、探月工程

（一）绕月探测工程技术发展历程

1.嫦娥工程立项过程

1991年，中国航天专家提出了开展月球探测的设想。1998年，国防科工委正式启动嫦娥工程前期规划工作，组织开展月球轨道设计、卫星平台研制、发射运载能力等关键技术的攻关。2000年，中国航天科技集团八〇四所完成了嫦娥工程初步设想的论证报告。2004年1月，正式批准嫦娥工程立项；2月25日，成立嫦娥工程领导小组，明确"绕月探测"为工程第一阶段的目标。

2.嫦娥一号的研制与发射

2005年初，确定采用缩减改进型长征三号甲运载火箭，满足发射要求。参考国外月球轨道设计经验，选择100千米近月点、200千米远月点的地球停泊轨道。2006年，完成测控系统和地面应用系统测试，开展航天器环境试验。2007年8月，嫦娥一号运抵西昌卫星发射中心，开始发射前的最后一轮系统检查。

2007年10月24日，长征三号甲运载火箭将嫦娥一号卫星准确送入预定轨道，中国实现人类史上第3次月球环绕，并首次取得月球影像，对月球形态、物质成分等进行全面检测，获得大量原创科学数据。

（二）嫦娥二号的工程技术创新

1.轨道模式创新

嫦娥二号在轨道设计上进行了大胆创新，采用了直达绕月球运行轨道的发射方式，远地点高度达到约38万千米，比传统选用的环月球转移轨道高很多。这种创新轨道模式缩短了嫦娥二号进入工作轨道的飞行时间，从4—5天大幅压缩到约60小时，显著提高了任务效率。这主要是依托长征三号丙运载火箭强大的发射能力，才得以实现如此具有挑战性的绕月球运行轨道方案，标志着中国掌握了设计创新空间轨道的能力。

嫦娥二号的直达绕月轨道模式，不需要进行多次推力调整和轨道转换，大幅降低了轨道控制难度，减少了推进剂消耗，提高了轨道插入精度，确保快速进入工作轨道状态。与传统绕月轨道模式相比，嫦娥二号能更早地开展对月球的观测探测工作，这对于获得丰富的科学数据具有重要意义。该创新轨道方案为后续嫦娥工程奠定了模式基础，嫦娥三号、嫦娥四号等后续探测器也使用了该直达绕月轨道模式。总体来说，轨道设计的创新优化极大地提高了我国月球探测的效率。

2.载荷配置优化

在嫦娥一号的基础上，嫦娥二号对科学探测载荷进行了全面优化升级，新增谱仪、中子检测器等6项科学探测设备，大幅提高了对月球形态、表面组成、环境等方面的测量与分析能力。例如，谱仪可以测量月球矿物成分，中子检测器可以探测月球物质的含水量。

这次载荷的优化配置，突出强化了嫦娥二号的科学探测功能，可收集更加丰富的月球科学数据。例如高分辨率相机可以获取更清晰的月表地形特征图像，为选址软着陆提供支持；元素分析仪可以分析月壤更多种的成分，揭示月球起源和演化历史。可以说，载荷的升级不仅扩大了对月球的科学认知，也为后续月球采样返回奠定了数据基础。

3.借鉴前期经验

在嫦娥二号的研制过程中，研发团队充分汲取嫦娥一号在质量监控、地面试验、地面测控支持等方面存在的问题，采取针对性改进措施，全面提高了嫦娥二号任务的总体质量和可靠性水平。例如加强对关键部件的加工制造监控，扩大地面验证试验覆盖范围，增加备份测控设施等，充分体现出中国具有持续改进和快速迭代的空间工程能力。嫦娥工程的不断深入，使中国逐步积累了宝贵的航天系统工程经验，以前期积累不断完善后续任务。这种以小博大的渐进式探索模式，使中国月球探测的成功率大幅提高，体现了我国空间工程的成熟水平。

（三）月球车和着陆器的研制

嫦娥三号的月球车采用六轮独立驱动的设计方案，充分考虑到其需要在复杂多变的月面地形环境下作业的使用特点，可以适应各种地形的驾驶与操作。着陆器部分则采用塔式结构方案，着陆腿布局合理，以保证着陆时的稳定性。月球车和着陆器之间采用桥架结构连接，可在着陆后快速分离（图5-4）。

这两种设计方案充分考虑了月球车和着陆器各自的使用功能，月球车追求行驶的灵活性，而着陆器更注重稳定性，并且两者的结合方式可以实现快速分离，整体设计思路科学合理，满足了任务需求，体现出中国已掌握了复杂航天器的系统设计能力。

图5-4 嫦娥三号探测器

（四）中国探月工程的意义

1.大幅提升自主创新能力

中国依靠自力更生，仅用十几年时间就通过自主研制实现了嫦娥系列月球轨道及表面探测，使中国成为继美国、俄国后第3个能够独立实施月球探测的国家，充分显示了中国强大的自主创新能力和快速突破的科技实力。中国不仅实现了月球轨道运行、软着陆、巡视勘测等一系列的"中国首次"，还在轨控技术、着陆控制等方面实现创新突破。可以说，月球探测工程极大地提高了中国的自主创新能力和科技综合实力。

2.奠定了深空探测的基础

月球探测为空间飞行器的指挥与控制、空间轨道设计、航天测控、空间科学等多项核心技术和运作机制提供了全面系统的验证与支撑，奠定了中国开展更深远的火星、小行星等深空探测工程的坚实基础。例如，月球轨道控制积累可为火星飞行轨迹设计提供经验，月球车技术可推进火星车研制，月球软着陆为火星探测器着陆积累了宝贵经验。可以说，月球探测在系统工程和核心技术上的积累，将有力地推动中国深空探测事业持续深入开展，对巩固中国的航天大国地位意义重大。

3.提升综合国力和国际地位

中国航天实力的大幅跃升，展现出作为负责任大国的形象，有助于维护国家安全和提升国际话语权，对加快实现中华民族伟大复兴具有重要意义。

改革开放40多年来，在党中央的坚强领导下，人造卫星等领域的成就彰显了我国自主创新的能力，为国家和人民创造了巨大的经济和社会价值。中国载人航天工程获得长足发展，已具备较强的独立发射能力和完整的空间应用系统，为我国建设空间站、实现空间科学应用提供了可靠技术保障。展望未来，中国载人航天工程将继续推进空间站建设，积极开展航天科学试验，培养航天员队伍建设，提高空间站运营水平。中国探月工程承载着国家的梦想，今后将继续通过自主创新取得更加辉煌的成就。展望未来，我们坚信，中华民族必然谱写伟大复兴的新篇章。

第二节　改革开放以来中国民用航空工业的发展与成果

一、确立民航大国地位

（一）运输规模稳步增长

1978年，中国民航运输总周转量仅2.9亿吨千米，到2012年已经达到31亿吨千米，增长超过10倍，在全球排名第二。国内航线由1978年的160条增加到2012年的1697条，国际航线也从43条增至364条。民航运输业在国民经济和社会发展中的地位日益凸显。

具体来看，1978—1985年运输周转量平均每年增长8.7%，1986—1995年平均每年增长13.2%，1996—2010年平均每年增长15.6%。周转量稳步增长主要得益于经济持续发展带来的运输需求增加以及航空公司不断加大运力投入。如20世纪90年代中期以来，民航公司大量引进波音757（图5-5）、空客320系列等中短程客机，有效提升了运输能力。

图5-5　波音757

（二）机场建设成果丰硕

改革开放以来，中国民航机场建设取得丰硕成果。1978年民航机场仅101个，到2012年增加到183个。"八五"期间新建沈阳桃仙、昆明长水机场（图5-6）等，"九五"期间建成北京新机场等；加入世界贸易组织后新增重庆江北、宁波栎社、温州龙湾等机场。

新增机场大多位于经济发达和增长潜力较大的城市，服务地方经济社会发展。机场的通达性和服务设施水平显著提高，对经济社会发展发挥了重要作用。例如，北京新机场可同时保障8架A380客机起降，大大提高了北京的国际航空枢纽地位；重庆江北机场建成后会成为西南地区最大的空中

图5-6　昆明长水机场

交通枢纽，有力地促进了西南地区的对外交流与合作。

（三）安全水平大幅提高

20世纪80年代中期以来，民航系统采取一系列措施改进安全生产状况，如加强队伍建设、改进设备设施、完善应急预案等。到"十一五"期间，民航安全事故率降至0.19次每百万小时，与发达国家水平接近，保持在一个较低水平。具体来看，80年代以来，民航先后制订了《中国民用航空安全生产规划纲要》《民航安全生产"九五"计划》等文件，对加强安全工作做出部署。航空公司建立了自身安全管理体系，实施了航空公司、机场和空中交通管制三级安全管理模式，明确了各方的安全职责。同时加大安检和维修投入，保障了运输过程的安全。这些措施的实施保证了民航安全的持续改进。

（四）企业改革增强实力

2002年，我国民航组建了三大航空集团，通过整合资源、扩大规模来提升竞争力。例如，中国南方航空集团通过兼并重组，业务范围涵盖客货运输、航空油料、地面服务等，成为实力强劲的大型航空公司集团。中国国际航空、中国东方航空等公司也通过资本运作实现了快速发展。多家航空公司实施股份制改造，通过资本运作增强了融资能力。这将有利于优化资源配置，提高经营效率，增强企业市场竞争力。

二、加强空防安全工作

（一）加强国际反恐合作

中国先后加入了《制止危害民用航空安全的非法行为公约》（又称《蒙特利尔公约》）、《关于制止非法劫持航空器的公约》《东京公约》等国际反劫机和反恐公约。这些公约明确规定了惩处劫机犯罪和恐怖活动的国际合作机制，成为应对劫机和恐怖威胁的国际法律基础。例如，《蒙特利尔公约》要求各国严厉惩处非法劫持民用航空器的行为，《东京公约》规定了惩处民航非法暴力行为的国内法律体系。中国加入这些公约体现了维护民航安全的决心。

（二）建立专业保卫队伍

20世纪80年代以来，中国民航逐步建立和壮大了航空警察、安全检查等专业队伍，有力保障了正常的航空运输秩序。专业保卫队伍均接受严格培训，具备应对各类威胁的能力。例如，航空警察部门配备了专业装备，能够在短时间内响应困机、劫机等事件；安检人员则应掌握识别危险物品的技能，保障乘机安全。

（三）增强全员安防意识

中国民航通过开展各种培训、演练、宣传等形式，增强广大民航工作人员的安全意识、法制观念和忠诚度，提高团队应对劫机、爆炸、威胁等异常情况的能力，为加强民航安防提供了人力保障。各机场、航空公司要定期开展应急演练，检验员工应对突发事件的反应能力。利用多种载体开展宣传教育，使广大员工牢固树立安全理念。这些举措提高了民航系统应对各类威胁的综合防范能力。

三、民航运输业改革发展

（一）航空公司实力增强

80年代以来，航空公司实行了多种经营主体并存的模式，并通过兼并重组、上市融资等方式调整产业结构，大幅度增强了企业实力。资本运作使企业规模扩大，竞争力增强。以中国国航为例，1999年成功实现重组上市，注册资本由32亿元增加到446亿元，成为当时亚洲最大的航空公司，这为公司发展提供了雄厚的资金后盾。

（二）价格体制更加灵活

2000年起，航空运价体制逐步放开，航空公司可以在一定范围内自主确定票价，这有利于根据市场情况调整价格，提高企业活力。放开后的票价更好地反映了供求关系。例如，2003年"非典"期间，航空公司推出大幅优惠票价以刺激市场需求。2009年金融危机期间，航空公司也采取适当的降价措施保持运力。弹性的价格体制提高了企业应对市场变化的能力。

（三）经营政策更加开放

2002年出台新的航权政策，放宽了航线申请及调整审批，鼓励发展货运市场，允许外商投资现有航空公司，这为航空公司的发展创造了宽松的政策环境和广阔的市场空间。例如，新的政策鼓励航空公司开展国际联盟，促成国航加入星空联盟（第一家全球性航空公司联盟）；放宽货运管理规定推动货运市场快速发展，货运周转量年均增长17%。

四、对外开放与合作

（一）放宽外资进入限制

2002年修订的相关规定大幅放宽了外商投资民航的范围和比例限制，允许外商入股现有航空公司，对通用航空的限制也有所放宽，这为引入外资和先进技术创造了良好条件。例如，2007年新加坡航空公司成功入股东航，占股比例15%，这是外资首次入股中国主要航空公司。双方在机务维修、地面服务等领域的合作带来了明显收益。

（二）中美航空合作

2004年，中美签订新的运输协定，双边航点数由54个大幅增加到249个，其中货运航点111个。协定取消了航空公司代码共享的限制，为两国航空公司的商业合作创造了条件。新协定对两国客货运市场增长起到重要的促进作用，对中国航空公司"走出去"意义重大。如国航、联航分别与美国航空公司展开代码共享，拓展了北美业务。

（三）积极参与国际事务

中国民航积极参加国际民航组织的各项活动，承办国际会议，担任要职，为推动全球航空事业发展贡献力量。2004年，中国首次当选ICAO（国际民用航空组织）一类理事国，反映了国际社会对中国民航发展的认可。2009年，中国首次担任ICAO理事会主席国，对ICAO的改革和发展发挥了积极作用。

五、建设现代化民航

（一）组建三大航空集团

2002年，三大航空集团的组建对民航实行规模经营具有重要意义。集团之间在机队建设、国际合作、品牌打造等方面形成优势互补，共同推动中国民航向综合竞争力强的世界一流企业集团发展。

（二）实施机场属地化

将民航机场全部下放给地方政府管理，有利于结合区域需求规划机场，提高服务水平。属地化改革提高了机场的经营活力和发展潜力，机场属地化后，地方政府加大了对机场设施建设和服务水平提高的支持力度。例如，深圳宝安国际机场的属地化为其快速发展提供了政策支持，该机场已发展成为国内主要的国际机场之一（图5-7）。

图5-7 深圳宝安国际机场

（三）弘扬先进企业文化

各大航空公司积极塑造企业文化，倡导"以人为本、客户至上"的理念，提高员工凝聚力。航空公司良好的企业文化对提高服务质量和塑造服务形象具有重要作用。航空公司通过员工培训、典型表彰、文化建设等多种渠道，增强服务意识，树立优良作风。如中国南方航空推行"围绕客户创造价值"的经营理念，形成独特的服务文化，得到社会各界好评。

改革开放以来，在国家支持与市场导向的共同作用下，中国民航由大变强，确立了在世界民航业中的重要地位。未来中国民航将继续深化改革，推进战略转型，力争到21世纪中叶基本建成安全、便捷、高效、绿色、智能的世界一流民航体系，以更大的贡献服务国家发展。

第三节　改革开放以来中国军用航空工业的发展与成果

改革开放以来，在中国共产党的正确领导下，中国军用航空工业经历了从无到有的创新腾飞，实现了有史以来的历史性飞跃。40多年来，中国军用航空在航空发动机、战斗机、运输机、预警机、无人机等多个领域实现了技术突破和能力跃升，研制的多种军用飞机达到世界先进水平，部分指标进入世界前列。中国军用航空从完全依赖进口，发展成为世界少数几个拥有自主研发和制造能力的国家，充分展现了新中国航空事业的发展成就。

一、航空发动机技术实现自主可控和整体提高

（一）涡扇-10发动机实现重大进步

20世纪60年代，中苏关系破裂导致中国飞机发动机长期处于依赖他国

图5-8　涡扇-10发动机

的状态。改革开放后，中国投入重资研制航空发动机。1986年，由我国自行设计的涡扇-10发动机成功研制，填补了国产大型喷气发动机的空白，最大后备推力10.5吨，标志着中国航空发动机实现重要突破，这对当时中国空军的发展意义重大（图5-8）。

（二）成功研制涡扇-15等大推力发动机

为满足大型军用机发展需求，中国自主设计了涡扇-15等大推力发动机。涡扇-15后备推力15吨，运-20运输机安装4台涡扇-15发动机，实现最大运载量达66吨，标志着中国拥有自行研发大型军用飞机的发动机能力。此外，中国还成功研制涡扇-20等20吨级发动机，为歼-20等隐形战机提供动力支持。这些发动机的成功研制，使中国实现了从中小型到大型军用飞机发动机的跨越。

（三）矢量发动机等多项关键技术取得重要进展

中国重点突破了矢量发动机等多项关键技术，矢量发动机可使战斗机

360度任意向量转向，大幅提升机动性。此外，中国还自主掌握了高压轴流压气机、数字电子控制系统集成技术，航空发动机技术进入新阶段。未来中国将重点突破大推力涡扇发动机、定子引气技术等，提供持续动力。这些技术的进步，将推动中国航空发动机向更高水准迈进。

二、战斗机核心技术取得重大突破

（一）歼-10实现隐身技术

歼-10于1996年首飞，是中国第一种自主研制的第四代多功能战斗机。歼-10采用锥形机头和边条隐身技术，将有效反射面减小60%以上，红外特征降低30%，隐身性能显著。歼-10的隐形技术创新，标志着中国掌握了现代隐身技术，对提升中国战斗机突防能力具有里程碑意义（图5-9）。

图5-9 歼-10

（二）歼-20隐身技术实现跨越

2011年首飞的歼-20，是中国首款第五代隐身战斗机，采用"鸭翼"布局，整机线条平顺，隐身性能达全球顶尖水平。歼-20的服役，使中国成为继美俄后，第2个拥有真正意义上的五代机的国家，是中国隐形技术的一次重大突破（图5-10）。

图5-10　歼-20

（三）矢量发动机

中国自主研制的矢量发动机安装在歼-10B和歼-20战机上，使它们拥有超强的机动性能。未来中国将重点突破发动机推力技术，开展高机动性发动机集成研究，不断提升战斗机的机动能力。

三、运输机和预警机技术实现重大创新

（一）运-20实现大型军用运输机的自主设计制造

2012年首飞的运-20，是中国第一种自主研制的大型军用运输机。翼展达45米，最大起飞重量200吨。运-20采用上单翼、T形尾翼布局，运用多种先进技术，航程可达8000千米，标志着中国完全自主设计和制造大型运输机的能力已经成熟。运-20的服役，大幅提升了中国军队机动作战和空中投送的能力（图5-11）。

图5-11　运-20

（二）空警-500对多种频段目标实现全方位监视探测

空警-500于2015年开始服役，是中国第一种自主研制的新一代预警机。空警-500载波频段全面覆盖，探测范围达台海和钓鱼岛等方向。具备强大的数据处理能力，可同时对150个目标进行跟踪，全方位监视中国周边空域目标。空警-500填补了中国预警领域的空白，对保障国家主权与领土完整具有重要意义（图5-12）。

（三）数据链系统和综合显示技术达到世界先进水平

中国自主研制的数据链系统可实现飞机、雷达、指挥中心多平台高速

图5-12　空警-500

网络化数据交换。先进的综合显示技术，实现了战场态势的多维立体化显示和交互操作，标志着中国运输机和预警机的信息系统与装备达到世界先进水平，这些信息化建设为作战指挥提供了强大支持。

四、无人机和直升机成为新兴技术亮点

（一）多种无人机实现作战任务专用化

中国研制了多种作战任务专用化的无人机，如翼龙系列无人机最大航时达45小时，航程最大可达1万千米。无人机正在朝多用途、高效的方向快速发展，将对未来的战争形态产生重大影响（图5-13）。

图5-13　翼龙无人机

（二）直升机武器化和情报化改造显著提升作战能力

直-10攻击直升机（图5-14）可挂载机炮、空空导弹等，与有人机配合作战。直-19直升机实现了炮武器全程数字化控制，战斗效率大幅提高。直升机平台的武器、电子设备改造，使作战能力实现质的飞跃。

图5-14　直-10

五、军用航电系统和复合材料等多领域实现技术突破

（一）大幅提高飞行控制能力

中国自主研制设计了新一代数字化电传飞控系统，实现了对飞机的全权限数字化飞行控制，与此同时还具备了高度的可靠性和安全性。这套自主数字电传飞控系统可以对飞机的各种飞行状态参数进行高速数字处理，并将控制指令以电子形式准确传递给飞机的各个舵面执行机构，从而精确控制飞机的俯仰、横滚、偏航等运动，大幅提高了飞机的飞行品质和作战能力。这标志着中国已经完全自主掌握了设计并装备应用数字电传飞行控

制系统的关键核心技术，拥有了与世界先进国家相当的自主设计飞控系统的能力。目前，这套自主数字电传飞控系统已经在歼–20隐形战斗机等多种国产先进军用飞机类型上得到广泛应用，发挥了重要作用，获得了出色的使用效果。

中国自主设计的数字电传飞控系统通过与其他飞机系统的深度集成，可以实现对飞机在复杂环境下的高度自动化控制，显著减轻飞行员的工作强度，提高单兵作战效能。例如，在空战情况下，飞控系统可以协助飞行员进行高机动飞行，保证飞机在超常状态下保持高机动性和稳定性。在对地攻击阶段，飞控系统可实现低空高速穿越进攻，保证有效规避地面防空火力，提高生存率。在全天候长距离飞行中，飞控系统可根据预设航线进行自动导航和飞行状态优化，减轻飞行员的飞行压力。可以说，自主设计的数字电传飞控系统优化了飞机的飞行控制品质，增强了作战能力，是当前一项非常关键的核心技术。

未来，随着中国航空电子技术的不断进步，数字电传飞控系统在故障诊断、自适应控制、智能协同等方面将得到加强和提高。中国也会持续推动飞控系统的深度融合设计，实现对飞机全状态的感知控制，在高机动性、超声速、隐身等方面取得更大突破，这将进一步增强中国自主研制的战斗机的作战效能，对维护国家安全具有重要意义。

（二）广泛应用先进复合材料

中国在先进航空复合材料领域取得重要进展，各类高性能复合材料已经广泛应用于新型军用飞机的机身、机翼等关键结构。与传统金属材料相比，复合材料在大幅减轻结构重量的同时还显著提高了整体刚度和强度。例如，运–20大型运输机近70%的结构采用了复合材料，有效减轻了自重，极大提高了该机的有效载重比和飞行性能，这标志着中国在航空航天复合材料技术领域已经进入世界先进行列，为实现大型军用飞机的发展提供了材料支撑。

在具体应用上，高强度碳纤维增强复合材料用于机翼主翼箱，取代了传统铝合金材料，可承受更高的翼面载荷；耐热复合材料用于发动机整流罩等高温部位，大幅降低了防热设计难度；低密度芳纶复合材料用于机舱内饰，可显著减轻飞机自重。中国还在航空复合材料加工技术上取得重大突破，实现了大型整体复杂结构的精确成形制造，这些进步使中国军用飞机的结构设计进入新的时代，为大幅提升飞行器的整体性能提供了材料支持。

未来，中国将继续加大对高性能航空复合材料的研发力度，开发出更高强度、更高模量的新型复合材料，并扩大在低观测度隐身飞机等方面的应用，这将进一步增强中国新型军用飞机的整体性能，使之更具有战场生存优势，对保障国家安全具有重要的战略意义。

（三）电子机械一体化技术取得重要进展

中国在航空电子机械一体化技术方面也有重要进展，研发应用电子机械高度融合的新概念设计方案，取得了显著的集成化设计效果。例如，国产空警-500预警机采用了整体吊舱一体化结构设计方案，有效提高了电子系统的可靠性，这标志着中国在航空电子机械融合领域已经形成了自主的设计理念和创新思维。

这种电子机械一体化技术的应用，可显著降低预警机的结构自重，提高有效载荷；减少连接节点，提高系统可靠性；缩短线路，加快信号传输速度。例如，一体化吊舱设计可减少超过30%的机载雷达质量，为电子设备腾出更多的内部空间。一体化机舱可减少连接电缆的长度，使信号传输损耗降低20%以上，这些都大幅优化了飞机的整体设计效果。

可以预见，随着材料技术、精密制造等技术的进步，中国将在更多领域开展多系统集成优化设计，实现航空电子机械的深度融合。

第六章
中国空天技术对国家战略的影响

本章主要阐述了空天技术对国家战略的重大影响，包括对国家安全战略、国际合作战略和科技创新战略3个方面的深刻影响。

在国家安全战略方面，空天技术的快速发展极大地增强了中国的防御和应对能力。中国建立了高效的空天监视预警体系，实现对各类空天威胁的全方位监控，同时还构建了能够拦截多种威胁的防御系统，实现对空天威胁的快速有效应对。这些空天能力建设对保障国家安全和维护国家利益意义重大。未来，中国还将持续加强空天防御体系建设，以更好地应对复杂的安全局势，保障国家主权。

在国际合作战略方面，空天技术也发挥着重要作用。中国积极利用空间站等开展空间科技国际合作，推动共享空间成果。中国积极推动空间领域的对话交流，主动倡导空间军备控制，为维护外太空的和平与安全做出努力，还在国际救援行动中发挥积极作用，展现负责任的大国形象。

在科技创新战略方面，载人航天、嫦娥工程、北斗系统的重大突破，充分展现了中国坚持自主创新的勇气和智慧。一系列原创性空间科技成就显著增强了国家的科技创新实力。空间站的建造运营更显示了中国掌握复杂空间系统的工程化能力。中国还将继续深入开展空间科学研究，以空天创新引领科技进步。

综上所述，空天技术正以其独特的优势，对国家战略产生深远影响。中国将继续推动空天能力建设，以先进的空天技术更好地服务国家发展战略需求。

第一节 空天技术对国家安全战略的影响

空天技术的发展大幅提升了我国的国家安全防御和应对能力。我国建立了高效的空天监视预警体系，能够对雷达预警、空间预警实现全方位监控。具体包括：持续提升对地观测卫星性能和数量，地面分辨率提高到0.1米级别，重访周期缩短至每天级别；构建轨道预警卫星，实现对重点区域的全天候监测；大力部署遥感预警雷达，形成电磁监视网。我国还构建了陆基反卫星导弹、遥测光学系统等能够拦截多种威胁的防御体系。陆基反卫星导弹可直接飞行拦截轨道目标，我国是继美苏后又一个掌握此能力的国家。同时，我国加强对空域目标的监视侦察能力，探索无人机等新型近空打击载体；强化导弹防空能力，提高拦截命中精度，能对弹道导弹实施精确拦截。我国还实现了利用数据中继卫星、量子卫星通信等对空天威胁的快速有效应对。数据中继卫星可在10分钟内将监测信息传送，大幅提升战场环境感知速度；量子卫星通信确保信息传输的安全性，保障系统的可靠性。我国还将构建立体化的空天预警卫星体系、遥测光学系统、电磁轨道攻防系统等多维空天防御体系，这些对保障国家安全意义重大。

一、建立高效的空天监视预警体系

（一）持续提升对地观测卫星性能和数量

1990年，中国首次发射对地观测卫星，标志着监视能力进入新阶段。此后几十年来，中国空间技术取得长足进步，已成功发射20多颗高分辨率对地观测卫星，实现对重要目标的高频次监视，重访周期缩短，这主要得益于光学遥感、雷达成像等空间遥感技术的进步。例如，高分三号卫星采用轨道控制组合技术，地面观测分辨率达到0.5米；高分四号则实现了全色光谱模式，重访周期只有4天。到2025年，我国对地观测卫星数量预计将达到30颗以上，形成较为完善的天基监视体系。持续提升的天基监测能力，将大幅度增强中国获取全球范围内重点区域目标信息的能力，为国家安全提供强大支撑。

（二）空间预警监测实现全天候、全方位覆盖

中国已建立起较为完整的空间预警监测网络，采用红外探测等多种手段，对可能的弹道导弹发射活动进行全方位监测。如轨道预警卫星吉林一号等，搭载红外探测负载，实现对东北亚、西太平洋等重点区域的全天候监测，大幅提升了我国对邻区导弹发射的预警能力。此外，野外雷达站等地面设施与天基资源实现有效衔接，对进入监视区域的各类空中目标进行多维度、立体式监视。这种天基与地基监测手段的融合运用，极大地增强了中国应对突发空中威胁的防空预警及反应能力。

（三）雷达预警系统扩展部署，提升监视质量

中国正在大力推进地空一体化预警体系建设，积极部署运-20空中预警机等遥感预警平台。在东部沿海地区已初步布局建成十余座大功率遥感预警雷达站，基本形成跨区域的电磁环境监视网，并向西南等重点地区持续延伸，以提升对广大空域目标的跟踪监视质量和反应速度。固定雷达与机

载雷达的协同运用，与高空卫星的联合监视，将大幅增强全境空天态势感知的连续性和稳定性，提供更加完备、精细的战场环境信息支持。这种立体化监视体系是我国空天一体化监控体系的重要组成部分。

二、构建能拦截多种威胁的防御体系

（一）陆基反卫星导弹可直接飞行拦截轨道目标

2007年，中国进行了突破性的反卫星导弹试验，直接精确击毁了具有一定运动规律的近地轨道目标，成为继美苏后第3个掌握此项尖端军事技术的国家。中短程高超声速反卫星导弹可对相对较低的近地轨道卫星发起直接撞击攻击，对敌空间监视侦察系统具有重要的反制作用。与此同时，中国还在积极研发远程打击机制，探索运用导弹拦截等手段实施对高轨道通信卫星等目标的远距离作战行动，这将提高我军对不同轨道高度目标的精确拦截能力。

（二）加强对潜在威胁的监视侦察能力

中国正在加快空间监视预警能力建设，重点加强对重要区域的持续监测，使我们有能力及早探测到可能存在的危险。与此同时，中国还在积极探索无人机编队等新型近太空打击平台，以拓展反卫星作战的手段与空间。这种全方位的监视侦察力量，将大幅增强我军在复杂电磁环境下对各类空间目标的快速监视与精确打击能力。

（三）强化导弹防空能力，提高拦截命中精确度

中国积极推进战略导弹防御力量建设，大力加快中远程防空导弹的部署步伐。陆基防空导弹的总体作战能力和智能化水平显著提高，可对来袭的远程导弹和复合威胁实施高效精确的拦截。例如，中国首次成功进行陆基中段反导拦截试验，实现了对出界弹道导弹的高空拦截。同时，中国还在加速研究激光技术等新型拦截手段，不断提高复杂电磁环境下的作战效能，这将使中国拥有针对多种空中入侵威胁进行全方位防空拦截的强大能力。

三、实现对空天威胁的快速有效应对

（一）数据中继卫星大幅压缩预警传输时间

中星16号等数据中继卫星，采用激光通信等先进技术，实现亚秒级的高速数据传输，可在10分钟内将空间监测获得的关键情报快速传送给地面指挥中心，极大地缩短了战场环境信息的传输时间。这为指挥部门争取了宝贵的决策及处置时间，对保障国家安全发挥着重要作用。随着量子通信技术的进一步成熟，中国将建成更加高速安全的卫星通信系统（图6-1）。

（二）量子卫星通信确保预警信息高度安全可靠

中国已成功开展墨子号等量子科学实验卫星的在轨试验，实现了空间光子纠缠的高速传输，这验证了量子纠缠通信在保障信息传输安全方面的独特优势。量子通信无疑是中国建设未来网络增强型系统的重要战略选择，这项突破将使我军的防空预警等重要信息传递不受敌方干扰和截获，大幅提升战场系统的抗破坏性和可靠性。

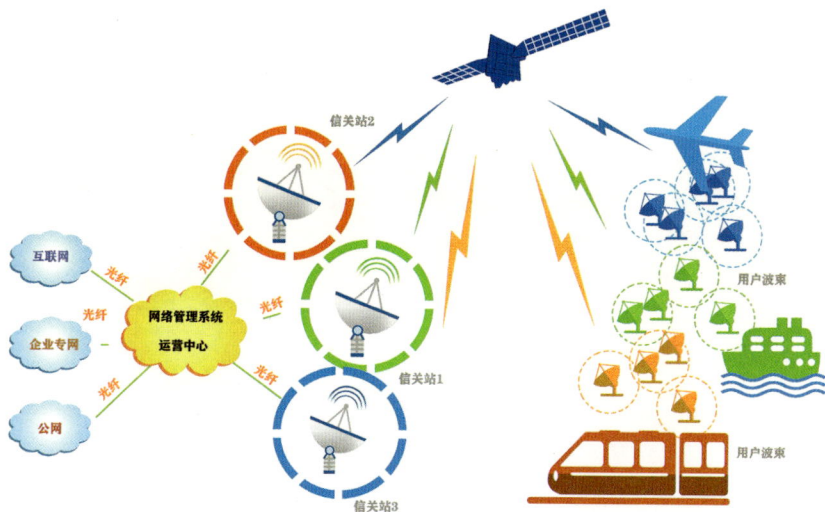

图6-1　中星16号Ka宽带卫星系统图

（三）指挥系统实现对空天态势的实时掌握

中国空军与火箭军已建成投入运用一体化的空间信息网系统，可快速汇聚和融合来自雷达、卫星等多源传感器的海量监视信息，构建精确、连贯的战场态势画面，实现对全球空天态势变化的精确掌握和高效分析。区块链等新技术的引入也在不断提升系统的安全性和反抗干扰能力。这种强大的空天态势感知能力，将大幅提高空天防御部队应对各种复杂威胁的快速响应与处理能力，是我军实现系统联合作战的重要基础。

四、构建未来的多维空天防御体系

（一）空天预警体系向立体化方向发展

面向未来，中国计划构建高度立体化的天基预警卫星监视体系，采用不同类型、不同轨道高度的卫星平台，实现对所有重要轨道区域的全天候、高更新率监测。同时，中国还将大力发展电波监测等监视带宽，以及研制红外望远镜等新型预警平台，全方位扩展对空间目标的特征提取。这套立体化、多维度的天基预警体系，必将使中国拥有世界一流的空天监视预警能力（图6-2）。

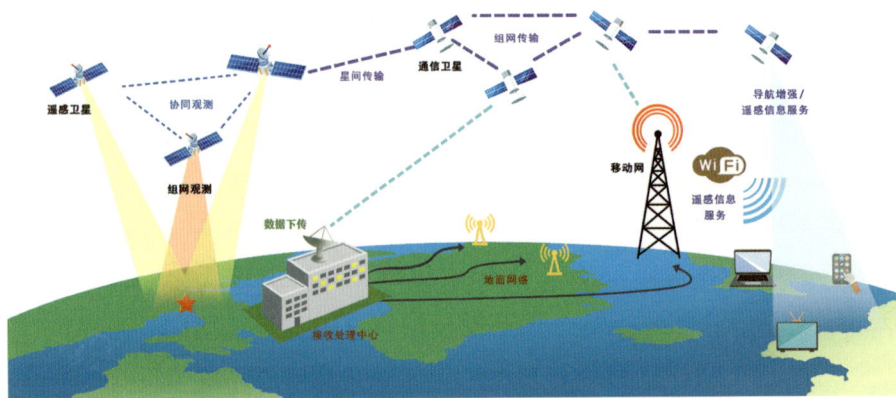

图6-2 天基信息系统实时智能服务模式示意图

（二）提高近太空打击能力

中国重点发展基于高功率激光及微波的遥测对空打击系统，这类系统可精确定位和追踪较近距离的空中目标，实现高效制导下的遥测精确打击，具有反应快速、动能转化高、隐蔽性好等特点。目前中国已建成自动光学跟踪及激光测距系统，实现对近太空低空慢速目标的自动捕获和精确追踪。这类遥测系统必将成为我军重要的近太空防空作战手段。

（三）探索太空防御新概念和手段

在运用传统的空天防御系统手段的同时，中国也在全面推进新概念空天防御技术的研究，加快电磁轨道攻防系统、空基定向能武器等前沿装备的发展，以建立快速、精确、高效的未来空天防御体系。此外，中国还积极探索太空清洁机等非硬杀伤手段，以最大可能减少太空碎片的产生，减少人类空间活动面临的威胁，这些努力将使中国拥有面向未来的先进的空天防御力量。

第二节　空天技术对国际合作战略的影响

一、空间站工程成为重要的国际合作平台

（一）向全球各国开放合作机会

中国空间站已与美国、俄罗斯等国家签订合作协议。这些国家涵盖发达国家和发展中国家，合作领域覆盖空间生物学、微重力物理、空间医学等。例如，中国与法国合作开展空间辐射生物效应实验，与德国合作研究蛋白质结晶生长规律，这有助于汇集各国科研优势，取得更多空间科技进步。

（二）开展应用基础科学实验

在空间站中国实验舱，中国积极开展航天生命科学、空间物理、空间技术基础实验等研究项目。例如进行流体采样实验，考察空间环境下流体界面形态，为验证数学模型提供数据支撑。中国还联合俄罗斯在空间站开展外太空辐射测量，获得了宇航员可接受辐射剂量的数据。这些开放国际合作的空间基础科学实验，将持续推进空间科技和引力学等前沿领域的知识扩展，造福人类文明。

（三）开展人才培养和技术支持

中国还专门选拔来自发展中国家的宇航员进行空间站培训，并向他们开放了空间站一定比例的科研项目配额。中国与孟加拉国、秘鲁等国签署协议，开展小卫星技术培训课程，向学员传授卫星设计、制造、测试等系统知识；还举办卫星数据运用培训班，帮助这些国家培养空间技术人才。此外，中国利用空间站资源，联合发展中国家开展农作物遥感监测、精准扶贫等应用研究，支持发展中国家实现空间技术本土化，这体现了中国空间站项目在促进空间领域国际合作与发展方面的大国担当。

二、北斗导航系统服务全球用户

（一）向全球开放服务

北斗导航系统已经实现向全球提供服务。目前，全球已有100多个国家和地区使用北斗导航系统，其中"一带一路"沿线国家达到80多个，覆盖广大亚太等地区，惠及2/3的世界人口。"北斗+手机"应用也向全球用户免费开放。众多国家和地区在基础设施、农业、林业、水利、运输等领域积极应用北斗技术，各类北斗终端产品不断涌现。

（二）推动全球卫星导航多系统融合

中国已与美国、俄罗斯、欧盟等开展北斗系统与GPS（全球定位系统）、GNSS（全球导航卫星系统）、Galileo（伽利略卫星导航系统）等多系统的技术兼容与互操作试验，积极推动全球卫星导航系统的兼容与融合，这将更好地服务全球用户，使不同导航系统优势互补，共同提高服务性能。未来"四系统一站式"的综合导航服务将更好地服务各国的经济社会发展。

三、积极推动空间领域的对话交流与合作

（一）倡导空间军备控制

中国多次主动向联合国提出倡议，呼吁各国不把任何类型的武器部署到外层空间，这体现了中国主动推动空间军备控制进程的努力。中国与俄罗斯等国多次就防止外空军备竞赛举行磋商，力争通过谈判达成具有法律约束力的防止外空武器化的国际文书。中国强调外太空属于全人类，反对任何国家在外太空单方面设置任何类型的武器，主张通过谈判避免外太空军备竞赛，以维护外太空长期和平与安全。

（二）加强空间领域的合作

中国积极参与联合国空间会议、亚太空间合作组织等区域性空间对话机制，就空间领域国际规则制订、空间活动长期可持续性、空间碎片治理等问题同各国加强沟通协调。中国还与俄罗斯、英国等国签署空间合作谅解备忘录，就卫星故障排查、航天搜救等领域开展务实合作。近年来，中国还分别与巴基斯坦、泰国等周边国家签署空间合作谅解备忘录，共建亚洲空间科技研究院等机构，并与韩国、印度尼西亚等国就卫星数据加强交流与应用，这将有助于区域空间领域互信，共建和平、安全、开放、合作的空间秩序。

（三）开展国际救援行动

在日本福岛核电站泄漏事件中，中国利用环境与灾害监测卫星获取的

辐射监测数据，支持日本开展核泄漏辐射影响评估工作。在马来西亚航空MH370客机失联事件中，中国利用多颗卫星对可能的坠机区域进行持续观测，获取重要卫星图像信息，为国际搜救队伍锁定的可能的坠机区域提供卫星数据支持。在海地等国遭遇重大灾害时，中国利用卫星遥感快速获知灾情，充分体现了中国利用空间能力开展人道主义国际救援的负责任的大国形象。

四、促进空间技术在国民经济各领域的广泛应用

（一）鼓励空间技术向经济社会领域转移转化

中国制订了鼓励空间技术向社会经济领域转移转化的政策，空间技术在民用领域的应用转化成效显著。例如高分辨率卫星遥感技术可用于城市规划、地质灾害监测，卫星通信可搭建偏远地区的远程医疗系统。中国鼓励空间系统承包商加大空间技术在防灾减灾、交通、精准扶贫、环境保护等领域的应用力度。近年来，我国卫星遥感、导航定位技术在交通管理、精准农业、森林防火等民生领域的应用快速增长，极大地提高了空间技术服务经济社会发展的效率与效益。

（二）依托北斗系统发展卫星增值服务业

依托北斗高精度定位导航服务，中国企业研发了一系列面向智慧出行、无人机、共享汽车等领域的精准导航增值服务和产品，初步形成数万亿元规模的产业，有力地促进了经济高质量发展。例如北斗技术用于建设城市智能交通系统、开展智能巡航等新型出行服务，还可支撑无人机精准作业、为共享汽车提供导航定位，以及开展智能物流管理等。未来我国将进一步拓展北斗系统在新基建、数字经济等战略领域的应用，以提升经济社会管理效率。

（三）推动空间基础设施向社会开放共享

中国不断加大对天基遥感、导航等空间数据资源的社会开放共享力度，已建立较为完善的空间信息资源库和服务平台体系。开放数据激发了民营企业开展创新创业的活力，使其能依托空间信息资源开展智慧城市、数字农业等创新应用，释放空间信息的巨大社会经济价值。同时，中小企业也可以利用基于空间资源开放的云服务平台、开发工具包等基础设施，快速构建信息服务模式，造福人民生活。

第三节　空天技术对科技创新战略的影响

中国取得了载人航天、月球探测、北斗导航等一系列原创性空间科技成果，充分展现了自主创新和快速突破的实力，显著增强了国家科技创新实力。嫦娥工程让中国进入月球探测先进国家行列，北斗导航的建成使其服务可以惠及全球，这些成就体现了中国坚持自主创新的勇气与睿智。中国持续推进载人航天、月球探测等空间科学前沿探索，为人类做出新的贡献。空间站的建造过程也展现了复杂空间系统的工程化能力，这都是中国科技自立自强的精神面貌体现。

一、原创性空间科技成果

（一）进入航天大国行列

2003年10月15日上午9时整，中国的长征二号F运载火箭，成功将神舟五号载人飞船送入预定轨道。这标志着中国完全自主掌握了载人航天飞行所需的关键技术，实现了中国人进入太空的梦想。

中国载人航天工程的成功，不仅展现了我国强大的航天系统设计、研制、运营与控制的综合能力，也彰显了中国人民自力更生、艰苦创业的伟大创新精神。它打破了世界少数空间大国的技术垄断，对促进人类空间探索事业发挥了重要的推动作用。

（二）嫦娥工程实现自主软着陆

我国嫦娥月球探测工程历时十余年取得一系列原创性突破。2007年10月，嫦娥一号成功发射，实现我国首次环绕月球运行，获取了大量清晰月面图像。2010年10月，嫦娥二号发射升空，成功实现我国首次月球软着陆，部署月球车，开展月球科学研究。2013年12月，嫦娥三号实现月球车软着陆和巡视勘测，获取了大量科学数据。

为实现上述突破，中国自主攻关了月球轨道精确控制、软着陆与巡视等关键技术，研制长征三号A运载火箭、嫦娥航天器等多型号专用航天系统。中国科学家在软着陆技术上独创性地使用可变推力发动机、减震减速着陆腿等设计方案。月球车具有二级下递结构，可实现下降台阶，为全球首创技术。嫦娥工程的成功，充分说明我国在空间科技创新和高难度任务管理方面处于世界领先地位。

（三）全球卫星导航服务

2018年12月27日，我国北斗导航系统正式宣布进入全球服务能力初始运营状态，实现了从无到有的重大突破。北斗系统目前已与美国GPS系统实现同等水平的导航服务性能，可以为全球用户提供连续、稳定、精确的导航定位和授时服务，覆盖亚太地区并扩展到全球。

北斗导航系统的建成，是中国自主创新的结果。1994年，中国正式启动北斗导航系统工程。2000年，中国先后自主研制北斗一号和北斗二号导航试验卫星，并成功进入轨道运行。2012年开始，中国加快三代北斗导航系统建设，陆续发射北斗三号中近地轨道卫星和北斗三号IGSO（倾斜地球同步轨道）卫星，以及地球同步轨道卫星。经过几代科研人员的不懈努力，中国自主攻关了高精度原子钟、高可靠星载处理机等一系列关键技术，形成完整的北斗导航系统。

二、充分展现自主创新和快速突破的实力

（一）集中力量办大事的制度优势

中国的航天事业能够成功突破载人航天、月球探测、卫星导航等重大工程，得益于中国共产党迅速组织动员全国上下的科研力量，集中人才和资源，高效实施重大空间科技工程，充分体现了中国社会主义制度集中力量办大事的独特政治优势和巨大科技潜能。

（二）提升持续攻关和项目管理能力

空间站是复杂性极高的空间系统工程，包含几十万个关键部件，需要突破上百项世界尖端技术。空间站的设计研制与建造过程，充分证明中国完全自主掌握了复杂空间系统的整体工程化和长期在轨运营能力。空间站全部关键技术的自主突破，突显了我国科技创新与产业化深度融合的整体实力，以及在重大工程项目管理、质量控制等方面的专业水平。

（三）彰显科技自立自强的勇气和智慧

中国航天事业取得的一系列世界领先的原创性重大空间科技成就，充分彰显了中国人民不畏艰险、自强不息的奋斗精神和过人的战略眼光，这源于中华民族深厚的创新智慧与不屈不挠的民族精神。中国人民以坚韧不拔的毅力，创造了一个个科技奇迹，实现了从无到有的航天强国梦。

第七章
中国空天技术对经济的影响

空天技术深刻影响和引领着经济社会的发展，成为我国实现高质量发展的重要战略支撑。空天技术的溢出效应、带动效应和国际合作效应，正在强力拉动经济增长。在促进经济转型升级中，空天技术发挥着不可替代的作用。空间基础设施的建设和运营，使我国在新材料、新能源等前沿技术领域获得先机。运载火箭的自主创新，大幅提高了高端装备制造业的整体水平。卫星技术在智慧城市和精准农业等领域的应用，产生了深远影响。可以说，空天技术正在引领我国经济实现由大向强的转型升级。

空天技术深入各个领域，成为经济社会发展的新动力。它能够改善人民的生活，提高公共服务水平；提高国家治理和应对重大事件的效率与能力；增强国家的综合实力和安全保障能力；带来巨大的就业机遇，吸引优秀人才投身空天事业，成为带动就业和人才进步的新引擎。空天技术以其独特优势和广阔应用前景，将成为引领高质量发展的战略科技力量。

第一节　空天技术支撑经济发展

近年来，随着中国航天事业的快速发展，空天技术在国民经济各领域的应用日益广泛，对经济发展的支撑作用日益凸显。具体看，有以下三大效应。

第一，技术溢出效应。空天技术需要先进的材料、能源、计算机、制造等技术作为支撑，这促进了相关领域技术的快速进步。空天技术成果向民用领域的转移转化，使先进技术应用于交通、通信、农业等民生领域，带动了这些产业的技术创新和产品升级，形成了强大的技术溢出效应。例如，航天材料技术的应用推动了高铁、汽车等的轻量化；空天电源技术的民用化应用提高了电子设备的效率；卫星通信技术改善了广大农村地区的互联网服务。

第二，产业链带动效应。空天技术对上下游产业链具有强大的带动作用。民用航天产业的快速发展，带动了电子信息、高端装备、新材料等相关上游产业的持续扩大。下游应用领域也在不断扩展，地理信息、卫星导航、遥感监测等应用渗透到交通、城建、农业等所有领域，形成完整的产业生态圈。

第三，国际合作效应。中国积极推动空间技术在"一带一路"框架内进行国际化应用和共享，如中国协助巴基斯坦、尼日利亚、印度尼西亚等国家建立并使用自己的卫星系统，提升了这些国家的发展潜力。空天技术的国际化应用增强了中国空天技术的全球影响力。

可以看出，空天技术已成为引领中国经济持续健康发展的重要战略科技力量。中国将继续推动空天技术在各领域的应用创新，释放空天科技对经济发展的红利，以先进的空天技术支撑经济高质量发展。

第二节　空天技术促进经济转型升级

空天技术在催生新兴战略性产业、拉动传统产业智能化升级以及深化国民经济各领域方面发挥着重要作用，正在深刻影响和驱动经济转型升级。具体来看，空天技术可通过空间基础设施建设带动高新技术发展，使之在新材料、新能源等前沿领域取得突破；可通过运载火箭技术自主化研发推动高端装备制造等战略性产业实现重大进步；可通过卫星技术在智慧城市、精准农业等领域的应用孕育新的经济增长点。因此，要充分认识空天技术在促进经济转型方面的战略地位，采取有力举措推动空天技术与经济深度融合，释放空天科技在提升产业核心竞争力方面的重要作用，加快经济转型升级的步伐。

一、空天技术催生新兴战略性产业

（一）空间基础设施建设与运营

1. 中国空间站实验验证空间前沿技术

中国空间站已在空间生物制造、空间种植栽培、新材料合成等多个领域取得重大技术突破，直接促进了相关产业技术的快速进步。例如，空间站在零重力条件下开展的生物技术实验验证了某些空间生物共生技术的有效性，这些技术返回地面后经过商业化改良，已经实现了在多种经济作物栽培中的应用，可使作物产量提高20%以上。

具体来说，菌根真菌是植物的重要共生菌，可帮助植物吸收土壤营养。空间站实验发现，在微重力环境中培育的这种真菌对某些作物的促生效果明显提升。该项技术返回地面后，经企业商业化改良打造成不同作物专用的生物肥料产品，目前已在江苏、山东、河南等多个省份推广使用，使多种经济作物如小麦、玉米、大豆等的平均产量提高超过20%。该技术的商业化应用，目前累计产值已超过20亿元。

空间种植栽培技术方面，空间站试验培育的高效、耐逆的蔬菜新品种，平均单产提高30%以上。例如，通过空间诱变育种技术培育的一种新型芥菜，抗逆性增强，比普通品种提高了32%。这些高产蔬菜新品种已经在北京、天津、河北等地推广应用，直接提升了菜农的种植效率和经济效益。

新型航天材料技术方面，一些在空间站研发的新材料，返回地面后应用于高铁、飞机等交通工具，大幅提升了运输工具的隔音效果和安全性。例如，一种新型复合隔音材料，其密度更高、抗冲击性更强，被应用于高铁的车厢内饰，使客车内噪声明显降低，乘坐舒适度大幅提高。这项航天新材料技术同时也用于民航客机的翼端构件，增强了对鸟击的抗冲击能力，提高了飞行安全性。

2. 未来空间基础设施建设

当前，我国正全力推进空间基础设施建设，包括自主研制的嫦娥系列月球探测器、火星探测器以及空间科学探测卫星等。未来10年，中国还将启动建设国际月球科研站和深空探测器，用于开展月球及更深空域的科学探测。这些空间基础设施的建设和运营，必将进一步推动空间科学技术与深空探测技术取得更多原创性突破。专家预计，未来10年，每年至少有10—15项空间科技创新成果实现商业化应用，并持续带动航天电子、新材料、生命科学等相关领域的技术快速进步，这将对中国经济发展产生深远影响。

（二）卫星技术应用孕育新经济增长点

1. 北斗导航系统

据统计，嵌入北斗芯片的导航终端产品的市场销售额以超过40%的速度持续增长。北斗在推动交通、农业等领域的智能化发展中发挥着越来越大的支撑作用。例如，在无人机领域，北斗与无人机装备的深度融合，使无人机实现了精准导航定位，应用领域不断拓展。在精准扶贫中，利用北斗和高分辨率卫星遥感技术，可以精确掌握贫困地区的地形地貌、交通方位等信息，指导扶贫资源的精准配置。

2. 高分辨率卫星影像

目前，中国自主研制的高分辨率对地观测卫星的地面分辨率已达到0.5

米，产生的高清晰度卫星影像被广泛应用于国土规划、精准农业、林业防火、城市管理等诸多领域。近年来，高分辨率卫星影像技术不断延伸应用领域。例如，在生态环境监测方面，卫星影像可快速掌握土地利用变化、植被覆盖、水资源等信息，为科学环境管理提供基础数据。在气象服务中，卫星云图可实现对台风路径、降雨分布等的实时监测预报。在海洋领域，卫星对海洋要素的观测，可为海洋资源开发、海上安全等提供信息服务。

截至2021年，中国已有超过800项航天技术形成产业化应用，这些技术涵盖了新材料、节能环保新材料、节能环保、智能制造、高端装备、现代农业等多个领域。可以预见，航天技术向经济各领域的转移转化还将持续释放效益，对优化产业结构升级、推动高质量发展发挥关键的支撑作用。

二、空天技术拉动传统产业智能化升级

（一）智慧交通、智慧城市

空天技术在智慧交通、智慧城市建设中发挥着越来越重要的作用，正在拉动传统交通和城市管理领域的智能化升级。

北斗高精度定位系统广泛应用于公共交通和物流配送领域，通过精确定位大大提高了服务效率。例如，公交公司可以根据北斗系统对公交车实时定位，调整班次间隔，优化线路；快递公司可以利用北斗系统对运输车辆进行监控和调度，实现最优路线规划，降低配送成本。北斗系统的高精度定位还可用于指导无人配送车辆，使其安全可靠地到达收件人地址。未来，北斗系统的广泛应用将使公共交通和物流配送更加精细化和智能化。

卫星遥感可以获取城市道路实时拥堵情况和大气污染物浓度变化数据，为交通指挥部门的调度决策提供依据。可以有效减少城市交通拥堵，优化城市机动车流量，并及时采取措施应对空气质量变化。例如，根据卫星图像判断出高速公路路段拥堵情况，交警可以及时对该路段进行限速或

者分流疏导。卫星监测到的气态污染物浓度异常变化，可以提前对机动车限行或者对重工业限产。未来，卫星遥感在交通管理和空气质量监测中的应用将不断扩大，支持城市交通和空气质量治理的智能化、精细化。

激光雷达等空天探测技术为自动驾驶汽车提供精确的环境感知能力。这些技术获取的实时路况和障碍信息，可使自动驾驶汽车安全可靠地在复杂的城市环境中自主驾驶。激光雷达可以检测周围数百米范围内的目标并建立精确的三维地图，为汽车判断路况和规划路径提供数据支持。毫米波雷达可以判断靠近汽车的对象运动轨迹，防止碰撞。这些探测技术与高清摄像头、组合导航等其他技术配合，将使自动驾驶汽车拥有真正的环境感知和自主驾驶能力，开创智能交通的新时代。

在智慧城市建设中，空天技术可实现对能源使用、人口流动等的实时监测，提高城市治理水平。可以预见，空天技术在智能交通和智慧城市建设中的应用空间还将持续扩大，并以其精准、实时的信息获取优势，深刻改变传统交通和城市管理模式，推动更高水平的智能化。

（二）智慧农业、智慧医疗

卫星遥感可获取农作物生长周期内的各类光谱信息，结合地面传感网数据，可精确判断农作物素养需求，指导施肥量和施肥时机，实现精准化农业，大大提高施肥利用率，降低农业面源污染。例如，根据卫星监测到的农作物叶片颜色变化参数确定氮肥需求量，再利用北斗系统对播种机械进行定位和导航，实现精确施肥，这将大大减少农业面源污染，提高粮食产量。未来，卫星遥感与地面传感系统结合，将实现对亩级田块作物生长状态的精确监测，支撑精细化农业生产。

北斗导航系统可对种植机械进行精确定位和导航，使自动驾驶拖拉机等机械能够在田间自动避障行驶，大大减轻了农民的劳动强度，提高了作业效率。利用北斗的精确导航，拖拉机可以在农田自主规划路径，自动播种、施肥、除草等，实现全程无人驾驶作业，这不仅极大地降低了劳动成本，还提高了作业精度。未来，北斗系统将使农业机械设备实现真正的无人作业和精细化管理，彻底改变传统的农业生产方式。

空间生物技术培育的抗放射性药物，可有效降低宇航员接收太空辐射而影响健康的风险，这些药物回到地面也将为癌症放疗提供新途径。在太空，宇航员长期暴露在宇宙射线等强烈辐射环境下，极易损害健康。空间条件下培育的特殊药物，具有很强的抗辐射和修复受损细胞的功能。这些药物应用于癌症治疗中，既可保护正常细胞免受放疗损伤，减轻患者痛苦，又可提高对肿瘤细胞的杀伤力，将大大改善癌症的治疗效果。可以预见，空间生物技术在医疗健康领域拥有广阔的应用前景。

（三）能源、资源等传统行业

卫星遥测技术可大范围、动态监测煤炭资源的分布情况，找出潜在富集区，有利于提高勘探效率和降低成本。卫星对地观测可获取数百平方千米范围内的地层及地表信息，这对于判断地质结构，确定煤炭的形成条件具有独特的优势。相比传统勘探方式，卫星遥测勘查范围广、速度快，可快速确定高潜力煤田分布区，再进行重点钻探，大幅提高勘探效率。未来，卫星遥测与地震探测、地球物理勘探等技术结合，将使煤炭资源勘探更加精确高效。

卫星通信可实时传输偏远地区的风力、光伏发电设施的运行数据，进行远程监测和故障预警，确保系统稳定安全运转。这些可再生能源电站多分布在偏远地区，依靠卫星通信建立监控预警系统，可避免故障扩大。例如，根据风力发电机组运行数据判断出叶片故障迹象，可提前维护保养，避免造成叶片脱落事故。卫星通信作为紧急备份通信，保障了电站安全可靠运行。

北斗系统可对油气管道沿线桩号进行定位，判断管道的精确走向。北斗精准定位可在油气管道实施精细化监测，通过数据分析找出管道安全隐患，提高输送的稳定性。结合管道内传感器数据，可以分析出局部腐蚀或变形点，及时进行针对性维修，确保管道安全。精准的定位系统还可以指导机器人进行定点焊接、维修等工作。未来，北斗系统将与管道监测设备深度融合，实现油气管网的精细化、智能化管理。

空天云图可监测环境质量变化情况，预测极端天气事件，为能源生产企业提供天气预警，指导安全生产。根据卫星云图，气象部门可以提前一周预测未来的台风、暴雨等极端天气，让煤炭企业、电力部门等提前采取防范措施，避免安全事故发生。卫星监测还可以判断空气污染传输路径，指导重工业企业调整生产计划，以减少污染物排放。可见，空天技术将深度服务于能源行业的安全环保生产。

第三节　空天技术带动就业扩大

空天技术的发展带来了大量的就业机会，对人才队伍建设具有重要的支撑作用。具体来看，空天技术可以直接带动航天制造、卫星应用等领域的就业扩大；可以对优秀人才形成强大的吸引力，带动空天科技人才队伍壮大，促进空天产业人力资本素质的整体提高。空天技术正在成为带动就业和人才进步的新引擎。因此，要充分利用空天技术发展的机遇，采取积极举措吸引和培养空天人才，并依托空天技术带动更多就业，让空天科技成果惠及社会各阶层，实现空天科技推动经济社会全面协调可持续发展的目标。

一、空天技术相关产业带动大量就业

空天技术的发展带动了众多相关产业的兴起壮大，这直接在空天技术的研发、制造、应用等环节带来了大量的就业岗位。首先是空天技术的高端研发制造环节，需要大量的科研人员开展基础研究，以及大批的技术工

人负责装配制造等工作，这都属于空天技术直接带动的就业。据统计，我国主要航天制造企业的相关从业人员已达30多万人。此外，空天技术产业链下游的各类应用服务，如卫星通信运营服务、卫星导航地面增值应用、空间科学试验平台运营等新兴业态，也创造了大量的就业岗位，北斗、高景等龙头企业直接带动了上万人的就业。可以预计，随着空天科技不断向社会各领域渗透，空天技术直接带动的就业数量将持续增长，到2025年预计将超过50万人。

除直接带动就业外，空天技术还对传统产业实现转型升级起到强大的拉动作用，这也带来了大量的就业机会。例如高分辨率卫星遥感技术应用于工程建设监测，促进了传统勘探行业的转型；北斗导航技术服务智能交通，推动出租车、物流等传统交通业实现智能化升级。可以看出，空天技术与传统产业深度融合，将带来更大规模的间接就业。据专家预测，到2030年，考虑直接和间接效应，空天技术相关产业总体带动的就业数量将超过150万人。以北京航天城为例，它集聚了700余家航天高技术企业，已成为我国最大的航天产业基地之一，目前直接和间接带动的就业人数已超过10万人。

中国航天科技集团作为国内最大的航天企业，也通过建立产业、学校、科研机构合作平台，吸引和培养了大批航空航天领域的高端工程技术人员，这表明空天技术的发展对相关领域人才的吸引力日益增强。可以说，空天技术开辟了一个巨大的就业蓝海，并且这种带动作用还在不断加强，正成为拉动就业的新引擎。

二、吸引和培养各类空天领域人才

空天技术高端、前沿、综合的特征，提供了非常好的人才成长空间，那些寻求技术挑战和创新实践的优秀人才有着更广阔的发展前景。空天技术涉及航空、机械、材料、电子、生命科学等多领域，是典型的复合交叉技术，对复合型人才的需求巨大。同时，空天技术门槛较高，需要人才具备深厚的专业知识和技能。正是空天技术的这些特征，使其成为高层次人才就业的首选和最有前途的发展方向之一。近年来，众多的海内外高端人才选择到空天企业就业，表明空天技术对人才的吸引力持续增强。

与此同时，空天技术的发展也带动了大规模的专业人才培养。中国政府已开展空间科学技术人才"千人计划"，面向全球引进高层次空间科技专家，加快培育国内空天科技人才队伍。航天企业也在加大培养力度，广泛与高校院所合作，建立产学研合作平台，吸纳和培养大批青年空天科技人才。可以说，空天技术开启了我国空间科技人才发展的新纪元，人才队伍建设的快车道。预计未来我国每年将有5万名相关专业人才投身空天技术领域，空天人才将成为国家创新发展的重要力量。

三、提升空天产业人力资本的整体质量

空天技术对人才素质提出了更高要求，推动空天产业人力资本整体向高端方向转型。这主要体现在以下3个方面。

第一，知识结构更加合理。空天技术要求人才既要专业内功深厚，又要有较强的综合能力和开拓精神，这使空天产业人才向"T"形结构转变，即同时具备专业知识和其他领域的知识。这需要打破传统的专业藩篱，立足本专业，加强对外围学科知识的学习，形成开放式知识体系。

第二，技能水平更高。空天技术要求人才掌握前沿技术和复杂系统工程知识，能解决错综复杂的技术问题，显著提高人才的技能水平。这需要人才在实践中不断积累经验，学习其他专业技能，培养系统的技术应对能力。

第三，创新能力更强。空天技术具有尖端性的特点，需要人才具备持续创新能力才能满足技术升级的需要。空天领域的技术环境使人才必须保持旺盛的创新精神和勇于探索的意志，不断取得原创性成果。可以说，在空天技术尖端环境下，空天产业人力资源整体创新能力将得到显著增强。

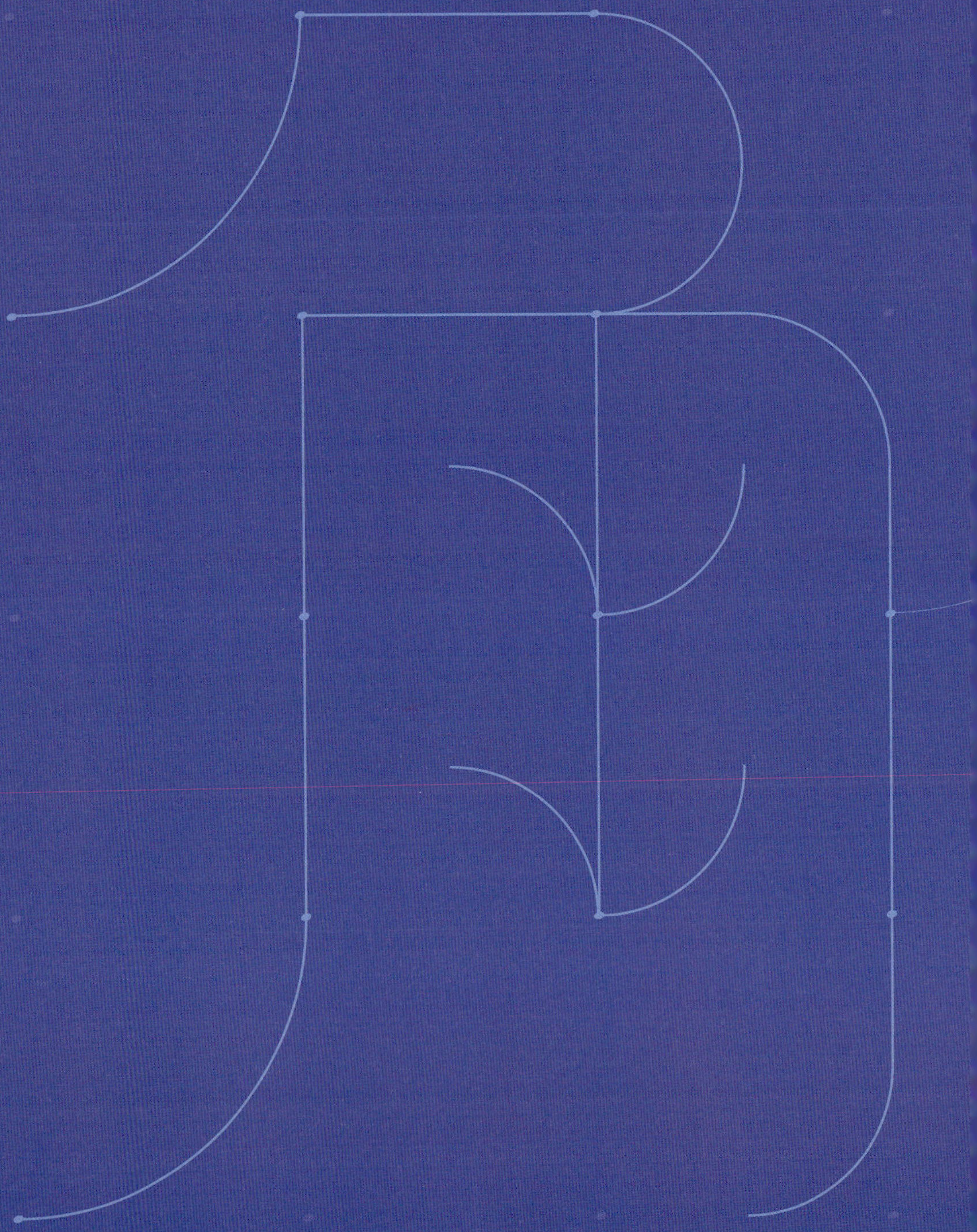

第二编沿着历史的脉络介绍了新中国成立后到如今的发展突破，记录了无数航天航空工作者通过努力奋斗所取得的一个又一个成就。从国家安全和国际影响力等方面认识到空天技术的重要性，从空天产业对高新技术和产业链的带动作用，认识到空天产业的经济作用。

本编主要介绍目前中国航空航天的经济现状、产业现状和国际合作，从各个行业角度深度分析航天航空事业的发展状况。第八章主要介绍了中国航天航空经济及产业发展情况；第九章主要介绍了中国航空航天的上下游产业；第十章主要介绍了中国航空航天产业如何与外国公司进行产业交流和经济利益互换。

第三编 · 龙的角逐

第八章
中国空天经济概述

远古时期的人类在仰望天空时是否会有所思考，是否会想到几百万年后的人类具有探索天空甚至太空的能力。伴随着社会的进步，人类对天空越来越好奇，对空天文明的研究也趋于深入，征服天空的欲望种子已经被种下，等待悄悄发芽。似乎是命运的指引，四大文明古国形成了相互关联但又相互独立的空天文化。

《墨子·鲁问》中记载："墨子为木鸢，三年而成，蜚一日而败。公输子削竹木以为鹊，成而飞之，三日不下。"《庄子·逍遥游》中记载："夫列子御风而行，泠然善也。"民间还流传着春秋时萧史弄玉乘龙跨凤双双成仙飞去的故事，这些都反映了古人见飞鸟而思飞，或幻想长有翅膀飞向蓝天的愿望，体现了古人对无限天际的美好追求。

第一节　产业经济规模不断壮大

为了发挥投资对促进经济增长的关键作用，国务院于2014年发布了一项具有重要意义的政策——《关于创新重点领域投融资机制鼓励社会投资的指导意见》（以下简称《指导意见》）。

首先，《指导意见》的提出是为了进一步打破行业垄断和市场壁垒，降低市场准入门槛，创造一个权利平等、机会平等、规则平等的投资环境。从而让各类市场投资主体拥有一个更加公平开放的市场，能够在更加有效的市场中进行决策，共同推动经济社会发展。

其次，《指导意见》针对公共服务、资源环境、生态建设、基础设施等6项经济社会发展的薄弱环节，提出了进一步放开市场准入、创新投资运营机制、推进投资主体多元化、完善价格形成机制等方面的创新措施。

可以看出，此次的《指导意见》对以前一些政府主导的项目创新了融资渠道，使得这些项目允许民营资本进入，并以市场化方式进行运营。

《指导意见》在航空航天领域的作用主要体现在资金的运行效率上，让更多的社会资本参与到国家航天建设事业中来，增加航天领域的投资，提高研发能力和激发创新水平，使航天领域更加充满活力。

随着航天产业向社会资本开放，2015—2020年，我国商业航天领域市场规模增长了2.7倍以上。2020年，我国商业航天领域的融资总额达90.13亿元，比2019年增长了76%，创历史新高，融资次数为32次，和2019年相比有些降低，融资次数的降低伴随着的是单笔融资额的上升，单笔融资额增加近3倍，这意味着商业航天领域已经度过了初创期，资本更加重视那些有前景的公司，资本逐渐集中到创新能力和运营能力更强的公司。此外，以腾讯投资和顺为资本等为代表的大型投资公司也开始布局其在航天领域的产业投资，行业的整体投资水平更趋专业化。

在航空领域，2016年国务院发布《关于促进通用航空业发展的指导意见》。该指导意见被认为是我国通用航空发展的重要转折点，其最重要的作用是将社会资本的力量发挥出来，鼓励各地政府开始试点航空产业园区，社会资本开始举办各类活动、论坛和飞行表演，通航产业渐渐变成中国经济新的增长点。

四川省将通用航空业放在了七大军民融合产业的榜首。2015年成立自贡航空产业园区，以无人机领域的发展作为重点工作，引进了45个相关空天领域项目，吸引了大批龙头企业在此集聚。2021年，自贡市人民政府更是与航空工业成都飞机工业（集团）有限责任公司签订协议，携手在贡井区打造未来国内最大的无人机产业基地。

江苏省人民政府办公厅于2023年4月17日印发了《江苏省航空航天产业发展三年行动计划（2023—2025年）》，以期推动本省航空产业高质量发展。按照规划，预计2025年全省航空航天产业产值将超过1500亿元，全省具有较强竞争力的航空航天产业基地将达到10个以上。同时，该政策对符合条件的项目给予不超过3000万元的补助，并对项目中试或产业化过程中研发投入符合条件的按不超过项目新增投入的1/3予以补助。2021年4月，苏州航空产业基地正式开始打造，推进"一基地、多园区"发展模式，产业基地刚成立就着力推动空天领域发展，取得了78个项目签约落地、总投资额超200亿元的成绩。

第二节　产业经济结构不断完善

40多年的改革开放和高速增长后，中国成为世界第二大经济体，并在全球产业链中扮演着重要角色。2022年，全年国内生产总值超过121万亿元，第一产业和第二产业增幅均在3%以上，第一产业增幅更是超过了4%。中国作为世界工厂，拥有较为完善的产业结构、雄厚的工业基础和坚实的产业基础，已经具备了独立自主生产空天领域产品的能力。多年的发展也使我国逐步构建了一套具有中国特色的产业体系，产业上下游基本实现自主化。近些年，神州、嫦娥、天宫和北斗等重大航天项目家喻户晓，伴随着这些项目的持续推进，我国在航天领域的经验不断丰富、技术更加精进，不仅体现出重大的国内影响力，在国际上也可以为他国提供高质量的航天产品和参与太空探索合作项目的机会。

此外，我国航空航天产业的固定资产投资增速也十分亮眼，2022年的航空航天和其他固定资产投资较2021年增长超过20%。中国的航天技术不断创新发展，火箭发射和卫星制造成本不断下降，性能显著提升，应用领域持续扩展。高科技企业开始加速进入航天及其应用领域，空天信息产业快速成型，产业链不断延伸，自主创新能力持续提升，目前已进入高速发展阶段。

第三节　发展质量不断提升

从一开始的无人空载飞行，到后来的一人一天的载人飞行，再逐步过渡到现在的多人多天飞行；从维修到制造，从学习到自研，随着经济结构的不断完善和发展质量的不断提高，我国空天产业已经具备了在国际市场上与世界上数一数二的大型跨国公司竞争的能力。

目前，太空中有中国空间站和国际空间站两个空间站。国际空间站的建造最早可以追溯到1998年曙光号功能货舱发射入空，如今已过去20余年。

在国际空间站的建设中，美国、俄罗斯和欧洲等多个国家共同参与，各自负责制造不同的模块。这种模式虽然在一定程度上展示了国际合作的优势，但也带来了极大的弊端，那就是不同国家制造的模块之间的接口技术存在巨大的差异。目前，国际空间站用于连接载人航天器的对接口有6

个，其中4个为杆锥式对接口，只能供俄制联盟载人飞船和进步号货运飞船使用。此外，美国航天局表示，国际空间站计划在2031年退役，脱离轨道后将坠入太平洋。

相比之下，我国的天宫空间站完全是自主建造的，实现了产品、部组件、原材料的全面国产化，关键核心元器件的自主可控率达到了100%。依托后发优势，天宫空间站采用了更为先进的信息电子技术，在国际空间站的基础上实现了技术的更新换代。

天宫空间站作为我国在太空中的国家级实验室，其科研范围广泛，涵盖众多领域。例如，与空间站共轨运行的巡天空间望远镜就属于国际空间站之前未曾涉及的新领域。巡天空间望远镜的成像清晰度相当于哈勃望远镜，其视场却是后者的300倍。原先用于安置望远镜的舱室将改为可翻转暴露实验平台，以满足各类舱外暴露实验的需求。此外，天宫空间站还具备更高的舱内科研能力。尽管其内部空间小于国际空间站，但通过标准化实验机柜的高集成度，实现了更多科研实验机柜的搭载，从而扩大了实验范围和数量。

总的来说，我国天宫空间站与国际空间站相比，不仅在技术上实现了自主可控，而且在科研能力和实验范围上也有明显优势。在我国空间站的发展道路上，我们将继续努力，为全球科研工作者提供更为先进和便捷的太空实验平台。

在航空领域，以国产大飞机C919为代表的商用飞机市场需求旺盛，自2022年底首架飞机交付后，社会反响强烈，各大媒体争相报道。作为我国第一款自主研发的国产大飞机，C919具有以下多方面的优势。

1. 经济性较高

东航披露的客机采购公告显示，C919单价为0.99亿美元，价格相较于同级别飞机至少便宜1000万美元。且其采用了新一代发动机，通过气动设计使得阻力更小，飞行效率更高，相比现役飞机直接使用成本可降低10%。

在C919项目初期，为了保证项目进度和质量，我国选择了与通用电气公司合作，采用其生产的LEAP-1C发动机作为动力来源。这种发动机是目前最先进、最节能、最环保的商用飞机发动机之一，具有高涵道比、高压比、高温度比等特点。

很多人都对大飞机的发动机忧心忡忡，担心其会被美国突然断供，导致C919出现市场坍塌问题。其实这种担忧是没有必要的，这是大国博弈背景下的微妙平衡，背后真正的原因则是我国在大飞机发动机方面所采取的强力措施和已取得的重大进展。

2. 安全性更高

C919与空客A320及波音737相比，在技术层面的应用是更为先进的，而且出于对未来市场的考虑，C919在按照最新的国际适航标准研制的基础上还同时考虑了未来可能纳入适航条件的新技术。

3. 技术更先进

C919属于后起之秀，产业链复杂、附加值高，涉及从设计研发、生产制造到运营维修的复杂流程。比如，C919客机的机身采用先进材料和结构设计，使其在保证强度的前提下减轻了重量。同时，C919还采用了先进的飞控系统，实现了高度的自动驾驶，提高了飞行安全性。

第九章
中国航空航天产业

第一节 航天产业

自人类开始向太空进军以来，在长达半个多世纪的时间里，航天事业一直都是国家力量竞相角逐的舞台。航天工业作为高度复杂、高度专业化的庞大工程，无论是研发和生产发射载具及航天器，还是建造和维护附属保障设备，或是培训相关专业人员，无一不需要前期高额的重资产投入方能实现。我国当然也不例外，2014年前，我国航天产业的全链条基本上是由国家队来领头运营的；2014—2015年，鼓励民营经济发展的多项政策陆续出台，我国的发射任务才开始增添了民营资本的身影。对于作为追求利益的企业来说，航天产业具有投入大、周期长的特点，而且一旦入不敷出，就容易出现资金链断裂、企业破产的情况，所以来自政府的引导就很关键，有了这些引导，企业就知道往哪发力，最大程度地避免走弯路，避免出现一窝蜂向一个错误方向投入的现象，这样就出现了一种国家引导方向、民营企业激发创新活力的新模式。

一、中国航天产业发展现状

从2016年到2021年12月，我国共完成207次发射任务，其中包括183次的长征系列运载火箭发射，总发射次数突破400次。高分辨率对地观测系统天基部分基本建成，陆海观测能力大幅度提高，北斗三号全球卫星导航系统全面建成开通，完成"三步走"的目标。北斗系统的定位导航授时、全球短报文通信等7类服务能力达到全球先进水平，具备服务全球的能力。民营航天企业龙头显现，前沿技术不断突破，市场化提供服务的水平不断提高。

二、航天产业链

航天产业链可以分为上游的原材料供应和零部件制作、中游的航天装备整机制造与发射、下游的航天应用等。

原材料供应和零部件制造，可分为金属材料、非金属材料和增强材料的生产和加工，比如铝、镁合金；有些强度高的零部件采用钛合金；高模量石墨纤维增强的新型复合材料因其高强度和轻质特性也被广泛应用于航空航天等领域。在航空材料领域中，一些知名的企业有航天科工、爱思达航天科技、星鑫航天、乐凯新材和航泰科技等。材料是制造业的基础，新材料是一个高科技产业，是其他高科技产业的重要基础。在"中国制造2025"背景下，新材料毋庸置疑成为国家重要战略性新兴产业之一。上述的一些企业更是走在了新材料制作和生产的前沿，航天领域也对材料提出了一些新要求，如高性能轻质化、创新与新材料。以中国航天科工集团为例，通过自主创新，该集团产值从2010年的20亿元增长至2021年的超过100亿元，其中新材料、精密部件等高端产品占比已超过60%。这标志着在空天技术的带动下，我国高端装备制造业已经从量的突破转向质的提升。未来，空天技术还将进一步推动高端制造业深入实施智能制造，实现更高水平的质量变革。

航天装备整机制造与发射主要是指火箭和卫星的制造与发射。下面具体分析这两个产业的情况以及它们在航天中的应用。

（一）火箭产业

2022年，全球火箭发射次数达到了186次的历史新高，其中中国、美国、俄国的发射次数分别为64次、87次和21次，占总发射次数的92.47%。中美两国航天发射次数占到了全球的约80%。从这个数据可以看出，全球航天发射基本以中美两国为主，其他国家正在逐步失去竞争力（图9-1）。

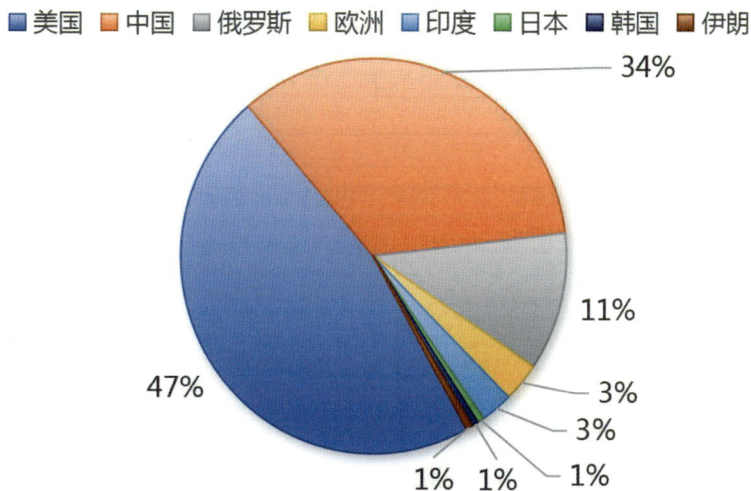

图9-1 2022年全球火箭发射次数占比

在发射数量之外，我国火箭的发射成本也很低。以长征三号和猎鹰9号发射到地球同步轨道为例，我国长征三号火箭的发射报价为2.64亿元人民币，约合3840万美元；最大荷载为5500千克，平均每千克为6981美元。而SpaceX的发射报价为6700万美元，最大载荷为8300千克，平均每千克为8072.28美元，价格高于我国长征三号火箭的发射费用。即使是复用版的猎鹰9号，发射费用也高于长征三号。

2023年3月24日，红白相间的大降落伞在高空中迅速打开，在降落伞的庇护下，火箭助推器和整流罩如同在空中踩了一脚"急刹车"，一边滑翔一边调整姿态，缓缓降落在预定地点。

航天器回收是实现火箭可重复使用的关键。这套系统由降落伞子系统、归航和程序控制子系统、伺服操纵子系统、火工子系统、结构子系统、遥测遥控子系统组成，主要对火箭发射中可重复使用的助推器与整流罩等分离体进行落区控制。利用翼伞的滑翔控制性能，能够把原来落区30—90千米的范围，缩小到指定着陆区域。再配合地面着陆床的缓冲设置，使待回收的航天器如同落在床垫上一样，实现无损回收，进而达到可重复使用的目标。

除了由技术进步造成的成本下降，我国大量的商业卫星的发射需求也激发了对火箭多样性的需求。随着需求的增加，"国家队"并不能很好地满足这部分需求，于是商业火箭企业进入此领域，技术路线大同小异——首推小型火箭，同时探索以液氧甲烷为代表的液体火箭。民营企业虽然发展时间较短，但是实力不能轻视，截至2023年12月，民营航天公司喜报频传：民营航天公司星河动力的小型固体运载火箭谷神星一号，一箭两星发射成功；民营蓝箭航天的朱雀二号，一箭三星发射成功，这是我国首型液氧甲烷推进剂火箭，由此成为国内首款连续发射成功的民商液体火箭。

民营公司的参与，将是未来我国火箭技术研发的又一助推器。

针对未来航天需求，我国积极研发重型火箭和新一代低成本中型运载火箭长征八号。重型火箭瞄准2028—2030年前后首飞，主要用于深空探测、建立月球基地和载人登月等。其中，中型火箭长征八号于2020年12月发射成功，首次运用发动机推力调节、可回收式设计等技术，有效降低了成本费用。

为确保火箭发射的成功率，我国在火箭研制过程中严格把控质量，不断提高可靠性。通过技术创新和精细化管理，将火箭发射失败率控制在较低水平。有数据显示，我国火箭发射百次以上的失败率低于3次。

（二）卫星产业

我国卫星产业链涵盖上游的卫星设计生产、中游的地面设备制造及卫星发射和下游的卫星应用及运营等多个环节。这些环节不仅可以独立存在，而且每一个环节都可以自成一条局部产业链。

中国卫星导航定位协会于2023年5月18日发布了《2023中国卫星导航与位置服务产业发展白皮书》（以下简称《白皮书》），我国2022年卫星导航与位置服务产业总体产值首次突破5000亿元，企业数保持在14000家左右，从业人数超过50万人，这一成果不仅彰显了我国在卫星领域的综合实力，也增强了我国的经济活力。

2020年，北斗三号开通全球系统服务，各行各业对北斗技术应用的需求不断增加，如某品牌手机运用北斗技术，使人们可以在没有信号的地方依靠卫星系统进行通话。众多国内导航程序也将北斗定位纳入系统，使北斗技术成为智能终端的应用场景，逐渐进入居民日常生活中。

在航天领域，北斗短报文功能成为另一个重要的需求点。北斗短报文可以通过北斗卫星将信号传输到地球的任意地方，这个功能让其在2008年的汶川地震中发挥了关键作用。当时由于信号消失，致使汶川内部与外界失去联络，救援队伍携带北斗终端进入汶川，通过北斗短报文技术与外界沟通汶川内部受灾情况等消息，为救援和信息传递节约了很多时间，降低了救援难度。

第二节　航空产业

新中国成立至今，经济快速发展，伴随而来的是人们对品质生活和时效性的追求。中国航空业也正是在这种需求的刺激下发展起来的，逐渐形成与航空关联度不同的产业集群，形成了辐射范围更广、更具动态演变性的航空经济。从可观数据上说，我国民用航空产业发展迅速，一直处于稳定增长状态，无论是旅客运输量还是货物运输量，都保持着每年大约10%的增长率。

一、中国航空产业发展现状

2022年，我国境内颁证运输机场（港澳台地区数据另行统计，下同）共有254个，其中定期航班通航运输机场253个，定期航班通航城市（或地区）249个。年内新增6个通用机场，6个定期航班新通航城市，其中3个在新疆，2个在西藏，1个在湖北。可以看出，所有机场都新建在原本没有机场的城市，且都在西部，为西部发展贡献了一份航空力量。

2022年，中国民航主要生产指标受疫情影响，大部分呈现下降趋势：民用运输机场完成旅客吞吐量5.20亿人次，较2021年下降42.7%，只有2019年的38.5%；完成货邮吞吐量1453.10万吨，比2021年下降18.5%。

2023年，航空业生产数据快速恢复，根据中国民航主要生产指标统计：截至6月份，主要生产指标大部分已经超过2022年全年指标合计数，累计旅客吞吐量5.80亿人，是2022年的111.54%；完成货邮吞吐量757.00万吨，是2022年的52.10%，与2022年同期相比增长了3%。

二、航空产业链

航空产业一直处于国家工业领域的核心位置，是在国际上彰显大国地位的核心要素。各国对航天产业的人才、技术等一直采取封锁态势，对外严格保密，以此来形成航空产业的垄断。

航空产业链可以分为上游的航空设计研发和制造、中游的整机制造、下游的飞机运营和维护等。如果继续延续下去，下游还包括空港周边经济及航空保险和金融。

由此可见，航空经济上下游涉及的范围十分广泛，以下简述几个细分产业链。

（一）飞机制造

当一款新飞机出现时，人们最关注的就是这款飞机的国产化率如何，是否自主可控等。其中备受关注的是飞机的发动机，我国飞机发动机的研制和生产以中国航空发动机集团等企业为主。该集团设计生产的各类发动机广泛应用于我国的军民用飞机、直升机等装备上，使我国军机产业的发动机基本实现国产化，甚至在能源和船舶领域也有该集团研发的发动机作为动力系统，为我国国防民生做出了突出贡献。

相较军机所有零部件都已国产化，民航科技国产化率似乎就很不起眼了，这也引起了很多人的疑惑：为什么世界一流的歼-20战机及其发动机都完全国产了，民航飞机的制造就这么难呢？

这是因为民航飞机需要考虑的不仅仅是国家安全和政策风险等问题，最主要的原则还是以盈利为目的。这自然要考虑到顾客的感受，考虑舒适度和乘机体验。所以需要提高发动机推力，降低噪声，减少颠簸，提高飞行稳定性和安全系数。此外还需要严格控制量产成本，简化后期运营维护工作，降低飞机重量和油耗，保障客、货仓空间等。

目前国产民用飞机有新舟系列、ARJ21系列、C919，分别对应中国的小型支线飞机、中短程新型涡扇支线飞机和干线飞机。

新舟60是中国的一款通用型飞机，由中国航空工业集团有限公司旗下公司研发和制造。新舟60是中国自主研发的一款多用途、中短程、涡轮螺旋桨飞机，它于1985年开始研制，1988年进行首次试飞，采用了一系列先进的设计和技术，以满足不同领域的需求，如客运、货运、应急救援和科学研究等。

在新舟系列研发设计之初，为了能在国际市场上有一席之地，采用了与世界前沿零部件制造商合作的模式来制造整机。但由于种种原因，还是未能获得欧美的适航证，只能在第三方国家进行销售。新舟系列飞机并没有因此而止步不前，通过放弃固有的传统销售模式，不盲目跟从空客和波音，集合资源、强化市场，树立全员营销理念，进而建立了完善的全球化市场营销体系。前有市场研究先行，后有工程技术支持，坚持"局部突破，以外促内，全球拓展"的正确思路，使其在不到10年的时间里，实现了国外与国内市场销售"花开并蒂"。2012年，新舟系列飞机的营销更是厚积薄发，欧洲破冰、新舟600F货机实现外销、大项目有序推进等，更大范围地扩大了市场。同时，销售工程团队同步介入飞机销售项目，全程支持项目进展，形成了平台支持的流程与规范，营销体系得到了进一步完善。公益活动、专题展会和全球广告投放等多种形式的推介，更有力地扩大了"新舟"的品牌影响力。经过数十年的磨砺、探索、改进，新舟系列飞机建立了自主销售、代理商销售、飞机融资租赁公司销售等多种营销渠道，拥有了重点区域市场的大批忠实客户。新舟系列也进行了各种功能的扩展，目前已经拥有遥感和应急等功能的型号飞机。

ARJ21和C919都是由中国商飞公司自主研发设计和制造的民用飞机，采用了先进的设计和技术，包括复合材料、先进的航空电子设备、节能环保技术等，提高了其性能和经济性。两者的应用场景有所不同：ARJ21是一款支线客机，最大载客量为97人，航程2225—3700千米；而C919是一款窄体客机，最大载客量预计为158—192人，航程4075—5555千米，尺寸和载客量都比ARJ21大。因此，ARJ21主要用于短程和支线航班，适用于较短的距离；而C919用于中程航班，适用于更长的距离（图9-2）。

图9-2 C919

两款应对不同需求的飞机为中国商飞公司打开市场贡献了巨大力量，ARJ21目前交付超百架；2023年4月，更是与海航集团签订了40架ARJ21飞机的意向订单。

C919绝大部分机身由中航工业承担研发和制造任务。飞机的机体制造可以分为机头、前机身、中机身、中后机身、后机身、机身/中央翼、副翼、平尾等部段，整个机体制造环节零件多而复杂、材料刚性差但精度要求高，使得机体制造加工过程复杂、周期长、技术难度较大。整机机体的设计研发有着很高的附加值，而机体制造工艺方法多样，零件繁多，装配安装工作量大，工艺设备繁杂，导致一般的机械加工制造企业进入该领域的难度较大。

机载系统方面主要分为航电系统和机电系统，是飞机飞行控制的核心，由于安全要求较高，客机机载系统种类、数量和复杂度都很高，所以主要是用中航工业企业与外国公司成立合资企业的方式向C919提供设备。

C919的研制意义并不在于它本身，而在于它对国产飞机产业的带动作用，可以使核心技术不再受制于人。国产大飞机的重要性不亚于高铁，目前我国高铁几乎全部实现了自主研发，但国际大飞机市场却被波音、空客两大巨头垄断，技术更是处处受制于人。相比飞机高昂的报价，后期的维修与保养也让民航企业痛苦不堪。根据南航给出的数据，2020年，南航飞机维修成本达到102.86亿元，占总成本的10%。这仅仅是一家航空公司的支出，中国共有52家航空公司，每年的维修费用支出可谓是天文数字。此外，航空公司在遇到无法解决的问题需要寻求厂商帮助时，一次咨询费起步3000美元。因此，研发C919的意义，在于打破垄断格局下的定价权——只有真正掌握核心技术，才不会受制于人。

正是意识到这一问题，我国把研发C919作为突破口，以实现核心技术自主可控。C919的研制成功，不但使我国在航空领域技术层面取得了重要突破，还带动了我国航空产业链的配套升级，使我国商用飞机产业的创新链、价值链、产业链得到了极大拓展和延伸，带动了新材料、现代制造、电子信息等领域技术的集群性突破，提升了国内商用飞机机体结构、机载系统、材料和标准件的配套能级。

（二）无人机

无人机产业作为新兴的高科技产业，以其广泛的产业链分布、多样的涉及领域以及高度的相互依存性而备受关注。在这个产业链中，各个环节如研制、生产、销售、运行维护等之间的相互依赖程度极高，价值分布也相对集中。

无人机产业链主要由五大主体构成，包括原材料供应商、系统设备供应商、系统集成商、运营服务商和终端用户。其中，终端用户位于整个产业链的最末端，而系统集成商则处在产业链的核心位置，主要负责无人机系统的创新研发和总体设计。

产业链的上游和中游是无人机产业的两大重要环节。上游主要涉及无人机电子元器件等硬件和软件的生产制造。这些环节的产品附加值高、技术含量高、专业性强，对无人机系统的性能和质量具有重要影响。

中游主要是无人机的生产与制造。这一环节对上游的技术和产品进行整合，形成完整的无人机系统。

下游则聚焦于行业应用场景，无人机广泛应用于航空拍摄、灯光表演、农林植保、灾难救援、物流运输、电力巡检、公共安防、环境保护等领域。这些应用场景对无人机的需求不断推动着产业链的发展，也使无人机在各行各业发挥着重要作用。

农业和科技在进行着一次大结合——智慧农业，这是农业与科技的相互成就，这一结合的关键点在于无人机的应用和遥感卫星对地观察的应用。无人机在农业中的应用主要是喷洒农药和肥料，无人机遥感技术的运用避免了之前老式人工喷洒所带来的耗时费力问题，以及大型陆地农业机器在使用过程中对植株造成破坏。无人机在空中飞行，通过改进喷头增加了喷洒的均匀度，并且可以设置时间，时间一到无人机就可以自动工作，进一步减少人力成本。无人机还可以通过遥感技术对植物进行观察，让虫害无所遁形，这些都使无人机在大规模种植中广受欢迎。

（三）航空公司

我国的航空公司可以分为3个层级：第一层级是以南航、国航、东航和海航为代表的国有大型航空公司；第二层级是以春秋、深圳航空为代表的一些知名且规模较大的前沿航空公司；剩下的一些规模较小的航空公司则被归类到第三层级。

目前，前四大航空公司占据70%的市场份额。随着我国民航规制的进一步放松，更多的民营航空公司将进入民航市场，四大航空公司也将面临更多的挑战。造成航空市场国有航空公司独大的因素可以分为规模经济和制度性壁垒。

规模经济是经济学的基本理论之一。应用于航空公司就是某一航线上的航班频率提高，则单位成本就会下降。这是由于同一航线上的航班增多，可以共用机组、设备，共同分担飞机折旧。某航班的旅客数越多，座公里成本越低。飞行成本中航油成本占较大比例，因此旅客越多，对航油成本这一固定成本的分担就越多。随着飞行距离的增加，平均运输成本就会降低，这是由于飞机在爬升阶段比巡航阶段耗油率高。同时，航空公司在规模较小的时候由于缺乏知名度，飞机单次飞行的成本也会由于客座率较低，导致单位旅客成本较高。

制度性壁垒体现在进入民航领域需要中国民航局的批准。2005年，我国政府放松了民营企业的进入管制，因此很多新航空公司进入民航市场。在2005年放松管制前，我国航空业处于高度的垄断时期，四大航空公司瓜分超过85%的市场份额。目前，随着市场的开放，2021年的产业集中度指标下降到66%左右，为市场竞争创造了良好的氛围。

第十章
航空航天经济模型

第一节　航天商业模式

一、运载火箭的服务供给模式

2023年7月，中国航天科技集团发布信息，长征六号丙运载火箭发射机会竞拍专场起拍价8万元/千克。本次竞价出售以增价方式竞价出售，有保留底价，即竞价出售标的已设定成交底价，由竞买人自由报价，报价最高者且超过保留底价者可获得标的物协调机会；后续发射供应方与竞得方完成具体细节沟通，在符合上级主管机关管理规定、满足技术可行性等相关要求的基础上，通过签订商业发射服务合同的方式获得标的物，双方按照合同约定的执行计划按期交割付款。在航天供应链平台上，有各类航天相关企业15万家，每天都有各类的产品竞拍活动，不过竞拍火箭还是第一次。

通过竞拍的方式出售火箭搭载机会，一方面可以保证市场的开放性和公平性，使出价高者得到这一稀缺航天资源；另一方面通过市场竞争，实现商业航天的长效化、可持续化发展。

航天领域的共享火箭模式就是将众多有需求的企业集中到一起，通过各个企业之间的合作，降低单个企业独自承受火箭发射成本的巨大压力，共享火箭也可以提升火箭发射的利用效率。共享火箭发射颠覆了传统发射任务组织方式，以市场化的方式进行"拼车"，更加符合市场化的运营模式。

二、对外援助卫星

2016年，我国与埃及签署了一项重要的合作协议，即援建埃及卫星总装集成及测试中心项目。该项目在2017年开始实施，旨在推动两国在卫星领域的深度合作。2019年1月，双方再次签署埃及二号卫星实施协议，进一步巩固了合作关系。这一协议的建设内容涵盖了一颗小型遥感卫星、一个地面测控站和一套地面应用系统，全方位提升了埃及在卫星领域的技术能力。

此次合作创下了4个"第一"，体现了中埃两国在卫星领域的创新与合作精神。首先，埃及是第一个与中国开展卫星合作的"一带一路"国家，标志着我国在推进"一带一路"倡议方面取得了重要成果。其次，我国第一次为埃及援建一个完整的卫星总装集成测试中心，提升了埃及在卫星制造和研发方面的实力。此外，中埃双方第一次合作为埃及的航天专家和人才进行联合培训，有助于提升埃及本土的航天人才储备。最后，埃及在项目完成后将成为非洲第一个具有完备的卫星总装集成测试能力的国家，这无疑将极大地提升该国在非洲乃至全球的航天地位。

三、军民融合的发射

由北京星际荣耀独立研发制造的小型固体运载火箭双曲线一号在2019年7月25日13:00迎来高光时刻，它搭载着2颗卫星，在中国酒泉卫星发射中心发射升空（图10-1），标志着中国民营商业航天运载火箭首次成功发射并高精度入轨，首次实现一箭多星发射入轨，首次实现太空广告并视频回传。

图10-1　酒泉卫星发射中心

　　2020年5月，零壹空间的1枚商业火箭成功发射升空，将3颗卫星送入预定轨道。2020年9月，蓝箭航天的1枚商业火箭成功发射升空，将1颗卫星送入预定轨道。2021年3月，星河动力的2枚商业火箭成功发射升空，将1颗卫星送入预定轨道。

　　军民融合模式在商业航天中优势明显，如推动传统航天技术转化等，实现资源共享并提升商业航天产品的研发速度和效益，促进产业升级，加快核心技术创新发展，提升国家整体实力。

　　航天领域的军民合作，为民营企业参与国家航天事业提供了广阔舞台。通过政策扶持、技术研发与合作、人才培养与交流、资源共享等方式，军民双方相互支持、共同发展，推动我国航天事业不断取得新突破。未来，我国民营企业将在航天领域大放异彩，为国家的繁荣富强贡献力量。

第二节　航空商业的发展

一、走出国门的国产飞机

在我国航空工业史上，1988年立项的新舟60飞机具有重要意义。新舟60作为双螺旋桨飞机，其载客量最大可达60人，航程最大可达2000多千米。自诞生之初，新舟60飞机便展现出强大的市场潜力（图10-2）。

首个国内正式用户奥凯航空一口气租赁了10架新舟60，足见其对该飞机性能的信任。在国际上，2004年，津巴布韦成为新舟60飞机的第一个国际用户，这也是我国拥有自主知识产权按国际适航标准制造的民航飞机首次出口国外。随后，该飞机还出口到老挝和菲律宾等地区，俄罗斯的部分航空公司也曾经引进用于国内支线航班营运，这一切背后都是新舟60飞机在产品研发和市场调研等方面努力的成果。

新舟60飞机的崛起体现了国际市场对我国飞机制造和技术水平的认可，我国航空制造公司不再单一关注低价，而是更加重视对市场需求的挖

图10-2　新舟60

掘。新舟60的成功，使世界认识到中国高科技、高附加值的产品，也让我国不再依赖于劳动密集型产品，而是转向技术密集型产品的研发和制造，带动我国产业转型升级。

"新舟"的崛起，不仅给国内的各大厂商起到了示范作用，而且再次让世界见证到了中国科技的崛起，对"中国制造"有了全新的认识，对我国航空领域科技发展水平的了解更加全面和客观。

二、C919改变世界竞争格局

C919研制伊始，就明确了"产业化、市场化、国际化"的发展方向，实行"自主研制、国际合作、国际标准"的技术路线。

截至2022年底，C919已经获得国内外超千架的飞机订单。目前C919的单纯销售带来的直接经济贡献为1100多亿美元，这只是销售大飞机带来的直接贡献，C919对产业的带动作用更是惊人。根据中国民航大学航空经济研究所测算，如果按民机寿命周期10年计算，大飞机给中国带来的经济增加值贡献比为1∶86，就业贡献比为1∶9.6。各领域有近30万人参与了C919的研制，培育出民用航空器制造领域的一批本土人才。专家分析，以当下大飞机投入产出比1∶80计算，在维持目前C919国产化率不变的情况下，国产大飞机有望为产业链企业带来万亿元量级的市场规模。而随着国产化率的提高，将带动产业链供应链再上新台阶，为中国航空工业注入新的发展动力。

相较于国内订单，C919的海外订单较少，包括美国GECAS公司（奇异金融航空公司）、德国普仁航空公司、泰国都市航空公司等。其中，海外最大客户美国GECAS公司是商用飞机融资租赁行业的领导者，通过经营租赁和担保债务融资等方式对外提供飞机租赁业务。C919能拿下GECAS公司的订单，是未来进军美国航空市场的一个突破口。

除以上3家公司外，第20届中国—东盟博览会上，中国商飞公司与文莱骐骥航空公司签订了一份意向合同，总金额达20亿美元（约合人民币143亿元），这20亿美元对应的是总计30架的C919和ARJ-21，这对C919是一个里程碑的存在。

相较于国内订单，虽然C919获得的海外订单不算多，占不到5%的比例，但可以预见的是，只要C919在国内交付使用后能表现出极佳的性能和安全性，未来一定会大跨步地走向国际民航市场。

单说国内民航市场，本身就具有旺盛的生命力，在"两个循环"的影响下，国内市场将更加注重优势合作。另外，未来20年，老机型逐渐退役、更新，缺口将达到9084架，约占飞机总量的72%。倘若C919甚至将来的CR929能拿下这些订单，不再依仗空客和波音，那么C919就不缺订单，同时飞机制造产业链也将迎来巨大的机会。

三、军机市场

国际军机市场基本被四大供应商占据，按排名分别为美国、俄罗斯、欧洲和中国。

几十年来，美国通过其国际地位和军事领域的优势，始终位于军机销售的榜首，主导着全球的军机销售市场。大部分国家也都因为冷战后国防预算的缩减，而减少甚至停止了对军机的研究，直接依赖美国和俄罗斯的军用飞机。

早期国产飞机由于其整体性能的劣势，我国出口军机只能依靠低价竞争策略。从20世纪60年代开始，中国实现了歼-6战斗机批量出口越南、巴基斯坦等国。进入80年代，随着歼-7的日益成熟，其改进型成为当时该级别战斗机的唯一选择，在巩固了原有歼-6战斗机用户的同时，歼-7进一步扩大了中国战斗机的市场份额和影响。但伴随着美、俄、法等国的F-14、F-15、F-16、米格-29、苏-27、幻影2000等第四代战斗机的陆续出现，世界战斗机市场进入第四代战斗机取代第三代战斗机的时代。虽然第四代战斗机的成本高昂，但是其性能的提升使得第四代战斗机十分受市场欢迎。我国在国际军机市场上的压力激增，直到"枭龙"的出现（图10-3）。

2002年5月，枭龙FC-1战斗机完成设计，2003年8月25日首次试飞。枭龙是中航成飞与巴基斯坦合作的第四代轻型多用途战斗机，此战斗机采用了当时先进的四余度电传飞控系统，实现了装备性能上首次与竞争对手站在同一起点。针对用户巴基斯坦的需求，枭龙定位为具有多用途能力的空中优势战斗机，性能指标上强调了空战格斗性能和一定的近距对地攻击能力，预备替代幻影Ⅲ/5、Q-5、歼-7、F-5、米格-21等二三代战机和F-16A/B、幻影2000等早期四代战机。枭龙在中国军机出口市场上的地位是跨越性的，枭龙的出口销售扭转了中国战斗机在市场上低成本和低性能的印象。

除了枭龙外，我国第四代战斗机中的歼-10，作为成本和使用费用明显超过枭龙的中型高性能战斗机，它的出口定位是高效费比和强战斗力，未来将会逐步在世界高端战斗机市场中占据一席之地。

图10-3 枭龙原型机

近代中国的航空航天发展历程，是伴随着民族意识觉醒、民族解放和复兴而逐步兴起、繁荣的。新中国成立后，航空航天工业更是迎来了自身的发展黄金期。如今，经过数十年的发展，无数科学家与匠人艰苦奋斗，中国的航空航天事业也取得了诸多辉煌成就。

但放眼全球，中国在航空航天领域起步较晚，部分关键核心技术仍然受到国外的封锁。因此，了解世界其他国家的航空航天发展历史、现状与未来规划，对于我们自身的长远发展有着不容忽视的借鉴意义。

第十一章注重在普遍性中把握各国空天经济的特殊性——从历史发展的脉络入手，从世界航空航天发展史这一整体中抽丝剥茧，详细梳理出美国、俄罗斯等世界主要国家各自的发展轨迹。第十二章则将目光投向了各国的航空航天成果转化之路，来讨论空天领域所蕴含的经济效益，阐述了涡轮增压器、航空声呐和无线电设备这三大具有代表性的航空设备的研发缘由及其广泛的应用场景，同时也介绍了美英等国最知名的几家私营航天公司在民用领域的探索与尝试。第十三章立足于大航天时代，从政府角度出发，系统梳理了世界主要国家在航空航天领域制订的发展战略与规划，展现了一个百舸争流、群雄逐鹿的竞争格局，突出了发展空天经济在国家战略大局中所占据的重要位置。

第四编 · 群雄逐鹿

第十一章
世界主要国家的空天经济概述

第一节　各国航空经济概述

一、美国

（一）航空业的起源及早期发展

美国的航空业发展历程可以追溯到20世纪初期。那时，全世界的航空业刚刚起步，飞行器的设计和试验验证工作正在如火如荼地进行中。1903年，莱特兄弟在北卡罗来纳州驾驶着飞行者1号（图11-1）成功进行了人类历史上第一次人为操纵的动力飞行，标志着现代飞机的正式诞生。他们的成就为后来航空科技的发展奠定了基础。接下来的几年里，一些飞行先驱，如格伦·柯蒂斯等继续进行着飞行器的研发，并不断改进和完善。随着技术的发展和飞行器性能的提升，航空运输逐渐引起了公众的兴趣。

第一次世界大战期间，美国成立了航空队，用于支持盟军的空中作战，美国航空业得到了极大的发展。军方开始采用飞机进行侦察、轰炸和战斗任务，促进了飞机制造技术的进步。在此期间，美国的波音等知名飞

图11-1　飞行者1号

机制造商相继成立。战争结束后，军方剩余的军用飞机投入民用航空领域，推动了美国民航业的发展。

　　1927年5月，查尔斯·林德伯格（图11-2）完成了历史性的首次单人跨大西洋的非停歇飞行。这一壮举引起了全球范围内的轰动，标志着民航业新时代的到来。随着技术的发展和市场需求的增长，航空公司如泛美航空和美国航空相继成立，并开辟了一系列美国国内和国际航线。

　　20世纪30年代是美国航空业发展的重要时期。航空公司不断扩大自身航线网络，引入了更先进的飞机。1935年，美国道格拉斯公司推出了DC-3型客机，这是第一种只依靠客运而不是邮件运输获利的飞机，它能够为乘客提供安全、舒适的乘坐体验，一跃成为民航公司的

图11-2　查尔斯·林德伯格与
他所驾驶的圣路易斯精神号飞机

首选机型。

在法律制度方面，1925年，美国国会通过了《航空邮政法案》，授权邮政署可以与美国私人航空签订邮政航运合同。1926年，国会又通过了《航空商业法》，授权商务部设立航空商务局，规范美国境内民用飞机技术要求。这两部法律成为美国商业航空腾飞的制度基础。

（二）第二次世界大战时期

第二次世界大战期间，美国航空工业成为国家战略产业之一，飞机制造商纷纷生产军用飞机，以满足军队对飞机的需求。1940年，美国航空安全局成立，为民航和航空科技的发展提供了支持和监管。战争结束后，航空工厂转向民用飞机的生产，加速了民航业的扩张。

1947年，试飞员查克·耶格尔驾驶贝尔X-1验证机在莫哈维沙漠上空首次成功突破音障，这标志着喷气式飞机时代的到来。相较于之前，喷气式飞机具有更快的速度和更强的运载能力，极大地提升了航空运输的效率和舒适度。从20世纪50年代起，喷气式飞机逐渐取代了螺旋桨飞机，成为主流的飞机样式。

（三）民航时代与技术革新

20世纪60年代，美国航空业步入了一个新的阶段。1969年，美国航空航天局（NASA）成功将宇航员送上月球，航天技术的发展对航空产业产生了重要影响。在此时期，航空公司之间竞争加剧，航空业也逐渐发展成为一个多元化的产业。

各大航空公司，如联合航空和达美航空通过收购和合并扩大了自身的航线网络和服务范围。同时，为满足日益增长的市场需求，航空器制造商，如波音、麦道等公司不断加大技术研发投入，持续推出新机型，例如这一时期的波音747、波音757、波音767以及麦道DC-10、麦道MD-11等（图11-3、图11-4）。

图11-3　波音747

图11-4　麦道DC-10

（四）现代航空业的发展

20世纪90年代至今，美国的航空业在信息技术和全球化的推动下迎来了全新的变革。航空公司利用互联网技术提供在线预订和电子登机牌等服务，极大地提升了乘客乘坐飞机的便利性。此外，他们还加大了在环境技术方面的研发投入，以期推动航空业的可持续发展。

当前，美国航空业处于一个成熟和高度竞争的阶段。美国是世界上最大的航空市场之一，拥有数量众多的航空公司和飞机制造商。主要的航空公司包括美国航空集团、达美航空、美国联合航空公司和西南航空等。这些航空公司在国内和国际航线上拥有广泛的网络，提供各类航空服务。此外，以波音公司为代表的美国飞机制造商，也在全球航空市场上占据着重要地位。

然而，美国航空业也面临一些挑战。高度竞争、油价波动和不断变化的市场需求是其中的主要因素。此外，安全和环境问题也成为航空业的关注重点。航空公司和制造商通过持续改进技术、提升服务质量、加强环保投入等手段，实现自身的长远发展。

二、法国

（一）早期的飞行试验与发展

法国是世界飞行技术发展史上的重要国家之一。早在1901年10月19日，巴西人桑托斯·杜蒙就驾驶着他的第6艘飞艇，从巴黎郊外的圣克卢顺利起飞，完成了绕埃菲尔铁塔飞行一圈的壮举（图11-5）。在莱特兄弟的历史性飞行成功后，这些法国飞行先驱们也开始将目光转向了航空器的

图11-5 桑托斯·杜蒙

187

研制上。1906年，桑托斯·杜蒙在瓦赞的帮助下，成功驾驶其研制的14-bis飞机在法国巴黎市郊进行了公开飞行。1910年3月29日，在法国马赛附近的海面上，法国飞行家亨利·法布尔驾驶着自己设计的"鸭子"，成功完成了世界上第一次水上飞机试飞，开辟了航空发展的新方向。这一系列的壮举引起了欧洲民众对航空事业的极大兴趣。

在第一次世界大战期间，法国航空业获得了很大的发展。1909年，法国成立了世界上第一家专门的航空航天工程学校——法国国立高等航空航天学院，为军队培训飞行员和机械师。法国军队还积极使用飞机参与战争，执行侦察和轰炸任务，促使飞机技术不断进步。此外，法国还生产了一批性能优异的战斗机和轰炸机，为战争的胜利做出了重要贡献。

（二）法国航空工业的崛起

战后，法国航空工业蓬勃发展。20世纪20年代，法国最早的一批航空公司陆续成立，民航业逐步发展，开始大规模生产飞机。在此期间，法国的航空技术和设计水平逐渐赶超其他国家，成为全球航空工业的领先者之一。

20世纪30年代，法国航空业进一步壮大。1933年，法国政府整合了多家航空公司，创立了法国航空公司，这是法国航空史上一个具有历史意义的时刻（图11-6）。1936年，法国政府决定实施军工国有化，创建了7家国有化航空制造公司——6家飞机整机制造商、1家飞机发动机生产商。

图11-6 法国航空公司标志

（三）第二次世界大战时期

第二次世界大战期间，法国的航空业遭受了重大挑战和损失。1940年，纳粹德国入侵法国，法国军队被击败，很多飞机制造工厂被毁。在德国占领时期，法国的航空工业被迫为德国生产军用飞机。

图11-7 圣埃克苏佩里

但同时，一些法国航空公司和设计师秘密开展飞机设计和试飞工作。充满传奇色彩的法国抵抗运动中也有航空领域的秘密行动，例如法国飞行员圣埃克苏佩里参加了自由法国空军，他的传奇事迹和著名的飞行小说《小王子》使他成为航空史上的传奇人物（图11-7）。

（四）战后复兴和喷气式飞机时代

战后，法国的航空工业逐渐恢复，开始研究喷气式飞机。1956年，达索公司推出了法国第一款喷气式战斗机幻影Ⅲ（图11-8）。随后，幻影系列战斗机在世界范围内取得了巨大成功，成为法国航空工业的重要代表。

图11-8 法国幻影Ⅲ战斗机

20世纪50年代和60年代，法国航空业继续发展，并开始开发民用喷气式飞机。1969年，由英法两国联合研制的协和号飞机首飞成功，投入服务后主要用于执飞跨大西洋定期航线，成为世界上第一款商业运营喷气式超声速飞机。它的诞生也标志着法国航空业在超声速技术方面取得了领先地位（图11-9）。

图11-9　协和号飞机

（五）现代化与国际合作时期

1970年，法国航空工业公司成立，它是法国航空工业的重要组成部分。后来，它与德国、英国等国的航空公司合作成立了空中客车公司，成为全球最大的民用飞机制造商之一（图11-10）。

在现代，法国航空业继续保持着领先地位。法国拥有一些著名的航空公司，如法国航空和科西嘉国际航空。同时，空中客车公司继续在全球范围内制造各类商用飞机，满足世界各地航空公司的需求。但同时，法国航空业也面临着一些来自技术、环保与安全等方面的新挑战，为此，他们在无人机技术、航空材料和环保技术等方面持续进行着大量的研发工作。

图11-10　空中客车A380飞机

三、俄罗斯

（一）早期飞行试验和航空先驱

俄罗斯航空业的起步可追溯到19世纪末至20世纪初。莱特兄弟飞行成功后不久，俄罗斯的一些航空先驱开始尝试飞行。1909年至1914年，俄国的飞行员彼得·涅米罗维奇等人进行了一系列飞行试验。

第一次世界大战期间，俄罗斯航空业得到了一定的发展。军方开始采用飞机进行侦察、轰炸和战斗任务，促进了飞机制造技术的进步。然而，由于战争频发、政治动荡和经济落后，俄国的航空业在此时没有实现较大规模的发展。

（二）蓬勃发展与辉煌——苏联时期

1917年，俄国爆发十月革命，苏维埃政府建立。在建立革命政权伊始，苏联红军就组建了全俄航空管理委员会，仿制了大量英美等国的飞机。1918年12月，为了弥补现有国产仿制飞机的不足，苏联中央空气流体动力学研究院正式成立，开展飞机制造、材料、动力等方面的研究工作。1924年5月26日，苏联著名飞机设计师图波列夫领导的图波列夫设计局成功试飞了苏联第一架全金属飞机安特-2，它可载客2名、以155千米的时速飞行在3000米的巡航高度（图11-11）。

斯大林时期，在大力发展重工业的方针指导下，

图11-11　苏联著名飞机设计师——图波列夫

航空工业成为国家战略产业，得到了国家的高度重视和支持。1930年，苏联建立了莫斯科航空学院，注重培养航空领域的应用型人才，此后一直引领并推动了苏联乃至全球航空航天技术的发展。20世纪30年代，苏联开始大规模生产军用和民用飞机，图波列夫设计了一系列优秀的战斗机和轰炸机，如图-2和图-3战斗机、图-4和图-6轰炸机。

第二次世界大战期间，苏联航空工业发挥了重要作用。苏联生产了大量的军用飞机，这些飞机的加入，对反法西斯战争的胜利有着不可磨灭的影响。其中，伊尔-2重型侦察轰炸机以其结实耐用、多功能性和维护较简单而著称，成为二战期间生产规模最大的单座双发飞机之一；拉沃契金设计局设计的拉-5战斗机则以其优秀的空战性能在战争中立下了赫赫战功（图11-12）。

战后，苏联航空工业继续发展，并开始研发喷气式飞机。1947年，苏联成功试飞了米高扬—格列维奇设计局研发的米格-15战斗机，次年投入生

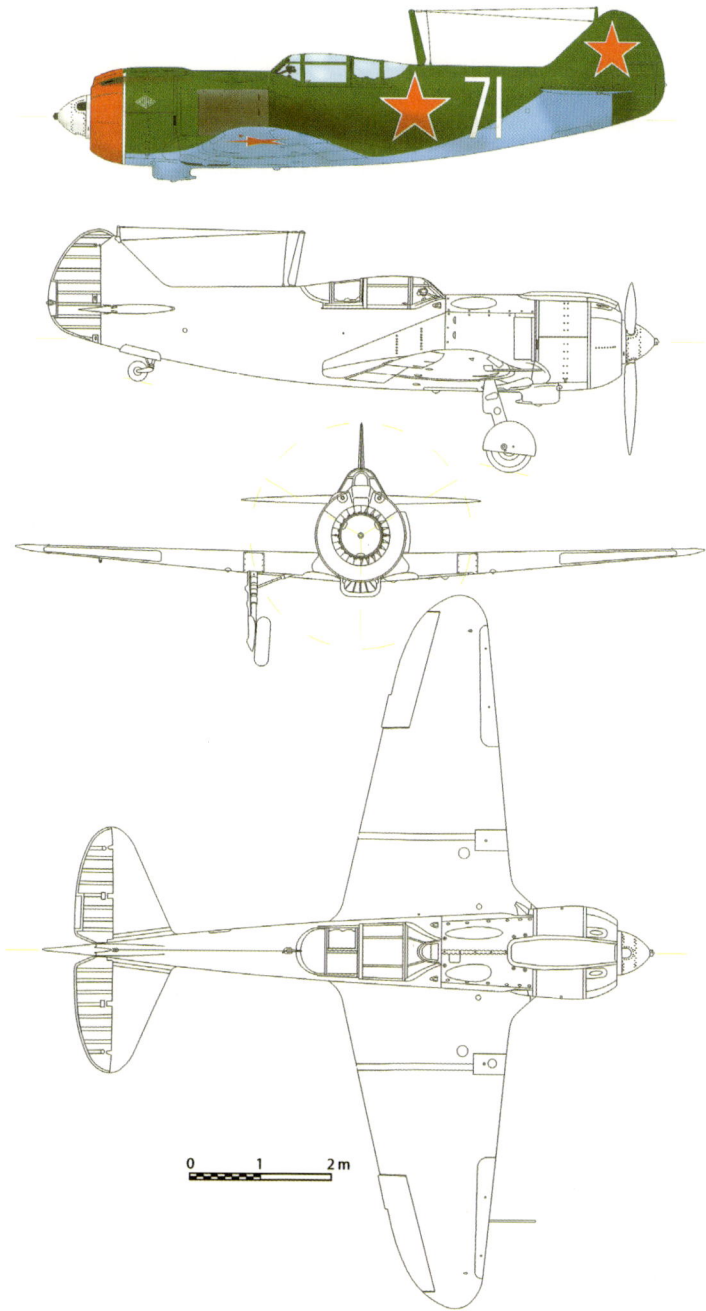

图11-12 拉-5战斗机

产，成为世界上率先成功量产的喷气式战斗机之一。此后，苏联陆续推出了一系列优秀的喷气式战斗机和轰炸机，如米格-21、米格-25和图-95等（图11-13、图11-14）。

在民用航空方面，苏联在20世纪50年代就开始着手研发喷气式客机。1956年，苏联的图-104客机首飞，成为世界上最早的喷气式客机之一。此

图11-13　米格-21战斗机

图11-14　图-95轰炸机

后，苏联又相继推出了安-10、图-134和图-154等系列喷气式客机，为自身及其盟国的民航业提供了坚实可靠的支持。

（三）艰难转型——俄罗斯联邦时期

1991年，苏联解体，俄罗斯联邦成立，俄罗斯航空业经历了一系列的挑战和变革。

20世纪90年代初，俄罗斯航空工业面临资金短缺和技术落后的局面。由于市场竞争的压力，许多飞机制造商纷纷陷入困境。同时，随着国际航空市场竞争程度的加剧，俄罗斯的民用航空公司也面临着严峻的挑战。

然而，俄罗斯航空业并没有停止发展。许多著名的设计局和制造厂如米格、苏霍伊和图波列夫等继续研发先进的战斗机和客机。1992年，俄罗斯第一架生产型苏-30成功完成了首飞，该机型后来成为俄罗斯和其他国家军队的重要装备之一（图11-15）。此外，俄罗斯还成功研发了伊尔-96等系列宽体客机，满足了国内和国际航空市场的需求（图11-16）。

图11-15 苏-30战斗机

图11-16　伊尔-96客机

　　近年来，俄罗斯航空业继续发展。俄罗斯航空公司包括俄罗斯航空、西伯利亚航空、阿维亚航空等，在国内和国际航线上提供了广泛的服务。同时，俄罗斯航空工业继续推出新的飞机型号，如苏-57战斗机和MS-21客机等，以满足不断增长的市场需求（图11-17）。

图11-17　苏-57战斗机

总体而言，俄罗斯的航空业发展历程既充满了机遇，也遍布着诸多挑战。一路走来，从早期飞行试验到苏联时期的辉煌，再到俄罗斯联邦时期的艰难转型，俄罗斯一直是全球航空技术和航空工业的重要参与者。

四、加拿大

（一）早期飞行试验

加拿大航空业的起步可以追溯到1909年，当时加拿大的飞行先驱道格拉斯·麦卡迪驾驶自己设计的"银飞镖"成功进行了一次短暂飞行。在接下来的几年里，加拿大的一些飞行爱好者慢慢开始进行飞行试验和飞机制造，但由于技术和资金限制，进展缓慢。

第一次世界大战期间，加拿大航空业得到了推动和发展。1914年，加拿大军方成立了加拿大飞行队，用于支持盟军的空中作战。加拿大飞行员和飞机参加了许多重要的战斗任务，为盟军的胜利做出了重要贡献。

（二）早期民航时期

这一时期，加拿大的民用航空业开始蓬勃发展。1930年，加拿大第一家真正意义上的商业民用航空公司加拿大航空公司成立。该公司由贝尔电话公司的子公司和其他合作伙伴共同创立，最初是为了提供飞机运输服务和邮政运输服务。之后，加拿大航空公司通过合并和扩展逐步成为加拿大最重要的民用航空公司之一，迎来了一个新的发展阶段。加拿大政府投入大量资金支持民用航空的发展，扩大航线网络和改进机场设施。加拿大航空公司开始使用更大、更先进的飞机，逐步提升航班的运力和舒适度。

（三）第二次世界大战时期

第二次世界大战期间，加拿大航空业成为国家战略产业之一。军方大规模采购军用飞机，加拿大航空公司开始转向军事运输任务。加拿大成为英联邦国家培训飞行员的主要基地之一，为战争的胜利做出了重要贡献。

战争结束后，加拿大航空工业转向民用航空市场。加拿大航空公司开始恢复民用航班，引进更多先进的飞机。加拿大政府继续支持航空业的发展，投资改造机场设施和航空基础设施。

（四）喷气时代和航空工业的发展

20世纪50年代，加拿大航空业进入喷气时代。加拿大航空公司引进了第一批喷气客机，如道格拉斯DC-8和庞巴迪CRJ系列。这些先进的飞机大大提高了航班的速度和运力，为加拿大的航空业带来了新的发展机遇。

同时，加拿大的航空工业也在不断发展壮大。庞巴迪公司成为全球著名的飞机制造商之一，生产了许多成功的飞机型号。加拿大航空电子设备公司成为全球领先的飞行模拟器制造商，提供全球航空培训服务。

（五）现代航空业的发展

20世纪70年代末，加拿大航空公司被国有化，成为独立的国营企业，并逐渐统一了加拿大的民用航空运输服务。同时，加拿大政府继续对航空业进行投资和支持，持续改善机场服务设施和航空基础设施。

近年来，加拿大的航空业继续发展壮大。加拿大航空公司在国内和国际航线上提供广泛的服务，成为全球著名的航空公司之一。此外，加拿大还有一些低成本航空公司如西捷航空和阳翼航空，提供经济实惠的航班选项。

在航空工业方面，庞巴迪公司生产各类飞机，包括商用飞机和业务飞机。加拿大航空电子设备公司提供先进的飞行模拟器和培训服务。此外，加拿大还有一些新兴的航空公司和航空技术企业，为航空业带来了新的创新和发展机遇。

第二节 世界航天经济概览

一、美国

（一）早期航天梦想和飞行试验

20世纪初，美国的航天梦想开始萌芽。在莱特兄弟的历史性飞行成功后不久，美国的一些飞行先驱开始尝试飞行试验和航天技术的研究。美国工程师罗伯特·戈达德首次提出了将火箭发射到太空的想法，并于1926年3月16日发射了世界上第一枚液体火箭，由此奠定了美国航天产业的基础。

第二次世界大战期间，美国进行了大规模的飞行器研发和试验工作，加速了航天技术的进步。战争中，德国的火箭技术表现出色，吸引了美国人的注意。1945年，美国秘密引进了德国科学家冯·布劳恩和他的团队，让他们在美国继续进行火箭研发工作。后来，冯·布劳恩担任了美国国家航空航天局的空间研究开发项目的主设计师，主持设计了阿波罗4号的运载火箭土星5号。

（二）"阿波罗"登月计划和卫星时代

冷战期间，美国开始在太空领域加大资金和人才投入。1958年，美国成立了美国航空航天局（NASA），并宣布进行人类登月计划。NASA的成立标志着美国航天产业的正式起步，其使命是开展太空研究和探索。

1958年，美国发射了首颗人造卫星探险者1号，成为世界上第2个发射人造卫星的国家。此后，美国陆续发射了一系列探险者卫星，开启了太空探索的新时代。

1961年，美国总统约翰·肯尼迪宣布了"阿波罗"登月计划，即"在

10年内，把一个美国人送上月球，并使他重返地面"。这一计划激励了整个国家，吸引了全国范围内的科学家、工程师和航天专家的参与。经过数年的艰苦攻关，1969年，阿波罗11号任务成功完成——美国宇航员尼尔·奥尔登·阿姆斯特朗成为第一位踏上月球的人类。这一事件标志着人类首次成功登陆月球，成为人类太空探索史上的重要里程碑。

（三）"天空实验室"计划和航天飞机时代

登月计划后，美国继续开展载人航天计划。阿波罗系列任务陆续进行，包括阿波罗12号、阿波罗13号和阿波罗17号等，各项任务都取得了丰硕成果。1972年，阿波罗17号任务结束后，美国的载人航天计划暂时中止。然而，美国航天产业的发展并未停滞不前。20世纪70年代和80年代，美国继续进行空间实验室和卫星项目，其中包括"天空实验室"和"太空梭"计划。

1973年5月14日，美国成功发射了"天空实验室"，这个实验室就是美国的空间站。先后共有3批9名航天员进入"天空实验室"工作：第一批3名航天员在1973年5月25日乘飞船到"天空实验室"工作28天；接着，7月28日和11月6日又有两批航天员乘飞船进"天空实验室"分别工作了59天和84天，进行了有关生物医学、太阳天文学、地球资源勘测等综合观察和实验，特别是着重研究人在长期失重条件下的反应和变化。

1981年，美国推出了首款航天飞机哥伦比亚号，这标志着载人航天飞机时代的开始。"太空梭"计划成为美国航天产业的一个重要组成部分，它不仅用于运送宇航员进入太空，还用于发射卫星和进行空间实验。1986年，哥伦比亚号进行了首次商业卫星发射任务，展示了美国航天产业的商业应用潜力。然而，在1986年和2003年，挑战者号和哥伦比亚号分别发生了发射事故，导致机组人员全部遇难。这些事故也引起了公众对载人航天飞行安全性的关注。

（四）国际合作与深空探索时期

20世纪90年代，美国开始加强国际合作。1993年，美国与俄罗斯签署航天合作协议，美国航空航天局开始与俄罗斯联邦航天局（后来的俄罗斯航空航天局）合作进行载人航天飞行。俄美合作使国际空间站（ISS）的建设成为可能。

1998年，美国航空航天局发起了深空1号任务，旨在测试新型航天器技术。此后，美国开始对深空探索加大投资，展开一系列深空探索任务，包括对火星、木星和土星等行星的探测。

（五）国际空间站建设和载人航天计划新发展

21世纪初，国际空间站的建设进展顺利。2000年，第一批长期驻留在国际空间站的宇航员抵达空间站。国际空间站成为美国、俄罗斯和其他国家合作的象征，为太空科学研究和国际合作提供了重要平台（图11-18）。

2003年，美国航空航天局宣布"太空梭"计划即将结束，航天飞机的最后一次飞行是在2011年。随后，美国开始推动新的载人航天计划，私

图11-18 国际空间站

营航天公司同美国航空航天局合作，开发了新的载人航天飞行器，以取代"太空梭"的任务。

2010年，美国继续推进深空探索。2011年，美国航空航天局正式启动了"火星科学实验室"任务，将好奇号火星车送往火星表面，进行火星探测。此后，美国相继进行了一系列火星探测任务，包括洞察号和坚韧号等。

2019年，美国航空航天局公布了"阿尔忒弥斯计划"，旨在将人类再次送上月球，并最终实现人类登陆火星的目标。这一计划将通过国际合作和私营航天公司参与的形式，推动人类探索太空的新阶段。

二、欧洲

（一）早期航天研究和国家计划

欧洲的航天产业起步较晚，早期的航天研究主要集中在20世纪20年代和30年代。许多欧洲国家的科学家和工程师在这一时期开始对火箭技术进行研究。德国的赫尔曼·奥伯特是当时的重要人物之一。1923年6月，他用数学阐明了火箭如何才能获得脱离地球引力的速度。因此，奥伯特被认为是现代火箭学科的奠基人之一。

第二次世界大战期间，欧洲的航天研究受到战争因素的影响较大。德国秘密进行火箭技术研发，由冯·布劳恩领导的团队发明了V-2火箭，这是世界上第一种投入实战的弹道导弹，是现代航天运载火箭和远程导弹的先驱。

（二）欧洲太空合作计划和欧洲航天局的成立

20世纪50年代，欧洲各国开始意识到航天技术的重要性，并发现只有通过合作才能在航天领域取得进展。

20世纪60年代，欧洲国家成立了欧洲空间研究组织（ESRO）和欧洲运载火箭发展组织（ELDO）。ESRO负责太空科学研究和发射探测器，ELDO

则负责发展运载火箭技术。然而，由于各国利益和技术分歧，ESRO和ELDO并未取得很大的成功。因此，欧洲国家决定将这两个组织合并成立欧洲航天局（ESA）（图11-19）。1975年，欧洲航天局正式成立，总部设在法国巴黎。ESA是一个政府间的航天组织，成员国包括比利时、丹麦、德国、法国、荷兰、意大利、瑞典、瑞士、西班牙和英国等国家。欧洲航天局的成立标志着欧洲大陆航天产业的集体合作和发展。

图11-19 欧洲航天局标志

1973年，欧洲航天局推出了"阿里安"（Ariane）系列运载火箭，并于1979年首次成功发射了Ariane系列的第一款火箭"Ariane 1"。这一系列的火箭作为一种可靠的运载工具，被用于发射通信卫星、地球观测卫星和科学探测器。

（三）商业卫星系统时代

20世纪80年代和90年代，欧洲航天局继续取得重大进展。

1981年，欧洲航天局发射了气象卫星梅特奥斯特2号，用于气象观测和预报。在之后近20年的时间里，欧洲航天局又相继发射了5颗梅特奥斯特第一代卫星，这代表着欧洲的气象卫星观测系统已经基本形成。

1983年，欧洲航天局还发射了第1颗商业通信卫星"Eutelsati-F1"，欧洲卫星电视业务开始兴起。此后，欧洲又先后发射了3颗同系列通信卫星，初步构建起了欧洲的卫星通信网络。

20世纪90年代，欧洲航天局开始着手开发全球导航卫星系统——伽利略卫星导航系统。这一系统旨在提供独立的全球定位服务，以减少对美国GPS系统的依赖。按照计划，该系统由多颗卫星组成，能够提供高精度的定位和导航服务。

（四）21世纪的深空探索和载人航天计划

21世纪初，欧洲航天局继续推进深空探索和载人航天计划。

2004年，欧洲航天局发射了"罗塞塔"飞船，旨在研究彗星和流星。该任务于2014年成功在彗星上着陆，并取得了重要的科学成果。

在载人航天方面，欧洲航天局与其他国家和私营企业合作，推动了一系列重要的航天项目。此外，欧洲航天局还积极参与火星探测和其他深空探索项目。如计划与俄罗斯航天局合作，实施ExoMars任务，其主要目标是寻找火星上过去或现在可能存在的生命迹象，研究火星的地质、大气和水系，为未来人类探索火星奠定基础。但该任务于2020年宣布延期。

回顾过往，欧洲的航天产业和太空探索发展历程有着辉煌的成就。欧洲航天局在航天技术、太空探索和国际合作等方面都取得了显著的成果。欧洲航天局的成立和"阿里安"火箭的研发都是欧洲航天业发展的重要里程碑。

当然，欧洲的航天产业也面临着不小的挑战。首先，航天技术的发展需要大量的资金和人力资源。欧洲航天局需要不断加大投入，提高研发水平，保持技术的领先地位。其次，国际航天竞争激烈，欧洲航天局需要进一步加强与其他国家和私营企业的合作，提高国际竞争力。最后，航天事业的不确定性和风险较大，欧洲航天局需要制订科学合理的航天发展战略，确保航天产业的可持续发展。

总体而言，欧洲的航天产业和太空探索发展历程体现了各国的合作精神，但也时刻面临着各国间复杂的利益纠葛。如何处理好成员各国间的利益纠葛，将成为影响欧洲航天业发展壮大的一个不容忽视的因素。

三、俄罗斯

（一）早期火箭研究和斯普特尼克时代

俄罗斯的航天探索可以追溯到20世纪早期，科学家康斯坦丁·齐奥尔科夫斯基和谢尔盖·帕夫洛维奇·科罗廖夫在航天史上具有重要地位。齐奥尔科夫斯基被誉为现代宇航学之父和航天工程学的奠基人之一。他于20世纪20年代首次提出了多级火箭理论和现代火箭推进方程，这些理论构成了航天领域发展的重要基石。科罗廖夫则是苏联航天计划的奠基人，他主持了苏联第一颗人造卫星的发射工作。1957年10月4日，苏联成功发射了世界上第一颗人造卫星斯普特尼克1号，这标志着太空时代的开始。

（二）载人航天和登月竞赛

20世纪60年代，苏联进行了一系列载人航天计划，为航天史上的重要事件奠定了基础。1961年4月12日，尤里·阿列克谢耶维奇·加加林搭乘东方1号宇宙飞船，成为第一位进入太空的人，也是第一位从太空中看到地球全貌的人（图11-20、图11-21）。1965年3月18日，阿列克谢·阿尔希波维奇·列昂诺夫成为第一位进行太空行走的宇航员。

图11-20 尤里·阿列克谢耶维奇·加加林

图11-21　东方1号宇宙飞船

然而，苏联在登月竞赛中输给了美国。1969年7月20日，美国阿波罗11号将宇航员尼尔·奥尔登·阿姆斯特朗和巴兹·奥尔德林送上月球，成功地完成人类历史上第一次登陆月球的任务。尽管苏联未在登月竞赛中获胜，但他们在其他领域仍取得了重要成就。苏联陆续发射了一系列宇宙飞船，持续进行无人和载人航天任务。

（三）独立建设空间站时期

20世纪70年代，苏联继续进行太空探索计划，把载人航天计划的重点转移到绕地空间站上。1971年4月19日，苏联向低地球轨道发射了世界上第一个空间站——礼炮1号（图11-22）。它是苏联空间站计划的一部分，该计划旨在建立一个在轨道上运行的、长期有人驻留的空间实验室。实验室的任务包括进行科学研究、地球观测、技术测试以及生活条件实验等，代

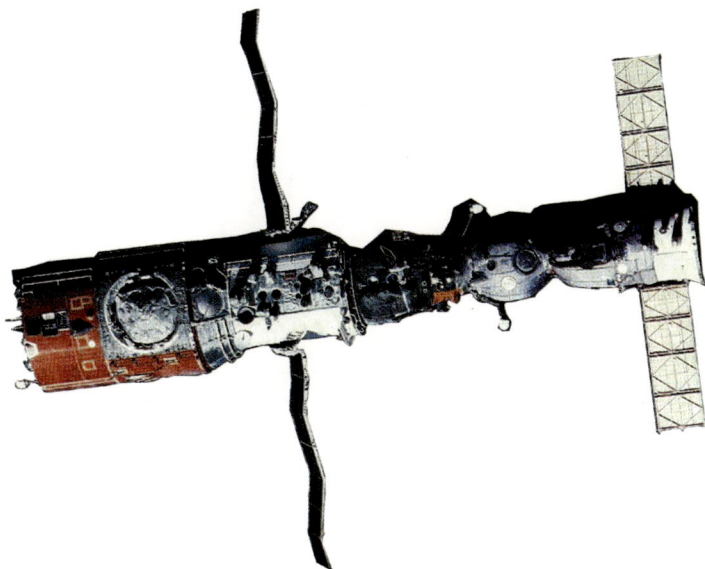

图11-22　礼炮1号空间站

表了苏联在太空站建设方面的雄心和努力。随后，苏联陆续发射了一系列礼炮号空间站，为后来的国际空间站建设做了充足的准备。

（四）国际太空探索合作时期

20世纪90年代初期，俄罗斯面临着经济困难和财政困境，航天产业受到较大影响。然而，俄罗斯航天局依然坚持发展航天事业，并与其他国家合作实施太空探索项目。

俄罗斯是国际空间站项目的重要合作伙伴之一。在该项目中，俄罗斯负责提供联盟号载人飞船和进步号货运飞船，俄罗斯宇航员也继续参与国际空间站任务，承担着对空间站的维护和供应工作（图11-23、图11-24）。

俄罗斯的航天产业和太空探索发展历程既充满了辉煌成就，也面临着诸多挑战。苏联时期，俄罗斯在太空竞赛中取得了许多重要的成就，包括

图11-23　联盟号载人飞船

图11-24　进步号货运飞船

第一颗人造卫星、第一次载人飞行和第一次太空行走等。然而，苏联解体后，俄罗斯面临着经济困难和资金短缺，航天产业受到了不小的冲击。此外，随着国际航天竞争的日趋激烈，俄罗斯航天业也需要不断提高自身竞争力。为此，俄罗斯需要寻求更多的资金支持，加大投入，保持技术的创新和领先地位；加强太空领域国际合作，积极参与国际航天项目，保证自己在太空探索领域的优势。

第十二章 •
国外的航空航天成果转化之路

第一节　国外航空航天成果的转化与发展

一、涡轮增压器——动力系统的新革命

当飞机的发展向着更高、更快、更安全的方向进行时，发动机的每一次进步，都在飞机的发展中扮演着重要的角色。自飞机出现以来直至第二次世界大战结束，航空活塞发动机统治着全世界的天空。航空活塞发动机是内燃机的一种，内燃机所遵循的规律在它身上同样有体现，最典型的就是在发动机工作时，大气密度和压力变化会影响发动机的输出功率。当大气密度降低或者大气压力降低时，发动机吸气冲程进入汽缸内的空气就会减少，与燃料混合后的气体中氧气的浓度也会减少，而氧气的减少会直接导致燃料燃烧不充分，进而使得发动机输出功率降低。这一问题在飞机发展早期由于飞行高度有限等原因可以被人们勉强接受。但随着航空技术的不断发展，飞机的飞行高度越来越高，工程师们逐渐意识到，如果要提高飞机的高空性能，必须寻找到一种手段来减少高度变化对发动机输出功率的影响。

涡轮增压器的出现，对于早期的飞行器动力来说，无异于一场革命。1905年11月16日，瑞士工程师阿尔弗雷德·比希从德意志帝国专利局申请了专利，这项专利的核心内容是利用发动机废气驱动压缩机来为内燃机提供增压空气，进而提高发动机的动力输出。但是由于当时高温材料发展水平的限制，他的设计无法得到实际运用。1916年，法国人拉托将涡轮增压器安装在雷诺发动机上，并将其装配在了TP-1飞机上，取得了一定的成功。第一次世界大战期间，美国的GE公司受美国国家航空咨询委员会（NACA）委托，在著名工程师莫斯的领导下进行涡轮增压器的研究工作，第一次研发了冷却涡轮机匣技术（图12-1）。

虽然在一战中，这种装备并未来得及取得辉煌的成就，但是该技术在战后大放异彩。1920年，飞行员驾驶涡轮增压飞机，第一次飞到了万米

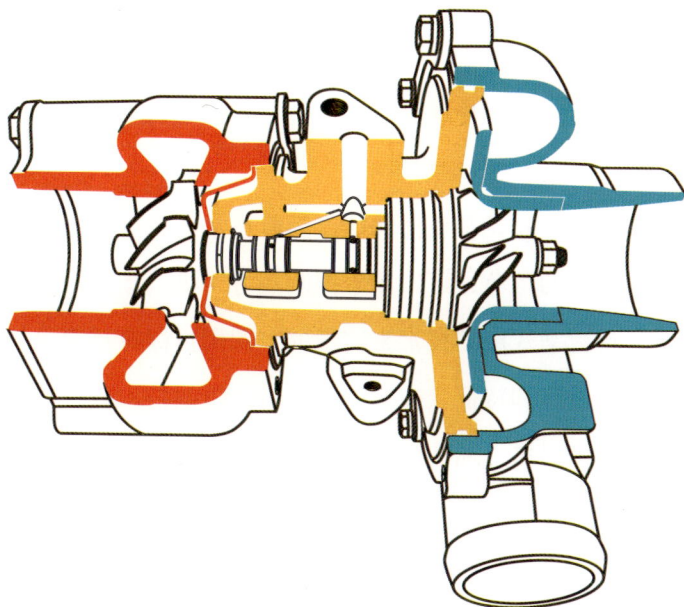

图12-1 可变截面涡轮增压器透视图

高空。二战中，美军所有的著名飞机如B-17"飞行堡垒"、B-24"解放者"、P-38"闪电"和P-47"雷电"等，几乎都使用了涡轮增压器。随着喷气时代的到来，涡轮增压器在飞机发动机的应用上结束了，但它仍在其他领域续写自己的传奇。

二、"千里眼"——航空声呐的发展

第一次世界大战中，潜艇的出现极大影响了海战的格局。德国建造的潜艇给协约国带来了巨大的损失，反潜工作由此被协约国提上战争重要议程。最早的反潜活动主要靠飞艇和目力观察，人们迫切需要一种可以判断潜艇位置和距离的工具。

1906年，英国海军刘易斯·尼克森发明了世界上第一部声呐仪，当时主要用来侦测冰山。它的原理是利用声波进行水下探测，因为相较于电磁波，声波在水中传播的衰减要小得多。1915年，法国物理学家保罗·朗之万与俄国电气工程师康斯坦丁·奇洛夫斯基合作发明了第一部用于侦测潜艇的主动式声呐设备，人们将这种早期声呐装备在飞机上，用于侦测潜藏在水底的潜水艇。

除了在军事应用方面具有反潜功能，随着技术的发展，声呐在空中侦察方面也扮演着重要的角色，可以用于探测敌方飞机、无人机、导弹等目标。这主要是通过被动式声呐技术来实现的，利用目标自身发出的噪声或引擎声音来判断其位置和特征。在空中侦察时，声呐技术可以与雷达等其他侦察装备相结合来提供更加准确和全面的情报信息。此外，防空警戒也是声呐技术在军事领域中的重要应用之一。例如，可以使用主动式声呐技术来探测和追踪敌方飞机、导弹等目标，并及时通报给防空部队，以便采取相应的措施进行拦截。同时，在敌方使用隐身技术等手段进行突防的情况下，声呐技术也可以对这些目标进行有效探测和拦截。

三、"顺风耳"——无线电设备的应用

在早期飞行中，飞机一旦飞离地面便几乎与地面信息隔绝，除了起飞、着陆时有明显的旗帜和信号灯之外，再无法收到地面的任何信息。此时，刚问世不久的无线电技术成为人们的最佳选择。早期被投入战场的飞机的主要用途是侦察敌军动向和炮兵校正，这就需要飞行员尽快向地面反馈所得情报。于是，从1914年战争爆发开始，各国便开始研制航空用的无线电通信设备。1916年，内置耳麦式头盔出现，解决了引擎噪声的干扰问题，空中与地面的语音通信终于实现，这一发明奠定了早期空管系统的基础。

第二节　航天成果转化实例——商业航天公司的兴起

随着航天技术的不断发展，美国等西方国家开始放松对航空航天技术的严格限制，并培育和支持民用航天产业的发展。随之而来的，越来越多的私营太空探索公司如雨后春笋般冒出头来，并慢慢发展壮大。

一、太空探索技术公司（SpaceX）

SpaceX是一家美国私人航天公司，成立于2002年。该公司由埃隆·马斯克创立（图12-2）。

1. 重复使用的火箭技术

SpaceX创立之初，马斯克提出将火箭回收并重复使用的概念。在这

SPACEX

图12-2　SpaceX公司标志

个早期阶段，SpaceX经历了一系列失败和挑战，但最终于2008年成功地将
Falcon 1火箭送入轨道，这是第一枚由私人公司开发的运载火箭。

2. Falcon 9的首次成功发射

SpaceX的Falcon 9火箭是一种大型的可重复使用运载火箭。2010年6月4
日，SpaceX成功发射的Falcon 9将龙飞船载荷舱送入轨道，这是SpaceX进入
国际商业航天市场的里程碑事件（图12-3）。

3. 商业货运服务

2012年，SpaceX的龙飞船成功地完成了与国际空间站的首次自动对接
任务。2014年，SpaceX与NASA签订了商业货运服务合同，开始向国际空间
站运送货物和进行科学实验。

4. 首次火箭回收

2015年12月21日，SpaceX实现了史上首次成功的火箭回收。Falcon 9在
将11颗卫星送入轨道后，成功返回地球，并在海上的无人船上降落。这一重
大里程碑事件标志着火箭回收技术的成功，进一步降低了航天运输的成本。

图12-3　SpaceX发射Falcon9火箭

5. "星际飞船" 项目

SpaceX推出了"星际飞船"项目，旨在开发一个能够进行载人太空探索的庞大载人航天器。该项目涵盖了"巨大火箭"和"宇宙飞船"两个阶段。尽管在开发过程中遇到了许多挑战，但SpaceX不断进行测试，并计划未来在星际飞船上进行载人任务和月球、火星的探索。

6. 商业航天领域的成功

SpaceX在商业航天领域取得了一定的成功，与国际空间站保持着长期的合作关系，向世界各地的客户提供卫星发射服务。通过成功地回收和重复使用火箭，SpaceX在航天运输市场上具备了强大的竞争力。

总的来说，SpaceX的发展历程是一个从最初的梦想和概念到不断取得技术突破和商业成功的过程。火箭技术的不断突破使公司成功地降低了太空探索的成本，改变了传统航天行业的格局，并开创了新的商业航天时代。

二、蓝色起源公司（Blue Origin）

Blue Origin是一家美国私人航天公司，成立于2000年，总部位于美国华盛顿州肯特市。该公司由亚马逊创始人之一杰夫·贝索斯创办，旨在推动太空探索和促进太空技术的成果转化。

1. 蓝月计划

Blue Origin成立初期，公司集中于秘密开发一种类似于月球着陆器的系统，被称为"蓝月计划"（Blue Moon，2000—2011年）。该计划的目标是开发一种能够在月球表面进行载人和货物着陆的技术。公司在最初的几年中对该项目保密，直到2011年才公布。

2. "新谜船" 项目

在蓝月计划之后，Blue Origin开始着手开发"新谜船"项目。这个项目旨在开发可重复使用的亚轨道飞行器，用于进行亚轨道飞行和微重力实验。2015年，他们成功地进行了第一次无人飞行测试，并将"新谜船"垂直降落到地面。

3. 回收和重复使用

Blue Origin在"新谜船"项目中大量测试了垂直降落和火箭回收技术。他们成功地在多次飞行中回收了"新谜船"的火箭部分，并计划将这种技术应用于未来的载人航天任务，以降低航天运输的成本。

4. "新谜船"载人飞行

2021年，Blue Origin进行了第一次载人飞行，载有创始人杰夫·贝索斯和其他3名乘员。这次历史性的飞行称为"首次成功的商业载人飞行"，成功地将"新谜船"航天器带入了亚轨道，并安全返回地面。

5. 蓝月宇宙站

Blue Origin提出了"蓝月宇宙站"计划，旨在开发能够使人类登陆月球并支持长期科学研究的登月系统。该计划旨在支持NASA的"阿尔忒弥斯计划"，并为未来的月球探索和殖民提供基础设施。

总体来说，Blue Origin的发展历程表现出对太空技术成果转化的持续承诺。他们在可重复使用技术和火箭回收方面取得了显著进展，并逐步向载人航天领域拓展。通过推动亚轨道航天和登月计划，Blue Origin致力于推进人类探索太空的边界，为未来的太空旅行和科学研究提供了更多可能性。

三、维珍银河公司（Virgin Galactic）

Virgin Galactic是一家由英国企业家理查德·布兰森创立的私人航天公司，成立于2004年，总部位于美国加利福尼亚州莫哈韦。该公司旨在开发商业航天旅行，使公众能够有机会体验太空旅行（图12-4）。

1. 太空旅游愿景

Virgin Galactic成立之初，公司的主要目标是推动太空旅游的发展。布兰森提出了"太空旅游"的愿景，计划通过开发航天器，让公众能够乘坐载人飞船进入太空，体验失重的感觉、俯瞰地球的壮丽景色。

图12-4　Virgin Galactic公司标志

2. 太空船1号的成功

Virgin Galactic研发了一种载人亚轨道航天器——太空船1号。2004年，该航天器成功地进行了两次亚轨道飞行，成为第一个由私人公司开发的能够进行载人亚轨道飞行的航天器（图12-5）。

3. 航天旅游计划

Virgin Galactic购买了太空船1号技术的商业化权利，并开始推进航天旅游计划。在此基础上，公司研发了名为太空船2号的航天器，并开展了一系列地面测试和飞行测试，以验证航天器的安全性和可靠性。

4. 航天旅游梦想破灭

2014年10月31日，Virgin Galactic的太空船2号在一次试飞中发生严重事故，使得航天旅游计划受到重大打击，公司不得不重新评估航天器的设计和安全性。

5. 测试和认证

事故后，Virgin Galactic进行了广泛调查和改进，以确保航天器的安全

图12-5 Virgin Galactic航天器

性。他们进行了多次无人和载人飞行测试，验证航天器在各种情况下的性
能。此外，Virgin Galactic与美国联邦航空局（FAA）合作，进行认证和批准
程序，以获得载人航天运营的许可。

6. 首次载人试飞

经过多次测试和改进，Virgin Galactic于2020年进行了首次载人试飞。
这次试飞将两名飞行员和一名负责监督载荷的成员送入了亚轨道高度，并
成功返回地面。

7. 商业航天服务

在首次载人试飞之后，Virgin Galactic宣布开始商业航天服务计划。他
们计划向公众提供太空旅游体验，让普通人有机会进入太空。

总体而言，Virgin Galactic的发展历程是一个充满挑战和奋斗的过程。从
最初的太空旅游愿景到事故后的重整，再到最终实现商业航天服务的目标，
Virgin Galactic在航天技术成果转化方面取得了显著进展，为太空旅游市场开
辟了新的前景，带给公众参与太空探索的机会。当然，其仍然需要不断
努力，以确保航天器的安全性和可靠性，持续推进商业航天事业的发展。

第十三章
大航天时代

第一节　太空博弈——各国的航天发展战略

近年来，世界各主要国家纷纷"开拓天疆"以维护自身利益，取得战略优势。例如，在军事战争中，掌握信息权就意味着掌握战争主动权，能够实现精准打击、情报侦察、军事通信等多重目标。随着大国关系的深度调整，美国、俄罗斯、欧洲、日本等航天大国在各自出台的最新版国家安全顶层战略或综合性规划中，均把发展航天业摆在了重要的战略位置。

一、美国

在太空探索领域，美国政府以保持领导地位为目标，全面推进航天技术发展。近年来，美国持续发布《国家安全战略》《太空国防战略》、新版《国家太空政策》和《美国太空优先事项框架》等文件，为美国航天领域未来若干年的发展提供全面指导。

（一）新版《国家太空政策》

2020年12月9日，美国特朗普政府时隔10年发布新版《国家太空政策》，取代了奥巴马政府颁布的2010年版《国家航天政策》。新版《国家太空政策》明确了美国空间活动的6项原则；指出了美国航天活动应实现的8项目标；从基础性活动与能力、国际合作、保护外空环境的可持续性、有效出口政策、空间核动力、电磁频谱保护、美国空间系统网络安全、国家关键职能8个方面制订了"跨部门指南"；从商业航天指南、民用航天指南和国家安全航天指南3个方面制订了"部门指南"，并明确了有关主管部门的职责。美国将鼓励和促进商业航天部门的持续增长，在维护美国核心利益的同时，开拓新市场，激发创业精神。

美国国家航空航天局（NASA）在新版《国家太空政策》发布后迅速做出响应。NASA局长吉姆·布里登斯廷表示，2020年版《国家太空政策》体现了美国在这个空间探索复兴时代的雄心和领导力，美国将再次跨出近地轨道，从登陆月球开始，一直到抵达火星和更远的地方。NASA将通过"阿尔忒弥斯"计划，与私营企业和国际伙伴合作，在实现人类在月球上永久驻留的目标方面发挥关键作用，同时在此期间创造动态的科学和商业机会，其中包括空间资源利用等。该政策还在以下方面为NASA提供了具体指导：①与国际伙伴合作，以科学、技术、商业、外交和教育为目标运营国际空间站，同时开发独立商业平台。②开展空间探索技术开发工作，以提高未来载人和机器人空间探索任务的能力，同时降低任务成本。③提升探测、跟踪和确定近地天体特征的能力，以便对任何可能的地球撞击事件发出预警，并确定潜在的资源丰富的天体。④观测、研究和分析地球表面、海洋和大气层及其相互作用，以改善地球上的生活。⑤开展空间科学研究，用于观测、研究和分析太阳、空间天气、太阳系和宇宙，增进对宇宙的认识，了解可能支持生命发展的条件，并寻找围绕其他恒星运行的行星和类地行星。

（二）《美国太空优先事项框架》

2021年12月1日，在华盛顿的美国和平研究所召开了拜登—哈里斯政府的第一次国家航天委员会会议，会议由副总统哈里斯主持。会议上，哈里斯发布了《美国太空优先事项框架》，概述了其太空政策的优先事项，包括应对日益严重的军事威胁和支持"基于规则的国际太空秩序"。这份《美国太空优先事项框架》文件长达7页，代表了美国新政府在太空政策上的第一个正式印记，概述了广泛领域的计划。

根据《美国太空优先事项框架》报告，美国国家航空航天局（NASA）发布了《2022年NASA战略规划》。其中，明确了NASA重点关注3个关键的优先事项：通过激动人心的任务以及与学术界合作，加强STEM（科学、技术、工程和数学）教育；利用天基观测设备、国际伙伴关系和数据共享应对气候危机；完善未来管理空间、制定保护空间环境的规则和规范。规划文件还确定了NASA的战略目标和战略目的应支持美国政府的工作，包括保持美国的全球地位、推动经济增长、应对气候变化、促进种族平等和经济平等。

二、欧洲

2016年10月26日，欧盟委员会发布《欧洲航天战略》，明确了推进航天应用、强化航天能力、确保航天自主、提升航天地位四大战略目标，突出强调推进欧洲航天一体化、加强军民航天活动统筹，彰显了欧洲提升航天国际地位和全球市场竞争力、增强国际话语权和影响力的决心。

（一）实现航天社会经济效益最大化

欧洲在航天应用方面尚不能充分获取社会经济效益。主要措施包括：制定空间数据政策，推动空间数据和产品的地面应用；着力建设第二代"伽利略"导航定位系统和"哥白尼"对地观测系统，满足欧洲可持续发展、应对全球气候变化、安全防务等需求，获得更多的社会经济效益。

（二）打造具有国际竞争力的航天产业

欧洲既面临航天关键元器件高度依赖进口、国际竞争力不足等长期挑战，也面临大量新兴企业涌入航天、传统航天发展模式需要变革等新问题，需要加快提升航天领域的创新能力，打造具有国际竞争力和创造力的欧洲航天产业。主要措施包括：加强欧盟航天产品与服务采购体系的创新，采取新的有力措施吸引私人投资；加大对航天科研的支持力度，全面提升航天创造能力。

（三）提升进入空间的自主能力

针对当前全球航天竞争不断加剧、欧洲面临的挑战和威胁日益增多的态势，必须确保欧洲在航天领域的行动自由和自主性。主要措施包括：确保独立、可靠、经济地进入空间的能力，提升无线电频谱安全和利用的能力，增强空间态势感知和应对威胁的能力，加强军民航天活动统筹。

（四）增强全球市场竞争力

欧洲在国际航天事务中应发挥领导者作用，推动航天国际贸易，掌握话语权。主要措施包括：欧盟委员会将积极开展国际空间对话，就航天出口等问题与利益相关方进行积极对话；利用经济外交手段和贸易政策工具，消除贸易壁垒；降低对航天军民两用品出口的管制力度，支持欧洲企业进入国际市场；积极推动向非欧洲国家转移航天技术，为欧洲工业界开辟新的商业机会。

（五）深化泛欧航天合作有效落实战略

加强欧盟委员会、欧盟各成员国、欧洲全球导航卫星系统管理局、欧洲气象卫星应用组织、工业界、科研机构、用户之间的紧密合作。欧盟还将拓展与欧洲环保局等政府机构的航天服务合作；同时，为推进军民两用航天计划发展，还必须加强与欧盟对外行动署、欧洲防御局、欧盟卫星中心的合作。

三、俄罗斯

俄罗斯以大国复兴为目标，系统全面规划，大刀阔斧改革。2016年，俄罗斯政府通过了《2016—2025年联邦航天计划》，明确指出了俄联邦航天发展的主要目标、优先方向、实施阶段和主要任务等，提出以空间卫星集群为基础，同时研制具有前景的新型运载火箭和航天综合设备，为国家经济、科技和国际合作领域服务，并保护俄罗斯居民和土地免遭自然灾害和人为侵害。

（一）主要目标

持续发展卫星及卫星应用，以满足国家在社会经济、科学技术和国际合作等领域的需求，确保居民和领土安全，减少自然灾害及紧急情况造成的危害，有序推进载人航天工程，同时进行先进系统和技术研发，用以支撑航天活动领域国家政策的顺利实施。

（二）优先发展方向

优先发展方向有以下几种：火箭发射，卫星及应用，技术研发，国际合作，空间科学，载人航天。

（三）实施阶段

第一阶段（2016—2020年）：主要使用上一个规划期内研制的航天器，扩大社会经济和科研用途的在轨卫星及星座，并提早为规划中的航天综合设施建设打造关键技术、组件及专用仪器，同时进行现代化技术升级，创建世界领先的运载火箭工艺生产和试验基地。

第二阶段（2021—2025年）：对在轨卫星及星座进行维护，并对部分卫星进行更新替换，使其达到世界领先水平。同时，为2025年后计划建造的先进航天综合设施提前打造关键技术、组件及专用仪器。

（四）主要任务

1.通信领域

扩大在轨通信卫星及星座，计划使在轨卫星数量从2015年的32颗增至2025年的41颗。主要任务包括：打造多功能卫星中继系统；创建可以服务于16万用户的个人移动卫星通信系统，且俄联邦境内用户平均等待时间不超过12分钟等。

2025年之前，计划实现以下目标：确保总统和政府拥有完备的移动通信服务，广播电视节目覆盖俄联邦全境；确保国家权力机关部门的通知、电话和文件精神可以及时传达，并对极其重要和危险的设施进行实时监控；确保对低地球轨道卫星及"国际空间站"进行全天候中继保障，以及运载火箭和助推装置发射时遥测数据的传输；为保障北极地区远程通信，将在高椭圆轨道部署通信广播卫星。

2. 对地观测领域

扩大在轨对地观测卫星及星座，计划使在轨卫星数量从2015年的8颗增加至2025年的23颗，这些卫星可以降低俄联邦对国外航天信息数据的依赖性，同时履行全球水文气象观测领域的国际义务。

提升对地观测卫星及星座能力，提高地区短期天气预报的可靠性，增加对近郊和农村居民点建筑情况、道路建设、周边森林情况（燃烧及砍伐等）数据的获取频率。

3. 空间探测和空间科学领域

2025年前计划发射15个航天器，主要包括："火星生物学"火星研究国际项目；实施天体物理对象科学研究计划；实施月球计划的第一阶段，建造并发射至少5个月球探测器（包括绕月探测器和落月探测器），使用无人探测器在月球表面开展研究并将土壤样本带回地球。

4. 载人飞行领域

持续运营国际空间站，为俄罗斯舱段配备正在生产的组件，并为其补充可以在2024年后进行自主飞行的系统，确保在此基础上有能力建设独立的俄罗斯轨道站。

此外，在实施月球计划的第二阶段，规划预计为2025年后的大规模月球研究建立必要的技术储备，并在2030年前实现载人登月。为此，将在东方发射场建造用于发射大型航天器的重型运载火箭综合设施，并开展可用于发射大型航天器、载人飞船和月球轨道舱的重型运载火箭的研发工作，打造新一代载人飞船并进行飞行试验（至少发射3次），研制超重型和中型运载火箭综合系统的关键构件。

5. 先进技术领域

发展基础元器件和先进技术，对于确保国家航天技术和运载火箭领域的发展前景具有重要意义。为此，俄罗斯计划完成以下工作：研制新型超高分辨率对地观测卫星和先进的中继通信卫星系统；研制使用清洁燃料的运载火箭和航天器，为运载火箭研制核动力装置及轨道助推控制系统；开发新型空间机械制造、电子设备制造、材料学工艺，使航天产品的可靠性达到世界先进水平。

四、日本

2018年3月30日，日本宇宙航空研究开发机构（JAXA）发布《第四期中长期发展规划》（2018—2025年）。JAXA将围绕"确保空间安全""促进航空航天科技在民生领域的应用""维持、强化空间科技及产业"三大要求，积极发展航空航天技术，保障国家安全并推动相关技术在民生领域的应用，为国家和社会各界提供航空航天领域发展建议。

（一）航天领域研发计划

1. 导航定位卫星

开发新型"准天顶"卫星并进行技术验证，实现获取高品质、高精度、高稳定性的导航定位信号。针对实时高精度轨道修正，精密轨道控制，对导航定位卫星的监视、分析和评价，卫星信号抗干扰、抗欺骗，卫星小型化和低成本化等课题开展研发活动，并与其他政府部门和科研机构开展合作。

2. 遥感卫星

与政府和民营机构就卫星数据的开发与利用开展合作，特别是在防灾减灾和国土管理等领域，促进研究成果转化。研发可提高遥感精度的观测传感器技术、观测数据校正技术，为气候变化等全球问题做出贡献。

3. 通信卫星

研制并部署工程测试卫星8号、数据中继试验卫星、宽带互联网工程试验与验证卫星等，提高卫星通信技术的可靠性。与相关机构共同研发和验证电推进技术、高排热技术和GPS接收机静止接收GPS信号技术。研发大容量、隐蔽性强的卫星光通信技术。构建高速空间通信网络，满足地球观测大容量、高分解能力的要求和防灾减灾的实际需求。

4. 空间运输系统

以保障国土安全、具备独立空间运输能力为目标，发展火箭发射技术并保持国际竞争力。在液体燃料火箭方面，研发低成本新型H-3运载火箭，与民营机构合作研发火箭第一级重复使用等技术。

5. 空间态势感知

开发空间态势感知（SSA）技术和系统，整合JAXA的SSA相关设施，研发空间碎片感知和危险规避技术。

6. 早期预警功能

发展对地观测卫星服务，研发卫星获取的船舶数据处理和分析技术，提高船舶故障检测率。深化与日本防卫省、海上保安厅等政府安全保障机构的合作，根据安全保障需求开展相关技术研发。

7. 空间系统功能维护

帮助评估空间系统的脆弱性，为政府决策提供技术咨询，包括未来火箭发射场的更新维护等。

8. 空间科学与探索

与国内外大学、科研机构开展多种形式的合作，推进空间领域的科学研究。探索宇宙起源、银河系及行星结构，探索太阳系生命起源，发展空间探测仪器和空间运输相关的空间工程技术。

9. 国际空间站

提高近地轨道利用率，利用空间平台开展新药研制、延寿研究、小卫星释放等活动。在ISS框架下强化日美两国科技合作，开展共同研究、设施共享。发展载人驻留技术、自动化操作技术、长期载人探索任务所需的空间医学和健康管理技术。

10. 载人空间探索

积极参与美国提出的月球基地建设项目等国际空间探索计划，发挥日本技术优势。开发空间补给、载人空间驻留、载人月面着陆和高精度导航等技术。

11. 卫星应用技术

开发卫星运行轨迹监测技术，维护和升级卫星天线等设备。开发环境试验技术，包括震动、热真空环境下的缓冲技术等。

第二节　安全与可持续——各国的航空发展愿景

一、美国

（一）《2019年战略实施规划》

2020年2月，美国国家航空航天局（NASA）航空研究任务部发布《2019年战略实施规划》，对未来25年NASA航空研究工作重点进行了描述。

一是未来民用航空运输的发展图景更为明确。文件中提出的6项战略重点是NASA为未来美国民用航空运输提出的发展路径，可以借此预见未来全球民用航空运输的图景。

二是突出发展超声速客机、垂直起降飞行器两种新型平台。这两种平台将成为未来25年美国民用航空运输领域着重研发的新航空器，其相关技术和认证标准的发展将加快。

三是持续研发使航空运输更安全、更环保的技术。包括可将无人机、垂直起降飞行器融入空域系统的先进空中交通管理概念和技术，航空系统安全性监控、故障与识别技术，飞行器自主技术、降噪设计技术、电推进技术等。

（二）《国家航空科技优先事项》

2023年3月17日，美国发布了《国家航空科技优先事项》文件，提出并阐释了保持美国航空领域全球领导地位的战略优先事项。该文件更新并取代了指导美国2020年前航空研发规划的《2006年国家航空研究与发展政策》，延续了美国从国家层面指导并规划航空科技发展的顶层设计方式，再次体现了美国对航空科技战略地位的一贯重视，也是美国实施所谓"大国竞争"战略以来首次披露航空科技发展战略方向和重点选择。

《国家航空科技优先事项》围绕三大战略优先事项提出了需要优先发展的技术，明确了优先事项研发所遵循的七大原则以及政府各部门的职责和任务。

1. 三大战略优先事项

（1）实现可持续航空。为此，美国将采取4种方法：一是与航空利益相关方协调，支持运营商采用新一代高效低排放飞机和发动机技术；二是继续投资改进基础设施和空中交通管理工具，提高飞机运营效率，大幅减少能源使用和环境影响；三是加快可持续航空燃料的开发、测试和认证，并在美国国内广泛生产和采用，重点是"即用型"燃料，希望可持续航空燃料产量在2030年达到114亿升，2050年达到1325亿升；四是开发和使用新的先进燃料，如根据消除航空汽油铅排放计划，继续为活塞飞机开发无铅燃料等。

（2）改造国家空域系统。政府将优先考虑国家空域系统现代化改造，优先发展小型无人机和先进空中交通航空器，如电动垂直起降航空器、电动短距起降航空器和其他高度自动化的电动客货运航空器等，并集成到国家空域系统；支持实施先进空中交通服务所需的飞机和技术认证监管框架、基础设施、培训和认证流程的更新。

（3）提升连通性和速度。着力探索新技术，加强航空运输的全球连通性，包括可持续超声速技术（减少起降噪声及高空排放，并显著提高机体和发动机效率）以及高超声速技术（含相关空气动力学、高速推进、先进材料）等。

2. 遵循的七大原则

（1）促进安全。政府将持续促进航空运输安全，投资用于提升空中交通管理效率和防撞的系统，提高定位、导航和授时新资源的商业可用性，创建更强韧的航空体系。

（2）保护环境。政府将推动颠覆性的技术创新，同时倡导制定州、地方和国际政策，减少排放，实现安静、清洁、节能的航空运输。

（3）提升经济竞争力。政府将创建促进私营部门创新和国际合作的体系，如支持航空新技术研发和创新的标准和监管方法，支持高风险的设计和开发方法，提高技术成熟度。

（4）加速创新。政府将继续推动先进储能技术、氢、电、替代燃料以及减少温室气体排放所需技术的研发，优先技术包括人工智能和机器学习，安全的硬件和软件系统，高强度材料，轻量化电池和充电技术，先进的推进系统，实现敏捷开发的新设计工具，能降低碳排放和提高运营效率的新燃料等，并与企业合作加快技术转化。

（5）加强国家安全。超声速和高超声速等新技术对国防安全具有重要意义，同时政府将优先考虑安全、敏捷的航空技术系统来保证航空运输安全，优先考虑现代信息技术系统中硬件和软件的设计安全，提升航空运营安全性。

（6）培养人才。政府将通过人力投资来培养航空人才，首先是建立航空技术学科社区来培养人才和创造力，营造强大的、技术先进的航空研发环境；其次是通过与学术机构、各社区以及各级院校合作，为青年提供与航空优先事项相关的学习、实习及就业机会，重点培养技能卓越的跨学科技术队伍。

（7）保障航空运输公平。政府将优先考虑改善国内和国际机场，增加机场流动性，扩大通道，并尽量满足残疾人和行动不便者的需求，保持未来航空运输的可负担性和公平性，使航空运输服务于所有社区。

3. 主要相关部门或组织的职责

（1）商务部：组织下属各局，促进航空投资、创新、安全和标准制定。其中，国家海洋和大气管理局提供气象观测、预报和天气决策支持，帮助维持飞行安全和效率；支持优化长途航线，提高运营效率、降低碳排放、提高机场容量。国家标准与技术研究院确保精密航空仪器的制造商和用户实现尽可能高的测量质量和生产率。国际贸易管理局在先进空中交通、可持续航空技术和高速飞行等领域，确保美国企业拥有在国外市场发展和取得成功的手段工具。

（2）国防部：通过技术（建模、仿真和设计工具），测试基础设施和劳动力投资、开发和应用，应对航空相关的国家安全挑战。该部应支持包括先进材料、可再生能源和存储、高超声速以及数字转型等航空技术领域，并与高校合作培养下一代具备数字技能的专家等。

（3）能源部：投资能源和环保，包括航空可再生燃料、高超声速技术、新材料和适用于航空的新制造工艺研发。该部应为可持续航空燃料大挑战活动提供资金支持，降低此类燃料经济成本、扩大生产应用；创新各种尺寸飞机的机载储能技术研究、测试；投资开发制氢和碳化硅纳米纤维复合材料；降低铝铈合金等先进材料成本，减轻航空器结构组件重量并提高强度。

（4）交通运输部：同其下的联邦航空管理局（FAA）合作制定有利的政策法规，以促进创新并维护航空安全；继续与行业和社区合作，优化航空运营效率，减少航空噪声和排放。

（5）国家航空航天局：通过可持续飞行国家伙伴关系，开发和验证超高效飞机所需的一系列技术，使下一代窄体机和宽体机分别有望在2035年和2040年投放市场，耗油率比当前同级最优飞机降低30%，并减少噪声和常规污染物排放；探索飞机和推进系统，如利用非即用型能源（低温燃料等）、混动/全电推进技术；评估可持续航空燃料和其他非传统燃料的可行性、气候影响以及相关技术，确保使用安全；通过X-59超声速飞行验证来评估超声速技术的社区可接受性，寻求降低起降噪声、高空排放和提升飞机效率的相关方法，促进高超声速关键基础技术研发；探索最先进的空域和安全管理工具。

（6）国家科学基金会：投资核心科学领域的研究，如自主控制、人工智能及机器学习；先进材料和结构；未来制造；嵌入式传感器和算法；电池和储能技术创新；使氢能成为可行燃料的创新；可持续航空燃料；新测量技术等。

（7）国家运输安全委员会：开发和扩展调查流程和工具，为无人机、先进空中交通、超声速飞机和清洁能源等新兴交通技术和系统的事故调查做好准备。

二、欧洲

2022年6月14日的柏林航展峰会上，欧盟正式对外发布了欧洲航空业新一轮的战略纲领《航空绿色协议》。这是继《欧洲航空业：2020远景》（2001年发布）和《航迹2050》（2011年发布）后，欧洲航空业发布的第3版顶层战略。该协议将取代《航迹2050》，为变革期的欧洲航空业设定全新的发展方向，以及可量化的发展目标。

《航空绿色协议》除了保留《航迹2050》中提出的"到2050年实现气候中和"和"满足社会需求"之外，新战略强调了要"保持能源的灵活性"和"保证乘客健康"，这两点都是与当前国际形势密切相关的。此外，《航空绿色协议》还对2050年欧洲航空业在全球航空业的定位和角色进行了展望，明确提出了极具野心的目标：到2050年，欧洲航空业在全球市场份额达到60%以上。而在《航迹2050》中，设定的目标仅为40%以上。

文件将设定的欧洲航空业发展愿景分解为三大总体目标，并指出了推动欧洲航空业发展的四大关键行动。

（一）三大总体目标

1. 实现航空业的气候中和

到2050年，根据联合国可持续发展目标，在充分可持续的背景下（环境、经济和社会），实现气候中和以及全球接受的工具和模式，将循环经济理念与其他交通方式结合起来，为实现气候中和的出行发挥重要的作用。

2. 以乘客为中心

确保航空业的发展，可满足所有公民（不限于旅客和顾客，也包括受到航空噪声和其他干扰影响的居民）的可持续性和其他需求。这一目标还包括满足教育系统和熟练劳动力的需求。

3. 拓展全球领导力和提升竞争力

设计和应用必要的工具，通过提供最高质量、高性价比、创新的产品和服务，发展和维持所需的人力资本、知识和技能等，保持欧洲航空业在整个供应链（包括研究人员、制造商、基础设施和飞机运营商以及服务提供商）的全球领导地位和竞争力。

（二）四大关键行动

（1）重视教育、培训和研发，建立人力资本、知识和理念，支撑航空发展和持续改进。

（2）加快开发、演示验证和部署，确保研究思路尽可能快速、安全、可靠和高效地从概念推进到落地应用。

（3）布局数字化转型，确保航空从人工智能和大数据等领域获益。

（4）关注航空业的安全，确保航空能够抵御现实和网络世界中不断变化的风险、威胁和破坏性事件。

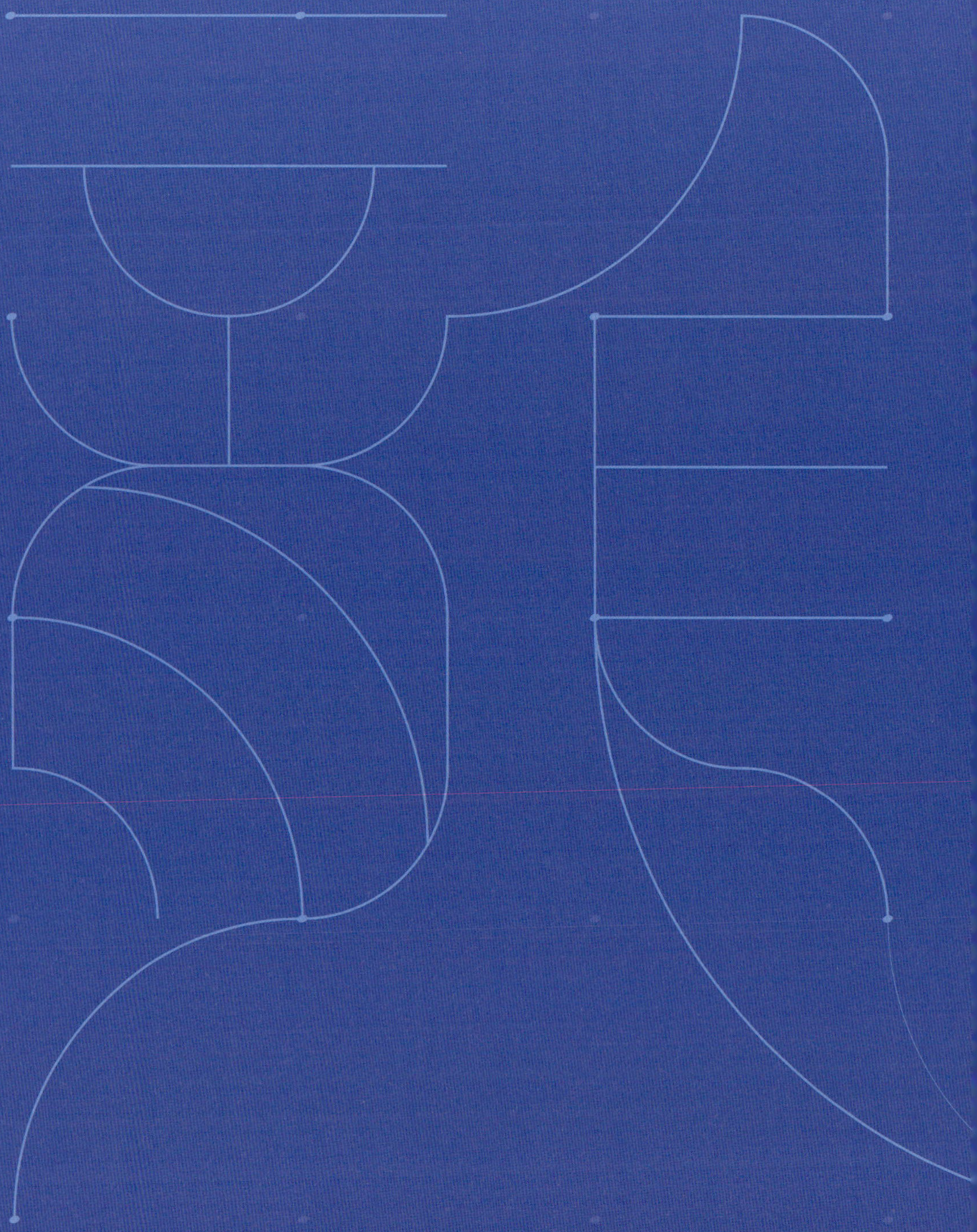

第五编 · 龙吟九霄

党的十八大以来，以习近平同志为核心的党中央高度重视中国航空航天事业的发展，取得了一系列举世瞩目的成就。站在新的起点上，二十大报告进一步提出了加快建设航空强国的目标。中国航空航天事业已经形成一定的基础，孕育了不少相关企业，基本覆盖了各个主要领域，总体产业规模和产业生态在全世界仅次于美国。但从客观上来看，中国航空航天技术仍与世界技术领先的国家有着一定的差距，要具体分析目前存在的问题和困难，一步步克服挑战，逐步缩小与世界航空航天技术领先的国家的差距，实现不懈追逐的中国梦。

本编主要介绍目前中国航空航天面临的困境及挑战、经济技术转化之路和可持续发展之路，从各个行业角度深度分析中国航空航天事业的发展状况。第十四章主要介绍了中国航空航天当下的困境以及陷入该困境的主要原因；第十五章、第十六章主要介绍了中国航空航天在各个领域的技术成果以及经济成果如何转化到其他领域；第十七章主要介绍了中国航空航天可持续发展的道路以及对航空航天事业发展的未来展望。

第十四章
中国航空航天面临的困境与挑战

　　在人类探索宇宙的过程中，航空航天事业的发展一直处于重要地位。然而，随着时代的变迁和技术的飞速发展，航空航天正面临着前所未有的困境与挑战。从市场饱和、技术更新换代到环境保护压力，一系列复杂因素交织在一起，对这个行业产生了深远的影响。本章将深入剖析我国航空航天当前所面临的困境与挑战，旨在揭示其背后的原因，以期为行业的可持续发展提供有益的思路和建议。

第一节　航空篇

一、制约我国通用航空发展的主要原因

（一）低空空域管理体制改革迟缓

　　1000米以下的飞行区域是低空空域，如图14-1所示，中国或将适度放开10个1000米以下低空空域，但仍未落实。"低空开放"指解除部分航空

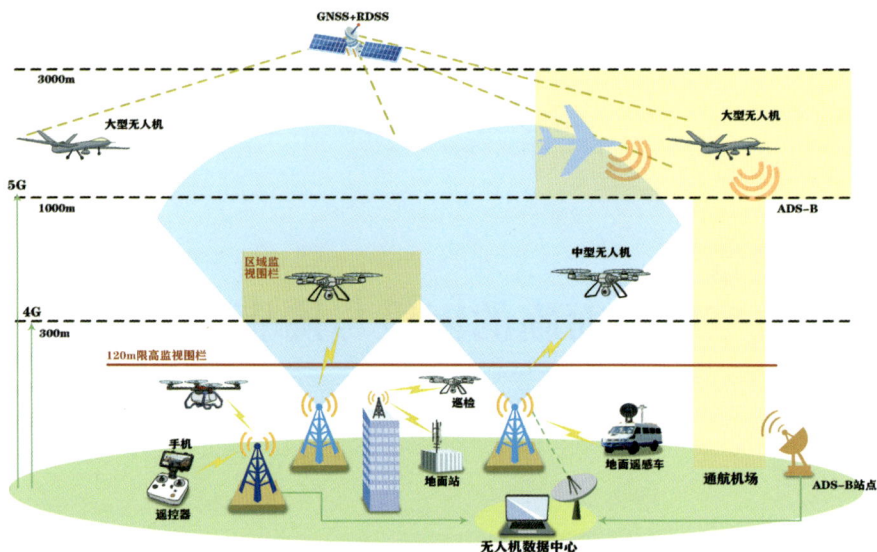

图14-1　低空空域示意图

器在某些低空空域活动的封锁、禁令、限制等。低空空域的使用权放开是
通用航空发展的基础。2008年"低空空域管制"这一概念被提出，2010年国
务院、中央军事委员会发布了《关于深化我国低空空域管理改革的意见》，
之后相继出台了《低空空域使用管理规定（试行）》《关于促进通用航空业
发展的指导意见》《低空飞行服务保障体系建设总体方案》等一系列推动低
空空域开放的文件。低空空域开放程度不够，一直以来都是我国通用航空
发展的政策痛点，主要有两个层面的因素：其一，在政治思想层面上，很
难在低空领域改革政策建议上达成统一意见，一个好政策的有力实施离不
开大量拥护者的大力支持，而学者以及专家对低空空域开放议题一直存
在着不一致的观点，主要原因在于行动者的偏好和立场不同，一部分学者
认为低空空域开放会带来空中管制的问题，另一部分学者认为低空空域管
理体制改革迟缓制约了通用航空产业的发展，因此在是否推动低空空域开
放、如何推动低空空域开放以及低空空域开放进程等问题上，行动者的意

见不一致，从而导致这项政策推进迟缓。其二，在管理体制层面上，低空空域飞行活动必须经过批准，且与中高空空域是同样的审批和管制方式，虽然经过一系列改革，取得了部分阶段性成果，但进程迟滞于通用航空发展的需要，通用航空企业"起飞难"这一问题尚未解决。

（二）基础保障不充分

基础保障不充分主要表现在以下几个方面。

1. 通用航空机场建设与规划目标差距甚远

根据通用航空飞机制造商协会（GAMA）统计，截至2022年，我国通用航空机场的数量仅为399个，而美国的通用航空机场是我国的49倍，可见我国通用航空机场数量严重不足。此外，我国没有建立完善的固定基地运营商（FBO），通用航空企业主要的服务仍停留在基本托管的层次。

中国通用航空机场存在如下几个较为突出的问题：①数量不足：与发达国家相比，中国的通用航空机场数量相对较少，尤其在一些地理条件复杂、交通不便的地方，缺乏通用航空机场，影响了通用航空业的发展。②设施不完善：一些通用航空机场的设施不完善，例如航空管制设施、机场运行管理设施、维修设施等，这些因素都限制了机场的运行效率和服务水平。③运营效率低下：由于技术和管理水平等原因，一些通用航空机场的运营效率不高，无法有效地满足航空业务的需求。④开放空域不足：在中国，通用航空的开放空域相对较少，且申请开放空域的过程复杂，这在一定程度上限制了通用航空机场的使用和发展。⑤规划不合理：一些地方在建设通用航空机场时，可能存在规划不合理的问题，比如机场布局不合理，没有充分考虑到未来的发展需求，导致一些机场在建设后难以进行扩展。⑥安全隐患：由于技术和管理等因素，部分通用航空机场存在一定的安全隐患，如机场周边建筑物过高、飞行安全区域不够明确等，这些都可能影响飞行的安全。为了解决这些问题，需要政府和相关部门加大对通用航空业的支持力度，优化相关政策，提高机场建设和运营水平，同时也需要企业自身加大投入，提高管理和服务水平。

2. 法规标准体系尚不完善

完善通用航空相关立法是通用航空的立足之本。但是目前通用航空的相关立法非常少，不能对其发展起到科学全面的统筹规划作用。此外，关于通用航空的法律也非常传统与笼统，很多地方亟须进一步规范和完善。

3. 飞行服务站平台建设滞后

作为通用航空支持体系的基础构成，飞行服务站扮演着为通用航空提供全方位无偿信息及服务的角色，这些服务涵盖飞行计划服务、气象信息提供、航空和飞行情报提供，以及预警和救援协助等多项功能，其职责类似于商业航空运输公司的运行控制中心。

4. 通用航空航空器研发制造核心技术不足

通用航空航空器研发制造中的核心技术不足体现在以下几个方面：①高级材料和制造工艺：如果没有足够的研发能力去探索和使用先进的材料，如复合材料和先进的金属合金，以及相关的制造工艺，这将直接影响航空器的性能和效率。②发动机和推进系统：发动机是决定飞机性能好坏的关键因素，如果缺乏研发和制造先进发动机的能力，将直接影响飞机的航程、载重、速度等性能指标。③航空电子设备和航电系统：航电设备和系统的技术水平直接影响飞行的安全和舒适度，如果缺乏研发和生产高级航电设备和系统的能力，将会对飞机的整体性能产生负面影响。④航空动力学专业知识和结构设计：飞机的气动设计、结构设计以及飞行性能分析需要复杂的计算和实验，如果缺乏这些方面的专业知识和技能，将难以设计出具备优良性能的飞机。⑤安全性和可靠性技术：包括在设计、制造和运行过程中的飞机系统安全分析、飞行安全性分析、可靠性分析等，如果这些方面的技术不够成熟，将直接影响飞机的安全性和可靠性。⑥环境和噪声控制技术：随着环保要求的提高，越来越多的技术研发被用于减少飞机对环境的影响，包括排放控制和噪声控制，如果这些技术不够成熟，可能会导致飞机无法满足越来越严格的环保要求。这些技术短板可能会限制通用航空航空器的性能、安全性、舒适性和环保性，进而影响其在市场竞争中的地位。

（三）大多数通用航空企业经营困难

大多数通用航空企业经营困难主要体现在以下几个方面：①资金缺乏：由于通用航空市场规模相对较小，经营者往往难以获得足够的资金支持，这无疑限制了他们的研发、运营和市场推广能力。②技术研发能力不足：小型通用航空企业由于规模限制，往往缺乏足够的研发投入，导致技术研发能力不足，难以开发出具有竞争力的新产品。③市场准入门槛高：航空业的市场准入门槛通常较高，包括严格的安全和质量标准、复杂的认证过程等，小型企业往往难以承受这些高昂的成本和时间投入。④服务网络不完善：小型通用航空企业由于资源有限，往往难以构建完善的服务网络，包括维修、维护、训练等服务，这会影响其产品的竞争力。⑤营销能力不足：小型通用航空企业可能缺乏专业的市场营销团队和渠道，难以有效地推广其产品和服务。⑥政策环境不稳定：通用航空企业可能面临政策环境的不确定性，例如政策的突然变动、法规的复杂性等，这都可能增加企业的经营风险。⑦人才缺乏：小型通用航空企业可能面临人才短缺的问题，无论是飞行人员、技术人员，还是管理人员，他们都是企业成功的关键。这些问题互相影响，形成恶性循环，使得通用航空企业的经营更加困难。解决这些问题需要政策的支持、企业的创新以及整个行业的协同努力。

（四）应对重大突发事件的能力不足

以2020年新冠肺炎疫情为例，疫情的发生给整个国家的经济重重一击，多行业经济出现显著的缓慢增长，甚至负增长，航空行业也不例外。

从飞行时间上看，受新冠肺炎疫情影响，如图14-2所示，2020年上半年，通用航空飞行时长共34.7万小时，同比下降28.7%；7月，通用航空飞行10.9万小时，同比增长7.4%；8月，通用航空飞行10.5万小时，同比增长9.3%。

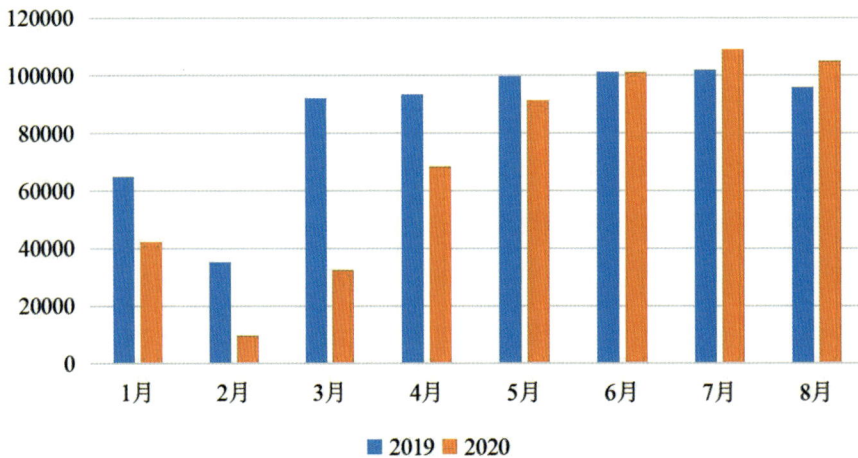

图14-2 2019—2020年1—8月通用航空作业小时

从航班取消和需求上看，疫情发生后，各国纷纷采取旅行限制措施，包括封锁边境、取消航班和限制入境等，这导致了航班大量取消和旅客需求急剧下降。航空公司不得不削减航班数量，甚至完全停飞，给航空公司造成了巨大的经济损失。

从营收方面上看，航空公司的主要收入来源是机票销售和附加服务，疫情防控导致旅客需求锐减，机票销售量大幅下降，营收急剧减少。此外，航空公司还面临着机票退款的压力。

从运力过剩和航空公司破产上看，疫情防控期间，航空公司的机队规模相比需求量过大，导致航空运力过剩。航空公司整体面临着运力利用率低下和座位填充率下降的困境。一些小型航空公司甚至面临破产和倒闭的风险。

从成本和财务压力上看，航空公司面临着高昂的运营成本，包括燃油成本、人力成本、机场费用等。同时，航空公司还需要采取额外的安全措施和卫生防护措施，增加了运营成本。财务压力的增加使得航空公司难以维持正常的运营和发展。

（五）高成本

通用航空涉及飞行器的购买、维护、燃料和保险等多方面的费用。这些高昂的成本使得通用航空对大多数人来说仍然是一个昂贵的选择，限制了其发展的规模和普及程度，主要体现在以下几个方面。

第一，飞行器购买成本。通用航空需要购买适当的飞行器，例如私人飞机、直升机等。这些飞行器的成本通常非常高，包括购买价格、注册和保险费用等。

第二，运营成本。通用航空的运营成本包括燃料、维护、机组人员和地面服务等费用。燃料是一笔显著的开支，航空燃油价格波动不定，对运营成本产生了重要影响。维护和保养飞行器也需要大量资金，包括定期检查、维修和更换零部件等费用。此外，机组人员和地面服务人员的工资和培训成本也是通用航空运营的重要开支。

第三，地面设施成本。通用航空需要合适的机场和地面设施来支持其运营。机场设施包括停机坪、机库、航行区、航空交通管理设施等。这些设施的建设和维护非常昂贵，特别是对于小规模的通用航空机场来说，往往难以承担起这些费用。

第四，保险费用。通用航空的飞行风险较高，因此需要购买高额的飞行保险来保障飞行安全。航空保险费用是通用航空运营的重要支出，对于小规模的通用航空飞行器和运营者来说，保险费用可能相对较高。

（六）技术突破困难

在航空飞行器方面，航空飞行器的研发需要应对复杂的技术难题。例如，提高飞机的飞行速度、减少燃料消耗、增加航程以及提高飞行的安全性和可靠性，都是技术上的挑战。解决这些难题需要进行大量的研究和开发，以及对材料、动力系统、飞行控制和航空电子等技术方面的不断创新。首先，从设计到制造，再到测试和验证，都需要高昂的成本。同时，航空工业还面临着竞争激烈的市场环境，需要在控制成本的同时保证产品的质量和性能。其次，航空飞行器对安全性要求极高。飞行器设计和制造的每个细节都必须经过严格的验证和测试，以确保在各种极端条件下的安全运行。这需要投入大量的研发时间，同时建立完善的安全标准和监管制度。最后，航空飞行器对环境的影响也是一个挑战，航空燃料的消耗和废气排放对气候变化和空气质量造成影响，因此航空工业需要寻求更环保的解决方案，如开发更高效的发动机和推动电动化技术的应用等。

在航空材料方面，航空材料需要具备较高的强度和刚度，以应对飞行过程中的负荷和振动。然而，许多高强度材料往往以较高的密度为代价，增加了飞机的重量，从而增加了燃料的消耗和排放。因此，航空材料的研发需要在性能和重量之间寻求平衡，以实现更轻、更坚固的结构。

二、制约我国运输航空发展的主要原因

（一）国内航空运营企业竞争力不足

国内航空企业竞争力不足表现在以下几个方面：从自身的服务质量和成本控制方面来说，服务质量是航空公司竞争力的重要体现，包括航班的准点率、服务态度、飞机设施等各方面都会影响旅客的选择。如果服务质量不高，那么公司的竞争力就会受到影响，而往往直接影响服务质量的是航空业的运营成本，包括飞机购置和租赁、维护、燃油、员工薪酬等方

面，因此，如何合理控制成本并提升自身服务质量是增强航空运营公司竞争力的关键。从航线布局以及航班密度来说，合理的航线布局和航线密度能够使航空公司在市场中占据有利的地位，为旅客提供更多的选择，减少由于企业的资源过于集中而导致其他运营公司难以立足的现象。从创新方面讲，一个航空公司的创新程度很大程度上取决于该公司的人才储备，如果没有足够的专业人才，将极大程度地影响其运营效率和服务质量，同时也直接关系到该公司的创新能力和竞争力。

（二）高铁与民航业发展的竞争

在运输业竞争格局中，航空运输公司的竞争者并非仅限于同一行业内的公司，也包括其他运输领域的企业，例如铁路运输，尤其是高速铁路。对比飞机，高铁具有更大的潜在客户群体和更高的载客能力，尤其在中短程运输领域，由于其便捷的乘坐体验和较大的车厢空间，高速铁路吸引了大量旅客。高铁的投入运营对航空运输的快捷优势形成了直接挑战，从而在其运营覆盖区域内引发了与航空运输的全面竞争，尤其是在商务和公务等高端客户群体中。再者，由于高铁受天气因素影响小，其准点率相对于航空运输要高，因此，在中短程运输市场，高铁对航空运输业的地位构成了重大冲击。

第二节 航天篇

一、缺乏推行航天技术创新的经济体系

航天经济是一个高度技术密集、高投入、高风险的领域，市场基础不完善，缺乏推行航天技术创新的经济体系，具体表现在以下几个方面。①资金

投入不足：航天技术的研发和实施需要大量的资金投入。如果市场基础不完善，可能会导致资金来源有限，从而限制了航天技术的研发和创新。②政策支持不够：政府的政策支持在航天经济发展中起着重要的推动作用。如果政策支持不够，可能会影响航天技术的研发和推广。③技术创新能力不足：航天技术是一个高度技术密集的领域，需要高级的技术人才和创新思维。如果缺乏这些，可能会限制航天技术的发展。④市场需求不明确：航天技术的研发需要明确的市场需求作为导向。如果市场需求不明确或者不稳定，可能会影响航天技术的研发方向和进度。⑤法规环境不完善：航天活动需要相应的法规环境来保障其合规性。如果法规环境不完善，可能会增加航天活动的法律风险。⑥产业链不完整：航天经济的发展需要完整的产业链支持。如果产业链不完整，可能会影响航天技术的研发、生产和服务的全过程。为了改善这种情况，需要加大资金投入，提供更多的政策支持，培养和引进更多的技术人才，明确市场需求，完善法规环境，优化产业链等多方面的共同努力。

二、缺乏一套符合我国航天事业发展现状的机制

缺乏符合我国航天事业发展现状的机制，具体表现在以下几个方面。①资金方面：航天项目需要大量的资金投入，而政府是主要的资金提供方，如果政府的资金支持不足，可能会影响航天项目的研发和实施。②政府政策指导方面：政府的政策指导对于航天事业的发展至关重要，如果政府发挥的作用不充分，就会导致航天项目的发展方向不清晰，从而影响其发展效果。③市场准入机制方面：在一个健全的市场机制中，市场准入机制是至关重要的，如果限制私人企业进入航天市场，就会限制其市场的竞争力。④科研成果转化机制方面：政府应该建立一套有效的科研成果转化机制，以便将科研成果转化为实际的产品和服务。目前这个机制尚不畅通，从而影

响了航天事业的发展。要改善这种情况，政府可能需要提供更多的资金支持，明确政策指导，建立健全市场准入机制以及建立有效的科研成果转化机制等。

三、相关的法律体系和政策体系尚未完善

首先，缺乏明确的方向和目标。详细的发展战略可以为航天事业提供明确的方向和目标，一旦缺乏这样的战略，可能会导致行业的发展缺乏明确的方向，资源分配不合理。其次，缺乏有效的法律保障。一套完善的法律体系可以为航天事业提供有效的法律保障，保障航天事业的正常运行，避免可能出现的法律风险。就目前而言，我国法律体系在航天这一领域仍有所欠缺，法律体系和政策体系的不完善可能导致市场环境的不稳定，影响投资者的信心，进而影响航天事业的发展。最后，缺乏政策支持。政策体系是航天事业发展的重要保障，航天相关的政策体系不完善，可能会导致航天事业缺乏必要的政策支持，从而影响其发展。为了改善以上情况，需要制定详细的发展战略，完善相关的法律体系和政策体系，以推动航天事业的发展。

第十五章 ·
中国航空航天技术成果转化之路

　　党的十八大以来，我国深入实施创新驱动发展战略、军民融合发展战略、制造强国战略等，而科技成果转化在各项国家战略实施中始终发挥着不可或缺的作用。科技成果转化是一项高度复杂的系统工程，我国在航天技术的民用转化上与国际水平还存在差距。因此，无论是航空还是航天方面，促进技术成果向现实生产力转化是科技创新链条上重要的环节。

第一节　航空篇

　　习近平总书记在中国科学院第十九次、中国工程院院士第十四次大会上发表重要讲话，要加大应用基础研究力度，以推动重大科技项目为抓手，打通"最后一公里"，拆除阻碍产业化的"篱笆墙"，疏通应用基础研究和产业化连接的快车道，促进创新链和产业链精准对接，加快科研成果从样品到产品再到商品的转化，把科技成果充分应用到现代化事业中去。

航空工业着力打造国家战略科技力量、支撑国家战略性新兴产业发展，从制度建设、模式创新、实施激励、平台建设、人才培养等5个方面，系统谋划、体系推动科技成果转化工作，产生了一批可转化的科技成果，取得一定的实效。未来，航空工业将乘势而上，进一步加强科技成果转化推进力度，培育更多优质科技成果（声呐、遥感、无线电、3D打印），实现可持续发展。

一、中国航发湖南动力机械研究所

中国航发湖南动力机械研究所成果转化的对象是研究所内部的型号与项目，转化路径有直接转化和二次开发转化两种。该所成果转化的典型代表有AES-100涡轴发动机和发动机用水力测功器等。AES-100涡轴发动机是我国第一型具有自主知识产权和竞争力的1000千瓦级先进民用涡轴发动机，其总体指标与国际先进民用涡轴发动机相当，在经济性、安全性、可靠性、保障性和维修性上具有市场竞争力（图15-1）。该型发动机的研制

图15-1 AES-100涡轴发动机

采用直接转化的技术，包括中等热力循环参数民用涡轴发动机总体匹配技术、低污染小流量燃油雾化技术、小尺寸复合冷却空心涡轮叶片技术和附件传动高速小型轻质化技术。水力测功器是航空发动机研制和生产过程中不可或缺的试验测试设备，由研究所下属全资子公司株洲六零八所科技有限公司作为主承研单位，研究所提供技术支持，成果归子公司所有，主要用于解决研究所试验需求。目前，该发动机已完成首飞，正在进行首翻期寿命适航考核试验，预计于2024年2月完成。

二、中国航发西安动力控制有限责任公司

中国航发西安动力控制有限责任公司（以下简称"西控公司"）转化效果比较显著的代表性成果是高压大流量柱塞泵研制技术，二次开发后由航空技术领域转化到兵器陆装技术领域。

随着军事装备现代化水平的不断提高，车辆和装备对液压系统的性能要求也越来越高，对高压、大功率柱塞泵的需求日益急迫。但是特种车辆使用的中、高压液压泵和多种液压元件全部长期依赖进口，且只能选用性能参数略低的产品替代，严重制约了车辆的功率密度和机动性能。西控公司研发的高压大流量柱塞泵能够满足我国航空发动机研制的需要，其工作环境、技术指标与车辆/装备液压系统的要求却大不相同，为了能够满足车辆/装备的迫切需求，公司采用以自身为主、联合科研院所的开发模式，专门成立了无级驱动事业部，建设设计、生产、试验、装配生产线，发挥航空发动机高压燃油柱塞泵和高压柱塞泵/发动机研制的技术基础和专利优势，以及高校、科研院所在计算和仿真分析上的特长，借鉴成熟经验，通过引智工程，组建项目团队，合作开展技术攻关和转化。转化涉及的技术包括摩擦副油膜设计技术，高负荷、高转速滑靴和柱塞、转子和分油盘的结构设计技术，耐高压、长寿命摩擦副双金属毛坯制造技术，控制大尺

寸、高负荷、盘类零件热处理变形技术，高精度曲面计量技术，大功率静压传动系统设计技术，大功率静压传动装置试验验证技术。

目前利用该技术基本形成了联体泵/发动机系列产品、高压柱塞泵系列产品、高压柱塞发动机系列产品、战车液压系统产品，基本实现在兵器细分市场的布局。产品全面进入装甲车辆预研、现役、维修等领域，大幅提升了车辆的机动性能，质量稳定，工作可靠，性能参数达到同类产品的国际先进水平，不仅可以应用到陆军装备、工程机械领域的产品研发，还可以推广到航空、航天、兵器、船舶、商用车辆等高端装备制造业中的液压机械领域，大幅提升了产品的功率密度和使用寿命，使我国液压产品从中、低端技术水平向高端技术水平迈进。

第二节 航天篇

载人航天工程是一项"既高大上，又接地气"的事业，在自身发展的同时，又可以带动相关产业升级，推动经济社会发展，与国计民生密切关联。中国载人航天工程发展30年来，初步统计有4000余项技术成果被广泛应用于国民经济的各个行业，带动了原材料、微电子、机械制造、通信、种业等方面的技术创新、工艺创新和产业升级。

一、化工业

（一）航天漆

"游离甲醛、挥发性有机化合物含量不到国家标准含量允许的1/20，苯类物质、可溶性重金属含量基本为零……"这是国家化学建筑材料测试中心对某航天漆产品的检测数据，这说明其品质可与市场上最高端的涂

图15-2　"HT-L航天粉煤加压气化技术"示范装置外景

料媲美，而价格只是市场中等水平。未来，航天漆将走进越来越多的百姓家中。

（二）气化炉

中国航天科技集团公司一院所属航天长征化学工程股份有限公司利用航天发动机原理研制出了HT-L航天粉煤加压气化炉（图15-2），也称为航天炉，是航天煤粉气化技术的核心设备。简单来说，这炉子能够把固体的煤加热后生成煤气，这样不仅能够提高煤的燃烧效率，生成煤气后使用起来更加清洁，而且残渣集中在一起也方便处理，大大有利于环境保护。

二、农业

（一）用航天技术培育新品种

农作物种子搭载航天器升空，利用太空失重下的自然辐射等因素，诱导细胞产生生理变化和遗传变异，再由农业育种专家筛选培育出新品系、新品种，在现代化农业设施和先进农艺技术的辅助下，重回大地开花结果，丰富了老百姓的餐桌。

随着中国空间站的圆满建造完成，定期天地往返的天舟系列货运飞船、神舟载人飞船成为航天育种搭载实验的重要途径。据中国载人航天工程办公室公布的消息，神舟十四号和神舟十五号载人飞船共计搭载了112家单位的1300余份作物种子、微生物菌种等航天育种材料。这些种子搭乘神舟载人飞船返回地面后，将由育种专家精心选育，培育出新品种投入市场。据统计，在载人飞船历次的飞行任务中，累计创制出4万余份空间诱变种质材料，育成水稻、小麦、玉米、大豆、棉花、油料、蔬菜等新品种460多个，显著提高了农作物的产量和品质，创造经济效益3600亿元以上。神舟十四号航天员乘组在轨期间，完成了拟南芥和水稻种子萌发、幼苗生长、开花结籽全生命周期的培养实验，实现国际首次在空间完成水稻全生命周期的培养。

我国开展航天育种搭载实验一举多得，既可以深入了解模式生物响应深空环境的分子及遗传机制，为探索生命起源、物种进化和宇航生物安全提供理论支撑，还能获取一批具有重要价值的优良新基因，并形成完善的关键基因利用技术体系，服务于种质选育。今后，我国还将开展月球科研站建设和深空探测活动，长航时的星际旅行对航天员的食品与能量供给提出了更高要求，航天科研工作者和农业工作者需要协力培养选育出适宜空间环境种植生长的植物品种，建立符合食物链循环的生命保障系统，让人类探索宇宙的步伐迈得更远。

（二）航天农业观光园

近年来，我国农业现代化成就巨大，从休闲农业、品牌农业、设施农业、微农业、功能农业，再到智慧农业、智能农业、精准农业、生态农业等，一大批新经济形态和产业升级正在极大地拓展乡村经济的内涵和外延。而近几年，航天农业以一种令人耳目一新的形式逐渐走进人们的视野，每年春节期间，北京航天之光观光农业园、北京航天科普教育基地、广东航天农业科技生态园等都热闹非凡，大批游人纷至沓来（图15-3）。

三、人类医疗

2017年4月，我国天舟一号货运飞船与天宫二号空间实验室成功对接，不仅完成了送货任务，还搭载了不少科学实验。其中一项实验就是"微重力

环境下胚胎干细胞培养"。通过普通光和荧光显微成像技术观察干细胞在太空中增殖和分化的过程，并通过细胞荧光信号强度变化以及细胞的形态变化特征，判断小鼠胚胎干细胞在太空失重环境下多潜能基因的自我更新和细胞分化情况。此外，通过国际空间站的实验，科学家发现，在失重环境下，血管中的细胞会以类似于人体内细胞的方式组织起来，形成简单的三维结构。科学家表示，这些管状的聚集体就像原始的血管，这是在地球上培养细胞之前从未实现的。如果能够利用人类细胞培养出人造血管，将具有治疗多种疾病的巨大潜力，不仅可以将其用于外科手术，帮助需要移植的患者替换受损的血管，还可以增进人们对一系列与血管有关疾病的了解。

图15-3 航天农业观光园

第十六章·
中国航空航天经济转化之路

　　中国航空航天经济转化之路可以追溯到20世纪50年代，随着中国航空航天科技的发展和进步，逐渐开始向商业领域转化。主要有以下几个重要阶段和成就：首先，在基础设施建设方面，中国在航空航天领域进行了大规模的基础设施建设，包括航天发射场、卫星导航系统、飞机制造厂等，这为后续的经济转化打下了坚实的基础；其次，在航空航天技术的转化方面，取得了一系列重要成就，包括载人航天、卫星发射、遥感卫星、通信卫星等，这些技术的应用逐渐拓展到商业领域，例如卫星导航系统应用于导航、移动通信等领域，载人航天技术应用于航天旅游等领域；最后，在商业化发展方面，中国积极推动航空航天经济的商业化发展，加强政策支持和法规制定，鼓励创新创业，航空航天企业不断涌现，并逐渐在国内外市场上崭露头角，同时，中国航空航天企业也积极与国际企业合作，推动国际航空航天经济的合作与交流。

　　总的来说，中国航空航天经济转化之路经历了基础设施建设、技术转化、商业化发展等阶段。中国政府和企业在航空航天经济转化方面取得了一系列重要成就，并为未来的发展奠定了坚实基础。

第一节　航空篇

一、航空业与旅游业的融合

航空业与旅游业的融合是当今全球旅游发展的一个重要趋势。这两个行业的深度融合，不仅可以带来新的发展机遇，而且可以为消费者提供更加丰富、个性化的旅游体验。

首先，航空业是旅游业的重要组成部分。航空运输为旅游者提供了快速、远距离的旅行方式，使得全球旅游成为可能。随着航空技术的发展和航班密度的增加，消费者可以选择更多的目的地，包括一些以前难以抵达的远程地方。这大大拓宽了旅游业的市场，也使全球旅游成为一种新的生活方式。

其次，航空业和旅游业的融合可以提高服务质量和效率。例如，航空公司可以与旅游公司合作，提供一站式旅游服务，包括机票、酒店预订、旅游行程规划等。这不仅为消费者提供了便利，而且有助于航空公司和旅游公司提高自身的服务效率和经济效益。

最后，航空和旅游业的融合也为这两个行业带来了新的发展机遇。例如，一些航空公司已经开始提供专门的旅游飞行服务，如环球旅行、极地飞行等。这些独特的旅行体验为消费者提供了新的旅游选择，也为航空公司带来了新的收入来源。

然而，航空业和旅游业的融合也面临着一些挑战。例如，如何确保服务质量，如何平衡航空公司和旅游公司的利益，如何在全球范围内实现服务的无缝对接等。这些问题需要政策制定者、企业和消费者共同探讨和解决。

未来，随着数字化技术的发展，航空业和旅游业的融合可能会进一步深化。例如，通过大数据技术，航空公司可以更准确地了解消费者的旅游需求，提供更个性化的服务。同时，通过互联网和移动设备，消费者也可以更方便地规划和预订旅游行程，享受更丰富的旅游体验。

总的来说，航空业和旅游业的融合是一种互利共赢的模式，有利于推动两个行业的发展，也有利于提升消费者的旅游体验。然而，这个过程也面临着一些挑战，需要各方共同努力，不断探索和创新，以实现更深度、更高效的融合。

二、航空业与酒店业的融合

航空业和酒店业在现代社会扮演着至关重要的角色，是旅游业和全球经济的主要驱动力。这两个行业的相互作用和联系构成了一个复杂且重要的网络，通过对它们之间关系的深入理解，可以更好地洞察未来的趋势和机遇。

首先，航空业和酒店业都是以客户为中心的服务行业，它们都依赖于为客户提供优质的服务来取得成功。例如，航空公司不仅要提供安全、准时的航班服务，还要提供舒适的座椅、美味的餐食和热情的服务。同样，酒店也需要提供舒适的客房、优质的餐饮服务和个性化的服务，以满足客户的各种需求。因此，航空业和酒店业需要密切合作，共同提升客户体验。

其次，航空业和酒店业的合作可以带来经济效益。例如，航空公司和酒店可以通过联合营销、捆绑销售等方式，吸引更多的客户，提高销售收入。航空公司可以在其预订系统中推广酒店，而酒店也可以为客户提供航空公司的特惠价格。此外，航空公司和酒店还可以通过互相兑换积分等方法，增强客户的忠诚度。

再次，航空业和酒店业的合作也可以带来创新的机会，共同开发新的产品和服务，满足客户的新需求。例如，一些航空公司和酒店已经开始提供全包的旅行服务，包括机票、酒店、餐饮和旅行指南等。这种服务不仅为客户提供了便利，也为航空公司和酒店带来了新的收入来源。

最后，航空业和酒店业的合作还可以提高运营效率，通过共享客户数据和运营信息，更好地调整自己的服务和运营策略。例如，通过分析客户的旅行数据，航空公司和酒店可以发现客户的旅行偏好，有针对性地提供更个性化的服务。

然而，航空业和酒店业的合作也面临着一些挑战。例如，如何保证服务质量，如何公平地分享利润，如何保护客户的数据安全等。这需要航空公司和酒店不断探索和尝试新的合作模式，以实现更高效、更公平、更安全的合作。

总的来说，航空业和酒店业之间的联系是多元化的、复杂的，它们之间的合作关系既有机会，也有挑战。通过更深入的合作，不仅可以提高自身的经济效益和运营效率，还可以为客户提供更优质的服务，推动全球旅游业的发展。因此，对于航空公司和酒店来说，理解并优化它们之间的联系，是一项至关重要的任务。

三、航空业与能源产业的融合

航空业和能源产业之间的联系是深远而复杂的。航空业是全球最大的石油产品消费者之一，同时也是新型可持续能源技术的领先推动者。这两个行业的交会点蕴含着巨大的挑战，也孕育着无数的机遇。下面将从传统能源消费、可持续能源的发展以及两者之间相互影响的角度，详细探讨航空业与能源产业的联系。

首先，无可否认，石油在航空业中的作用至关重要。航空业依赖于石油产品，尤其是航空燃油，为飞机提供动力。石油的价格和供应稳定性对航空公司的运营成本、盈利能力甚至整体业务战略产生了巨大影响。这就使航空公司必须时刻关注全球能源市场的动态，以适应能源价格的波动。此外，由于航空燃油是航空业最大的运营成本之一，因此，石油价格的上涨或下跌都会对航空公司的盈利水平产生重大影响。为了应对能源价格的波动，航空公司会通过购买燃油期货等金融工具进行风险管理。

其次，随着全球气候变化问题的日益严重，航空业面临着在环保压力下减少石油消费的挑战。这就使航空业不得不寻找新的、更环保的能源来源，以减少其对环境的影响。这也是航空业与能源产业的联系发生变化的一个重要原因。

最后，航空业在可持续能源领域取得了显著的进展。例如，一些航空公司开始使用生物燃料作为航空燃油的替代品，生物燃料是由植物或动物的油脂经过化学处理制成的，它的碳排放比传统石油燃油低得多。此外，航空公司还在探索其他的可持续能源技术，如电力和氢能。虽然这些技术目前还处于初级阶段，但它们的潜力巨大，可能会在未来几十年内彻底改变航空业的能源使用方式。

然而，航空业在转向新能源的过程中也面临着许多挑战。可持续能源的生产成本高于传统石油，这可能会增加航空公司的运营成本。新能源技术的研发需要大量的资金投入，这对于许多航空公司来说是一笔巨大的支出。新能源技术的应用也需要改变航空公司的业务模式，如更新飞机、改变运营流程等。

总的来说，航空业与能源产业之间的联系是多层面的、复杂的。这两个行业的发展方向和策略选择都将对彼此产生深远的影响。对于航空公司来说，理解并应对这种联系的变化，是其持续发展的关键。对于能源产业来说，航空业的转型也将带来新的商业机会。因此，深入研究航空业与能源产业之间的联系，对于理解全球经济的发展趋势和挑战具有重要意义。

四、航空业与金融服务业的联系

航空业与金融服务业之间存在深度的互动关系。从资本投入、风险管理到收益激励，金融服务业的角色在航空业的发展中占有重要地位。下面将从3个方面深入探讨这两个行业之间的关系：航空业的资金需求、风险管理以及金融创新对航空业的影响。

首先，航空业是一个资金密集型行业。购买和维护飞机、建设和运营机场、人员培训、研发等方面都需要大量的资金投入。为了满足这些需求，航空公司会依赖金融服务业提供的各种金融产品和服务。例如，航空公司可以通过银行贷款或发行债券来筹集资金。此外，航空租赁是另一种重要的融资方式，航空公司可以通过租赁飞机，而非购买飞机，来降低资本开支和经营风险。

其次，航空业的风险管理是另一个与金融服务业密切相关的领域。航空业面临着诸多风险，包括燃油价格波动、汇率波动、经济周期、政策变化、天气条件等。为了应对这些风险，航空公司会使用各种金融工具进行风险管理。例如，航空公司会通过购买燃油期货来对冲燃油价格的风险。同样，通过金融衍生品，航空公司也可以对冲汇率和利率风险。

最后，金融创新对航空业也产生了重要影响。新的金融产品和服务可以为航空公司提供更多的融资渠道，降低融资成本，优化资本结构，提高经营效率。例如，金融证券化是近年来金融创新的重要领域，航空公司可以通过将飞机、机票收入等资产打包，发行资产支持证券（ABS）来筹集资金。此外，数字货币、区块链等新兴技术也为航空业提供了新的支付、结算、跟踪等解决方案。

然而，航空业与金融服务业的关系并非没有问题。航空业的高风险特性使得航空公司可能面临较高的融资成本。同时，过度依赖金融工具可能会导致航空公司面临更大的金融风险。因此，如何在获取金融服务的优势和避免金融风险之间找到平衡，是航空公司必须面对的问题。

总的来说，航空业与金融服务业之间的联系既复杂又重要。航空业的运行和发展离不开金融服务的支持，而金融服务业也从航空业的需求中找到了发展机遇。对于航空公司来说，理解并有效利用这种关系，可以帮助其获得资金、管理风险、提高效率，实现可持续发展。对于金融服务业来说，深入理解航空业的需求和风险，可以为其提供更好的产品和服务，从而提升自身的竞争力。

五、航空业与卫星遥感行业的联系

航空业与卫星遥感技术的结合对航空业有着重要的影响和作用。遥感技术是利用卫星、飞机、无人机等远距离感知设备获取地球表面信息的技术，可以获取大范围、高分辨率、多维度的地理信息（图16-1）。

首先，航空业可以利用遥感技术进行航空安全监测和预警。通过遥感技术可以实时监测飞机在飞行过程中的位置、状态和环境条件，及时发现飞行安全隐患，减少航空事故的发生。不仅如此，它还可以获取大气、水域、地形等数据，如风向、风速、气温、云量、雷暴等环境信息。这些数据对航班的安全运行至关重要。例如，遥感技术可以提供雷达图像，帮助航空公司预测雷暴的发生和路径，从而避免飞机进入危险区域。

其次，航空业可以利用遥感技术进行航线优化和制订飞行计划。遥感技术可以提供精确的地形、气象和航空交通信息，航空公司可以根据这些信息，优化航线选择，避免气象恶劣区域，提高航班的安全性和运行效率。同时可以提供航空交通流量、航线密度等精确数据，帮助航空公司进行航空交通管理和航线优化。通过遥感技术获取的航空交通数据可以帮助航空公司规划最佳航线，避免空中交通拥堵和飞行冲突，提高航班的

图16-1　遥感卫星

运行效率和准时性。

最后，航空业还可以利用遥感技术进行环境污染监测和自然资源管理。环境污染监测方面：遥感技术可以通过获取大范围的影像数据，实时监测和评估地球表面的环境污染情况。例如，可以利用遥感技术检测和监测空气质量、水体质量和土壤污染等。通过分析遥感数据，可以确定环境污染的来源和程度，帮助制定相应的环境保护措施。自然资源管理方面：遥感技术可以提供高分辨率的地表信息，如土地利用、植被覆盖、水资源分布等，对自然资源进行监测和评估，帮助航空公司制定合理的飞行策略。例如，可以通过遥感技术对森林资源进行监测，及时发现森林火灾等问题，为航空公司规避一些可控的危险因素。

当然，航空业还可以利用遥感技术进行市场调研和营销推广。通过遥感技术可以获取大范围的人口分布、交通流量、商业区域等信息，航空公司可以根据这些信息制定市场营销策略，提高航班的运营效益。

总的来说，航空业与遥感技术的结合可以提高航空安全性，优化航班运营，推动环境保护和资源管理，提升市场竞争力，为航空业的发展带来更多机遇和挑战。

第二节 航天篇

中国航天事业不断开拓，是中国航天精神不断传承的见证，中国航天精神早已成为中国人民宝贵的民族精神财富。习近平总书记在会见天宫二号和神舟十一号载人飞行任务航天员及参研参试人员代表时曾说："我们注重传承优良传统，发扬特别能吃苦、特别能战斗、特别能攻关、特别能奉献的载人航天精神，彰显了坚定的中国特色社会主义道路自信、理论自信、制度自信、文化自信，为坚持和发展中国特色社会主义增添了强大精神力量。"不断发展航天事业是我国实现航天梦、中国梦的重要途径，也是我国经济实力不断提升的重要表现。

作为航天大国，中国从1970年4月24日东方红一号叩响太空之门至今，航天事业发展成就令人瞩目，中国商业航天事业的发展推动着我国经济的高质量发展。商业航天是和政府主导的航天工程相对的概念，航天工程是非商业化的，而商业航天采用市场化机制以获取商业利润为目的。商业航天中，目前比较成熟的是通信卫星、遥感卫星、气象卫星、科学卫星等，而后续的太空旅游、太空探索等商业价值，正在不断地开发中。2015年是中国商业航天元年，国家陆续发布多项政策，大力支持商业航天产业的发展。中国商业航天目前也进入快速发展时期，截至2022年，涌现了400多家商业航天公司，目前业内知名的民营火箭企业有蓝箭航天、星际荣耀等。商业航天的发展除了这些民营火箭以外，还有正在发展初始阶段的民营卫星企业，当然也离不开许多商业合作伙伴。

一、蓝箭航天——朱雀二号的成功

火箭是商业航天的基础设施，包括箭体结构、推进系统、控制系统、飞行测量及设施。火箭的高可靠性、低成本性、强运载能力等是商业航天产业发展的基础，形成了火箭产业的竞争壁垒。目前，商业火箭处于发展的初步阶段，市场规模变化较大。

2014年4月25日，SpaceX公司创始人埃隆·马斯克宣布，SpaceX成功实现了历史上第一次火箭软着陆，为日后显著降低太空飞行成本和有朝一日在火星上实现软着陆创造了条件。几乎在同一时期，中国迎来了商业航天的"政策破冰"。同年，国家从政策层面明确提出，鼓励民间资本研制、发射和运营商业遥感卫星，提供市场化、专业化服务。政策发布后的第二年，民营航天开始爆发，包括像蓝箭航天这样的民营航天企业，都是在2015年前后成立的。据不完全统计，国内商业航天企业达到百余家，主要分为火箭制造和卫星制造两个赛道。

2023年7月12号，由蓝箭航空自主研制的朱雀二号遥二液氧甲烷运载火箭在酒泉卫星发射中心成功复飞，作为世界首枚成功入轨的液氧甲烷火箭，朱雀二号对于中国商业航天有着重大的意义。作为中国民营航天的新代表作，朱雀二号验证了民营航天企业的自主开发能力，也为中国商业航天发展注入了信心。朱雀二号火箭使用的是蓝箭航天自主研制的天鹊系列液氧甲烷发动机。围绕发动机研制与火箭制造，蓝箭航天建设了湖州热试车中心和嘉兴蓝箭航天中心。蓝箭航天创始人张昌武指出，发动机和箭体是占全箭成本最高的两大系统，只有将动力系统和制造两个环节掌握在自己手中，火箭成本才可控；只有实现技术上的独立自主，后续才能不断地实现产品迭代。

朱雀二号的成功带来了巨大的经济效应，主要体现在以下几个方面。

第一，降低发射成本。朱雀二号采用了可重复使用的技术，使火箭主体能够快速回收和再利用。这大大降低了火箭发射的成本，因为可重复使用的火箭可以降低每次发射的成本，提高商业航天的经济性。这将鼓励更多的商业航天公司和创业者参与到火箭发射服务中，促进了商业航天市场的竞争和发展。

第二，创造就业机会。随着朱雀二号等火箭的发射需求增加，将需要更多的工程师、技术人员、飞行员、地面服务人员等。同时，商业航天的发展也将带动相关产业链的发展，如航天器制造、燃料供应、卫星应用等，为更多人提供就业机会。

第三，推动航天科技创新。为了满足商业客户的需求，航天公司将不断改进和创新火箭技术、卫星技术和航天应用技术。这将带动整个航天产业的技术进步，同时也将促进航天科技与其他行业的融合，推动创新经济的发展。

第四，促进航天产业链的发展。从火箭制造到卫星应用，从地面服务到航天旅游，商业航天将涉及多个环节的产业链。这将带动相关产业的发展，如航天器制造、卫星导航、遥感应用、航天旅游服务等，进一步壮大我国的航天产业。

第五，拓展航天应用市场。商业航天的发展将拓展航天应用的市场。商业航天不仅仅是卫星发射，还包括卫星数据服务、航天旅游、航天医学等多个领域。商业航天的发展将为这些领域提供更多的机会和市场，推动新兴航天应用市场的发展。

朱雀二号火箭的成功发射不仅仅为商业航天发展带来了多方面的经济效应，而且对整个航天事业的发展起到了很大的推动作用，这将进一步推动商业航天的发展，为我国航天经济带来更多的机会和潜力。

二、北斗系统

我国在20世纪70年代初开始北斗系统的初步研究工作，发展至今，北斗系统已经成为我国自主建设、具有独立知识产权的卫星导航系统，并在交通、农业、电子商务等领域发挥了重要的作用。

首先，在支撑交通运输行业，北斗系统为航海、铁路、公路等交通运输行业提供了精准的导航和定位服务。①航海导航。北斗系统为航海行业提供了全球定位、导航和授时服务，船舶可以准确确定自身位置，规划航线，避免航道冲突，提高航行安全性。此外，北斗系统还可以提供海上货物追踪、港口管理等功能，提高海上物流效率。②铁路运输。北斗系统在铁路运输中可以实现列车的精确定位和时刻控制，列车上的北斗接收设备可以通过接收卫星信号，实时获取列车的位置和速度信息，使铁路运输更加安全和高效，还可以用于列车调度、车辆监控等，提高铁路运输管理水平。③公路交通。北斗系统在公路交通中可以提供精准的导航和定位服务，车辆上搭载的北斗终端设备可以接收卫星信号，提供实时的车辆位置和导航信息，帮助驾驶员选择最佳路线、避免拥堵，并提高交通效率，另外还可以用于交通流量监测、电子收费等，提高公路运输管理水平。

其次，在推动智能交通发展方面，北斗系统支持智能交通管理，包括交通流量监测、智能导航、智能停车等。①交通流量监测与预测。北斗系统可以通过车辆携带的北斗终端设备，实时获取车辆的位置和速度信息，从而实现对交通流量的监测和预测，对道路拥堵情况进行实时分析，预测交通流量变化，提前调整交通信号灯时间和优化路线，从而减少交通拥堵，提高交通运行效率。②智能导航与路线优化。北斗系统提供了精准的导航和定位服务，可以为驾驶员提供实时的导航信息和路线建议，驾驶员可以根据路况、交通拥堵情况等信息，选择最佳路线，避免拥堵，节省时间和燃料成本。③电子收费与智能停车。北斗系统在电子收费和智能停车方面也发挥了重要作用。北斗终端设备可以与收费站和停车场的系统进行联动，实现车辆自动缴费和智能停车，可以实现无感支付，减少人为操作，提高收费和停车效率。

再次，在促进农业现代化方面，北斗系统在农业领域的应用，主要体现在以下几个方面：①精准农业管理。北斗系统可以为农业提供精准的导航和定位服务，帮助农民准确确定农田边界、土地利用状况、农作物分布等信息。因此，可以实施精准施肥、精确灌溉、定点喷药等精准农业管理措施，提高农作物产量和质量。②农机作业管理。北斗系统可以用于农机作业管理，通过安装北斗终端设备，实时监控农机的位置、速度和作业情况。③农产品物流追溯。北斗系统可以用于农产品物流追溯，通过农产品携带的北斗终端设备，实时采集农产品的位置和运输信息。④农业气象监测与预警。北斗系统可以与气象监测设备结合，提供农业气象监测和预警服务，通过北斗数据，可以实时观测农田的气象参数，如温度、湿度、降水量等，预警农作物病虫害和自然灾害，提供农业生产决策支持，减少农业风险。

最后，在支持资源调查和环境保护方面，北斗系统可以用于环境监测和灾害监测等方面。①环境监测与评估。北斗系统可以与环境监测设备结合，实现对环境参数的实时监测和评估。通过北斗数据，可以获取空气质量、水质状况、土壤污染等环境信息。这些数据可以用于环境保护和环境影响评估，帮助决策者制定环境保护政策和措施。②灾害监测与应急救援。通过北斗数据，可以实时监测地震、洪水、滑坡等自然灾害的发生和变化，提供灾害预警和应急响应，还可以用于救援队伍的调度和车辆的定位，提高救援效率和减少灾害损失。

北斗给我国经济带来的种种影响，都有助于提高生产效率，优化资源配置，推动经济发展和社会进步。

第十七章·
航空航天可持续发展与展望

随着全球经济的发展和人们对航空旅行的需求增加，航空航天行业的可持续发展成为一个紧迫的议题。航空航天行业的可持续发展涉及产业结构、经济个体、环境保护以及社会责任等多个方面。本章节从产业结构、经济个体等角度出发，探讨航空航天行业实现可持续发展的挑战和展望。

第一节　航空篇

一、航空可持续发展之路

航空业的可持续发展已经成为全球关注的重点话题之一，其核心和关键就是提升技术、节省能源、减少碳排放，因此碳中和与净零排放是航空可持续发展的重要抓手。据专家预测，全球航空运输将保持平均15年翻一番的增长态势。如果不采取减排措施，预计到2050年，航空运输碳排放将占到全球温室气体排放量的10%。因此，通过建立航空运输行动小组，航空业成为世界首个制订宏大目标的工业部门：到2050年，二氧化碳排放量将减至2005年排放水平的一半。世界各国、国际组织、研究机构和企业等纷纷提出了针对碳中和、净零排放的可持续航空发展解决方案。

碳中和与净零排放是实现经济可持续发展的重要目标。根据联合国政府间气候变化专门委员会的定义，碳中和是指一个组织在1年内的二氧化碳排放通过二氧化碳去除技术的应用达到平衡；净零排放是指一个组织在1年内所有的温室气体（以二氧化碳当量衡量）排放量与温室气体清除量达到平衡。碳中和目标只与二氧化碳气体有关，而净零排放目标包括所有温室气体。如果一个组织或行业主要释放二氧化碳，碳中和与净零排放几乎没有区别。实现碳中和的主要途径分为两类：碳排放与碳吸收。从排放端来看，要降低二氧化碳等温室气体的排放量，例如，提高电力、工业的能源效率、开放利用可再生能源，减少对传统化石燃料的依赖；从吸收端来看，针对受经济、技术等因素限制而难以完全避免的部分碳排放，要通过植树造林等方式，增强地球环境碳吸收能力。从两个途径可以看出，我们在吸收端能控制的东西甚微，但是在排放端可以通过技术提升等手段显著地控制二氧化碳的排放量。因此，航空业可持续发展，实现碳中和，应具备以下3点技术要素。

一是继续开发飞机和发动机设计技术，不断追求在提高燃油效率和减少二氧化碳排放方面的改进。在过去的40年中，飞机和发动机技术的发展使得二氧化碳的排放量逐年降低。这是对材料、空气动力学效率、数字化设计和制造方法、涡轮机械开发和飞机系统优化等方面进行大量研发投资的成果。多年来，通过各种行业组织和国际机构，航空界自觉承诺实现一系列提高飞机环保性能的积极目标。欧洲航空研究咨询委员会制订的目标要求到2050年，与2000年相比，二氧化碳排放减少75%，氮氧化物排放减少90%，噪声降低65%。我国仍致力于改进现有的飞机和发动机设计，尽可能地持续提高效率。同时，我们应该注意到目前面临的巨大技术挑战以及采用更激进的"第三时代"方法的需求。

二是支持可持续的替代航空燃料的商业化。可持续航空燃料是由可再生原料制成的替代燃料，它的来源多种多样，既可以是二手食用油、动物脂肪、生活垃圾和能源作物等生物燃料，也可以是从空气或工业排放物中捕获的二氧化碳制成的合成燃料。前者现已实现工业化，与传统航空燃料相比，可持续航空燃料可降低近80%的二氧化碳排放，因此被航空业界认为是实现碳中和的有效措施。

三是开发全新的飞机推进技术，加速能够实现航空"第三时代"的技术的发展，空中交通管理效率、飞机航路燃料消耗最小化等其他因素也至关重要。航空业在降低噪声以及其他环境影响方面已经取得了重大进展，未来也将持续努力。建立在莱特兄弟和20世纪50年代喷气时代的创新者奠定的基础之上，航空业正迎来第3个重要时代。这个时代通过全新的结构、先进的发动机热力学效率、电动和混合动力推进、数字化、人工智能、材料和制造等方面的进步来实现。大型飞机将开始受益于新型设计，这些设计通过管理飞机阻力和以新方式分配推进力来进一步提高效率。新材料的使用会使飞机变得更轻，从而进一步提高效率。航空业的"第三时代"令人振奋，尽管各公司采取的方式不尽相同，但我们很确定其将为航空业未来可持续发展做出切实贡献，我们相信航空业正进入自喷气时代初期以来最激动人心的时代。

二、未来航空业的发展

近几年，随着各大资本的投入，通用航空在以前所未有的速度发展，各大企业都纷纷在培养越来越多的航空专业人才，机场等基础设施的建设也在如火如荼地进行中。由此看来，我国航空业的发展前景一片大好，大概可以从以下几个方面体现出来。

（一）经济体对航空业发展的影响

航空业的发展与宏观经济体息息相关。全球经济的增长和贸易活动的增加将推动航空业的需求增长，促进航空公司的业务扩张。此外，经济体的政策和法规对航空业的发展也产生着重要影响。政府的开放政策、税收政策和市场准入政策等，都会直接影响航空业的竞争环境和盈利能力。

（二）航空业的产业结构和竞争格局

航空业的产业结构和竞争格局对其未来发展具有重要影响，航空制造业的技术创新能力和制造能力决定了航空器的性能和安全性。航空业的发展还离不开相关产业如燃料供应、航空设备制造和维修服务等的支持。目前，我国的制造业得到了空前发展，航空制造关键技术不断地取得突破，技术的发展必然会带动行业的发展。制造业一直以来都是我们国家的经济动脉，有了大动脉的支撑，航空产业会飞得更高。另外，技术的发展为航空的制造、维修等一系列场景奠定了坚实的基础，产业链发展观念逐渐深入人心，不断促进着产业结构升级。除了中国航空发动机集团这样的"国家队"之外，还有很多中小企业也在积极融入我国航空业的发展。在生产制造环节，从工业机器人、高精机床到增材制造、数字化装配生产线；在工具方面，从机械加工的各类刀具到激光清洗设备，很多企业都不约而同提到了"国产化替代""首个国产"等，这种观念上的变化正是我国制造业转型升级的缩影。航空业的未来发展需要整个产业链条的协同发展和创新。

（三）低空产业经济

低空产业通常指的是与低空空域（距离地面垂直高度1000米以内）相关的产业。近年来，随着无人机技术、都市空中交通（如飞行汽车）等相关技术的快速发展，低空产业的经济前景受到了广泛关注。以下是低空产业在不同领域的经济前景。

1.无人机领域

无人机领域包括以下3个方面。

第一，物流配送。随着无人机技术的进步，无人机的载荷、飞行距离和自主导航技术都在不断进步，这使无人机能够被用于快递和货物配送，特别是在城市密集区和偏远地区。第二，安全和应急响应。无人机在火灾、地震、洪水等自然灾害中可以快速响应，对受灾地区进行实时监测，为救援工作提供有力支持。第三，基础设施检查。无人机可以用于桥梁、高塔、输电线等基础设施的定期检查，提高检查效率，减少安全隐患。第四，娱乐和旅游。随着无人机拍摄技术的发展，低空航拍为旅游、电影、广告等行业提供了全新的视角。

2.空中汽车领域

随着技术的快速发展，我们的交通方式也正在经历前所未有的变革。其中，空中汽车或飞行汽车可能是最为人们所熟知和期待的技术之一。这种结合了汽车和飞行器特点的交通工具，不仅为我们带来了科幻电影中的情景，而且还能够解决地面交通堵塞的问题。但空中汽车的未来真的那么光明吗？以下从5个方面对空中汽车的未来做一个分析。

第一，技术进展。近年来，许多公司，包括已有的航空制造商和新兴的初创公司，都在研发空中汽车。这些空中汽车的设计多种多样，有的看起来像小型飞机，有的则更像无人机。其中，电动垂直起降（eVTOL）技术受到了许多公司的关注。这种技术使飞行汽车能够在狭窄空间起降，大大提高了其实用性。

第二，空中交通管理。空中汽车的普及不仅仅是技术问题。当成千上万的飞行汽车充斥天空时，空中交通管理将成为一个巨大的挑战。为了确保安全，需要建立一个类似于现有的航空交通控制系统的管理机制。这也意味着需要有大量的专业人员接受培训，来管理这种全新的交通方式。

第三，安全问题。与传统汽车和飞机一样，空中汽车也面临着各种安全挑战。除了机械故障，还可能有其他的风险，例如鸟类撞击或天气变化。为了确保乘客和地面的安全，可能需要制订一系列严格的安全标准和规定。

第四，环境和能源。电动空中汽车可能比传统汽车更为环保，但仍然需要大量的电力。随着空中汽车的普及，对电力的需求可能会大大增加，这将对电网和能源供应产生影响。此外，电池技术的进步也将是空中汽车发展的关键。

第五，社会接受度。除了上述的技术和管理挑战，空中汽车的普及还取决于社会的接受度。人们可能需要时间适应这种全新的交通方式，特别是在安全和隐私方面。例如，空中汽车可能会飞过住宅区，引起人们的担忧。

尽管空中汽车看起来非常吸引人，并且技术上已经有了很大的进展，但其普及仍然面临许多挑战。从技术、管理到社会接受度，都需要做大量的工作。但无论如何，空中汽车已经不再是遥不可及的梦想，而是正在逐步成为现实。在不远的未来，我们可能真的可以在天空中自由翱翔，享受这种前所未有的交通方式。

尽管低空产业有着广阔的经济前景，但也面临着许多挑战，如空中交通管理、隐私保护、噪声控制、技术标准制订等。国家和地方政府在政策制定、监管和支持方面的角色也将影响这一产业的发展方向和速度。

总之，低空产业经济前景光明，但需要克服的挑战不少，需要行业、政府、研究机构和公众共同努力，推动其健康、快速发展。

（四）环境可持续发展和节能减排

环境可持续发展是航空业未来发展的重要考虑因素。航空业的碳排放和能源消耗对环境产生了一定的影响，因此，航空业需要采取措施来减少其负面影响并实现可持续发展。航空公司和制造商通过推动研发和应用环保技术、改善航空燃料效率、减少废弃物产生等措施，来减少碳排放和降低对环境的负面影响。

（五）国民的消费需求不断升级

我国的经济发展形势一片大好，国民的消费水平在不断升级，消费需求也在不断扩大，越来越多的人开始寻求私人飞行的乐趣。随着通用航空培训逐渐盛行以及国家政策的放宽，普通民众也具有了参加航空飞行培训的资格，各个私人航空驾照培训机构也应运而生，越来越多的普通民众通过培训取得私人飞行驾照，这也就意味着航空产业越来越丰富多样。

（六）市场乐观预测

2022年11月13日，第十四届中国国际航空航天博览会在珠海圆满落幕。本届航展无论是参展装备、飞行表演还是观展体验，都给参展商和观众留下了深刻的印象。航展期间，各大飞机制造商的市场预测报告也是一大看点。波音公司发布的2022年《中国民用航空市场展望》预测，随着中国经济的增长，中国的民用飞机机队规模在未来20年中将增长一倍以上。未来20年，全球航空公司将需要41170架新飞机，其中单通道客机占75%，支线喷气机占5%，宽体客机占18%，货机占2%。中国在未来20年将需要价值1.5万亿美元的8485架新飞机来服务乘客出行和贸易发展，该需求占到了同期全球飞机交付量的1/5以上，2/3以上的新飞机用于满足增长需求，中国航空市场将成为全球最大的单一航空市场，引领未来全球航空市场增长。

航空业未来的发展需要综合考虑经济、环境和社会等多个因素，通过技术创新、数字化转型、政策支持和合作等手段，航空业可以实现可持续发展和环境保护的目标。航空公司应加强技术创新和数字化转型，提高运营效率和改善客户体验。政府可以制定相关政策和标准，引导和激励航空业实施环保措施。同时，航空业也需要与其他产业和社会各界加强合作，共同应对挑战并实现可持续发展。

第二节　航天篇

一、航天可持续发展之路

2019年4月24日，中国国家航天局发布了《中国航天助力联合国2030年可持续发展目标的声明》。中国航天始终致力于服务经济社会发展，为人类和平与安全、生存与发展做出了积极贡献。面向未来，中国航天将持续落实联合国2030年可持续发展议程，秉承创新、协调、绿色、开放、共享的新发展理念，在平等互利、和平利用、包容发展的基础上，积极开展航天国际交流与合作，与世界各国空间机构和国际组织共同构建合作共赢的新型伙伴关系，更好地推进航天助力可持续发展的目标。

2021年6月12日，国家航天局在召开的新闻发布会上，向媒体正式发布了"十四五"及未来一个时期的发展重点规划。"十四五"及未来一个时期，中国航天将按照国家对航天强国建设的决策部署，加快推动空间科学、空间技术、空间应用全面发展，重点提升航天科技创新动力、经济社会发展支撑能力，积极开展更广泛的国际交流合作，对航天可持续发展之路有了一个更深刻的了解。

第一，继续实施重大科技工程，提升航天综合实力。重点推进行星探测、月球探测、载人航天、重型运载火箭、可重复使用天地往返运输系统、国家卫星互联网等重大工程。建成长期有人照料的载人空间站，开展航天员长期驻留、空间科学试验、空间站平台维修维护等工作，并继续进行深化论证和关键技术攻关。

第二，不断增强卫星应用服务能力，支撑经济社会发展。"十四五"时期，继续按照国家新型基础设施建设的要求，完善国家民用空间基础设施和配套地面设施，提升卫星对地观测、通信广播和导航定位的服务能力。在服务治理能力提升方面，围绕"平安中国""美丽中国"和"数字中国"建设需求，加强卫星数据产品与服务在资源环境与生态保护、防灾减灾与应急响应、社会管理与公共服务、城镇化建设与区域协调发展等行业领域的深度应用。在服务经济发展方面，推动遥感、通信、北斗导航应用产业化，开发面向大众消费的新型信息消费产品与服务，丰富应用场景，提升大众生产生活品质，推动航天战略性新兴产业发展。

第三，扩大航天合作交流，增进人类共同福祉。中国将继续秉持平等互利、和平利用、包容发展的原则，积极与各国开展航天领域的交流合作。在工程合作方面，推进国际月球科研站深化论证和技术攻关，按计划推进中意电磁监测卫星02星、中法天文卫星、中巴地球资源后续星等卫星工程联合研制，促进卫星数据共享与应用。在服务全球方面，积极推动"一带一路"空间信息走廊、金砖国家遥感卫星星座建设，提供高质量的空间信息服务，共同应对全球气候变化、近地小行星撞击风险等共同挑战。在促进交流方面，充分发挥多双边机制作用，支持海南国际航天城交流平台建设，鼓励科研机构、航天企业、高等院校等积极开展科学研究、学术交流、展览展示、人才培养等不同层面的国际交流与合作。

创新是可持续发展的"魂"。没有商业航天的时候，航天领域主要承担政府任务；有了商业航天，目标应该更广阔。商业航天发展的这几年，出现过一些坎坷，例如卫星研制公司一下子达到几十家，但由于没有找到卫星的市场需求，难以形成足够大的市场规模，导致很多企业难以真正实现盈利；再比如，民营企业沿用体制内的技术，仅仅依靠低廉的价格与体制内争任务，导致一些管理问题。不搞技术创新、不积极开发市场，难以形成商业航天的可持续发展，商业化仅仅是商业航天的"开端"，如果只是想脱离体制自己办公司，还远远不够，还要大力支持创新，发展技术，才能真正实现航天事业的可持续发展。

二、未来航天业的发展

航天业进入商业化发展是一个必然趋势。2022年国务院发布的《2021中国的航天》白皮书指出：研究制定商业航天发展指导意见，促进商业航天快速发展。一方面支持商业航天企业参与航天重大工程项目研制，另一方面建立航天活动市场准入负面清单制度。随着国家政策逐步放开卫星制造和应用的权限，在传统航天发射市场外，民营企业积极进入航天领域，商业卫星成为主要手段和最佳切入点。

（一）航天企业军民融合

习近平总书记强调，把军民融合发展上升为国家战略，是我们长期探索经济建设和国防建设协调发展规律的重大成果，是从国家安全和发展战略全局出发做出的重大决策。

军民融合的关键之一，就是利用军队丰富的资源和完善的保障体系完成民用的商业化任务，成功的军民融合应该既能服务于国防建设，又能服务于经济建设。近年来，蓝剑航天企业与零壹空间企业在航天发动机方面不断取得突破；星际荣耀企业成功将中国首枚民营火箭送入指定轨道，民营企业在航天发动机、火箭集成、卫星方面的应用已经进入快车道。另外，军民融合能为国家培养优秀专业技术人才，随着航天类民营企业的迅速发展，获取航天类资源的渠道也变得日益丰富，地方院校拥有优越的教学条件，民营企业的高薪待遇更能吸引高素质的人才。

（二）探索宇宙苍穹

在行星探测方面，2025年前后，将实施近地小行星取样返回和主带彗星环绕探测任务，实现近地小行星绕飞探测、附着和取样返回；2030年前后，实施火星取样返回任务，木星系环绕探测和行星穿越探测任务。在月球探测方面，实施月球极区环境与资源勘查、月球极区采样返回等任务，例如月球采矿冶炼常用金属铝、铁、钛等，稀有贵金属金、铂、铱、锇等，熔融月岩后可以直接沉积得到，而它们又是很好的电解阳极材料。月岩融化后拉成细丝，变成月岩纤维，性能和玄武岩纤维、玻璃纤维差不多，抗拉强度很高。

逐梦深空，成就未来。今天的我们比以往任何时候都有能力和动力去探索，既是为了地球的转型，也是为了未来的绿水青山。

一、著作

［1］中国航空工业史编修办公室.中国近代航空工业史：1909—1949 ［M］.北京：航空工业出版社，2013.

［2］铎恩.极简中国航空工业史［M］.北京：航空工业出版社，2019.

［3］魏钢，陈应明，张维.中国飞机全书（第三卷）［M］.北京：航空工业出版社，2011.

［4］科学时报社.请历史记住他们——中国科学家与"两弹一星" ［M］.广州：暨南大学出版社，1999.

［5］刘莉，王勇. 中国民航发展简史［M］. 北京：中国民航出版社，2010.

［6］沈海军.中国航空史话［M］.北京：北京时代华文书局，2020.

［7］龚钴尔.航天简史［M］.天津：天津科学技术出版社，2012.

［8］张保庆，等.航空发展新动力：商业航天［M］.北京：中国宇航出版社，2017.

［9］国家知识产权局学术委员会.产业专利分析报告［M］.北京：知识产权出版社，2022.

［10］国务院发展研究中心国际技术经济研究所.世界前沿技术发展报告（2022）［M］.北京：北京工业出版社，2022.

［11］宋庆国.史诗般的跨越：航空及其技术发展历程：上册［M］.北京：航空工业出版社，2016.

［12］张保庆，吴勤，张梦湉，赵天.航天发展新动力：商业航天［M］.北京：中国宇航出版社，2017.

［13］习文静.世界航空工业企业概览［M］.北京：航空工业出版社，2021.

［14］巨效平.国外商业航天发展模式概论［M］.北京：中国宇航出版社，2019.

［15］刘纪原.中国航天诱变育种［M］.北京：中国宇航出版社，2007.

［16］陆筑平.民航概论［M］.北京：中国人民大学出版社，2021.

［17］中国航空运输协会.中国航空运输业发展蓝皮书（2014）［M］.北京：中国民航出版社，2014.

［18］胡剑芬.航空企业管理经典案例分析［M］.武汉：华中科技大学出版社，2023.

［19］黄庆桥，王培丞，田锋.翱翔：中国大飞机在崛起［M］.上海：上海交通大学出版社，2023.

［20］孙继湖.航空运输概论（第二版）［M］.北京：中国民航出版社，2018.

［21］〔美〕乔治·塞贝斯丁，等.近地轨道卫星设计［M］.于龙江，谢亚恩，赵晗，等译.北京：国防工业出版社，2023.

二、期刊

［1］刘爱国，熊文明.1985—2015中国航天初探商业化［J］.国企，2021（17）：76–79.

［2］李岩，刘欢，张雯雯，等.北斗卫星导航系统在精准农业中的应用
［J］.测绘与空间地理信息，2022，45（5）：151-153+155.

［3］杜骏豪.中国航天发展史（三）——北斗卫星导航系统［J］.百科
探秘（航空航天），2022（C1）：5-11.

［4］王蜀泉.星辰大海的起点——空间站［J］.中学科技，2022
（24）：6-11.

［5］尹怀勤，王洪鹏.飞向月球——嫦娥工程［J］.军事文摘，2016
（22）：34-37.

［6］五轩.从"嫦娥奔月"到"嫦娥工程"［J］.太空探索，2007
（12）：24-30.

［7］火心2000.雄鹰之心：纵论中国的军用航空发动机［J］.航空世
界，2015（1）：22-49.

［8］丁全鑫.航空遥感系统通过国家验收营口机场机库正式投入运行
［J］.中国航班，2021（22）：47-49.

［9］赵珈艺，周光辉，魏琦傲.商业模式创新视角下中国商业航天的发
展之路［J］.科技促进发展，2021，17（11）：1951-1959.

［10］孙烈.中国航天事业的强国之路［J］.人民论坛，2023（5）：
27-31.

［11］周晓青，彭明媛，胡芬.我国陆地遥感卫星发展现状与展望［J］.
卫星应用，2022（9）：14-19.

［12］高菲.2016年中国航天产业上市公司发展分析［J］.卫星应用，
2017（8）：25-33.

［13］王其华，等.2018年中国航天产业上市公司发展分析［J］.卫星应
用，2019（8）：41-47.

［14］王其华，等.2019年中国航天产业上市公司发展分析［J］.卫星应
用，2020（8）：57-62.

［15］李力.2020年中国航天产业上市公司发展分析［J］.卫星应用，2021（8）：12-19.

［16］王妍，等.2021年中国航天产业上市公司发展分析［J］.卫星应用，2022（8）：8-15.

［17］齐纪，刘震磊，吴昌，等.中国民用航空运输产业研究分析［J］.中国科技信息，2020（C1）：22-23.

［18］耿明斋，张大卫.论航空经济［J］.河南大学学报（社会科学版），2017，57（3）：31-39.

［19］海尔瀚，唐塞丽.波音公司品牌发展战略对我国军工企业品牌建设的启示——从军机大鳄到民机巨擘的成功转型［J］.军民两用技术与产品，2017（17）：8-11.

［20］王思磊.空客进军窄体客机市场——世界商用飞机发展简史（十）［J］.大飞机，2023（7）：72-75.

［21］余南平，严佳杰.国际和国家安全视角下的美国"星链"计划及其影响［J］.国际安全研究，2021，39（5）：67-91，158-159.

［22］张嘉毅.太空，大国战略竞争"角斗场"［J］.国际太空，2022（7）：19-22.

［23］孙红俊.欧盟发布欧洲航天战略［J］.中国航天，2017（1）：34-36.

［24］范唯唯.俄罗斯《2025年前ROSCOSMOS发展战略》［J］.空间科学学报，2017，37（4）：374-375.

［25］黄志澄.我国发展商业航天的机遇与挑战［J］.军民两用技术与产品，2019（12）：10-15.

［26］张健健，聂党民，程帅帅，等.我国通用航空发展亟待解决的问题［J］.中国新通信，2017，19（11）：9-10.

［27］马雪梅，胡良元，唐铭，等.美国发展近地轨道经济对我国商业

航天的启示［J］.中国航天，2020（2）：52-55.

三、论文

［1］何潇.我国民用航空业对经济增长的贡献测度研究［D］.广汉：中国民用航空飞行学院，2021.

四、报纸

［1］马宁.用责任担当挺起大国脊梁［N］.中国航空报，2020-01-07.

［2］陈婉金.大力协同 攻克难关［N］.中国教育报，2021-09-16.

［3］严冰.从第一架飞机到航空强国崛起［N］.人民日报（海外版），2011-05-20.

五、电子资源

［1］李叶.那天，11架飞机惊现天津上空，震动中外！［EB/OL］.（2019-11-09）［2023-08-10］.http：//www.hongqi.tv/wwjz/2019-11-11/16678.html.

［2］中国民用航空局.百年伟业：中国共产党领导下的中国民航事业［EB/OL］.［2023-08-16］.https：//www.caac.gov.cn/ZTZL/RDZT/2021BNWY/.

［3］中国商飞公司.ARJ大事记［EB/OL］.［2023-08-16］.http：//www.comac.cc/cpyzr/ARJ21/.

［4］中国商飞公司.C919大事记［EB/OL］.［2023-08-15］.http：//www.comac.cc/cpyzr/c919/.

［5］新华网.习近平体验C919客机样机：把大飞机搞上去［EB/OL］.（2014-05-23）［2023-09-29］.http：//www.xinhuanet.com//politics/2014-05/23/c_126541880.htm.

［6］徐忠.周恩来的严实精神与"东方红一号"的成功发射［EB/OL］.（2017-01-16）［2023-08-15］.http：//dangshi.people.com.cn/n1/2017/0116/c85037-29025169.html.

［7］徐嘉，王小宁.共产党人的斗争 "两弹一星"：国家和民族的丰碑［EB/OL］.（2021-06-25）［2023-08-21］.https：//www.ccdi.gov.cn/special/jdybzn/gcdwddz_jdybn/202106/t20210627_244673.html.

［8］中国科学院与"两弹一星"纪念馆.史料的见证——纪念中国航天日之《中国科学院与"东方红一号"》［EB/OL］.（2019-04-21）［2023-09-26］.https：//glory.ucas.edu.cn/index.php?option=com_content&view=article&id=692：2019-04-21-15-15-32&catid=8&Itemid=110.

［9］国家航天局.共启金砖国家航天合作新征程 金砖国家航天合作联委会正式成立［EB/OL］.（2022-05-25）［2023-09-22］.https：//www.cnsa.gov.cn/n6758822/c6840313/content.html.

［10］里程.中国载人航天工程"三步走"之初步探索［EB/OL］.（2021-07-26）［2023-09-22］.https：//www.cdstm.cn/gallery/zhuanti/ptzt/202107/t20210726_1052416.html.

［11］中国载人航天工程办公室.此去太空会天宫，神八飞天正十载［EB/OL］.（2021-11-01）［2023-09-25］.https：//www.cmse.gov.cn/xwzx/zhxw/202111/t20211101_49001.html.

［12］新华社.近镜头 三次"天地通话"激励人心［EB/OL］.（2022-07-04）［2023-09-20］.https：//baijiahao.baidu.com/s?id=1737405425563083947&wfr=spider&for=pc.

［13］中国载人航天工程办公室.三十年！载人航天工程飞行任务大事记一览［EB/OL］.（2022-09-21）［2023-09-22］. https：//www.cmse.gov.cn/xwzx/202209/t20220921_50802.html?eqid=b7ed6020000448730000000264 5e0290.

［14］国家航天局探月与航天工程中心.工程简介——探月大事记［EB/OL］.（2022-07-04）［2023-09-28］.http：//www.clep.org.cn/n487137/index.html.

［15］中国民用航空局."十四五"民用航空发展规划［EB/OL］.（2021-12-14）［2023-11-12］.https：//www.gov.cn/zhengce/zhengceku/2022-01/07/content_5667003.htm.

后记

写下《中国空天经济》的《后记》时，我们心中涌动着复杂而激动的情感。这是一段漫长而宏伟的历程，也是一次全新的探索。

翻开历史的篇章，我们沿着中国航空航天事业的发展脉络，深入探寻了它的起步、腾飞、角逐……每一页都是时间的见证，是中国空天英雄拼搏与坚持的记录，是技术创新的辉煌成果。

这本书不仅仅是一份记录，更是向中国空天事业致敬。通过细腻的笔触，我们试图为读者绘出一幅真实而立体的画卷。这是所有为中国航空航天梦想拼搏的人们的故事，也是每一位为科技事业默默奉献的劳动者的故事。

历经磨难，中国空天事业如一条巍峨的巨龙，腾飞于苍穹。在《龙的起步》中，我们望着勇者的背影，感怀他们为国家腾飞而努力的初心；在《龙的腾飞》中，我们见证了中国航空航天所迸发出的创新力，以及技术实力的不断崛起；在《龙的角逐》中，我们感受到中国空天产业的蓬勃发展和对经济的深远影响；而在《龙吟九霄》中，我们明晰了当下的困境和挑战，也看到了中国空天经济可持续发展的未来。

这里，我们要向所有为中国空天梦想奉献过的劳动者，以及广大的支持者表示崇高的敬意。正是有了你们的无私付出，中国的航空航天事业才得以实现一次又一次的突破性发展，走向国际舞台，展示自己的风采。

在本书的编写过程中，我们深感责任的重大，也体会到历史的沧桑。希望这本书能够为读者提供一盏明灯，让读者穿过时光的迷雾，看到中国航空航天事业的辉煌过去，感受到中国空天梦想坚定前行的勇毅。

此外，感谢南京航空航天大学硕士生董明慧、陆俊伟、谢旖旎、丁安、周睦然等同学参与本书的编写工作。由于作者水平有限，难免有错误和疏漏，敬请广大读者提出宝贵意见，以便我们改进。

最后，衷心感谢每一位读者的陪伴，愿我们在龙吟九霄的时代，共同见证着中国空天经济更加灿烂辉煌的未来。

作者
2023年11月